汽车营销策略的多元化探索

武少玲 著

吉林出版集团股份有限公司
全国百佳图书出版单位

图书在版编目（CIP）数据

汽车营销策略的多元化探索 / 武少玲著. -- 长春：吉林出版集团股份有限公司，2024.5
ISBN 978-7-5731-4987-9

Ⅰ.①汽… Ⅱ.①武… Ⅲ.①汽车－营销策略－多元化－研究 Ⅳ.①F766

中国国家版本馆CIP数据核字(2024)第095148号

QICHE YINGXIAO CELÜE DE DUOYUANHUA TANSUO

汽车营销策略的多元化探索

著　　者	武少玲
责任编辑	杨　爽
装帧设计	优盛文化

出　　版	吉林出版集团股份有限公司
发　　行	吉林出版集团社科图书有限公司
地　　址	吉林省长春市南关区福祉大路5788号　邮编：130118
印　　刷	河北万卷印刷有限公司
电　　话	0431-81629711（总编办）
抖 音 号	吉林出版集团社科图书有限公司　37009026326

开　　本	710 mm×1000 mm　1 / 16
印　　张	14.5
字　　数	230 千字
版　　次	2024 年 5 月第 1 版
印　　次	2024 年 5 月第 1 次印刷

书　　号	ISBN 978-7-5731-4987-9
定　　价	78.00 元

如有印装质量问题，请与市场营销中心联系调换。0431-81629729

前　言

中国汽车工业用70年赢得三个"全球第一",实现了从"零基础"到"领航者"的角色转变。当前,汽车产业电动化、智能化变革正在加速演进,数字化带动汽车产业变革创新,消费互联网和产业互联网的深度融合催生了新的营销生态,汽车营销策略也在不断推陈出新、加速转型,国产汽车品牌赶超进口品牌等环境变化给汽车行业的营销工作带来了不容忽视的影响。如何顺应形势、做好汽车营销的课题值得我们思考与研究。作为汽车营销工作者,不仅希望从经典的汽车营销案例中得到启迪,而且希望能与时俱进,在不断变化的汽车行业环境中顺势而为。

本书通过深入分析当前汽车产业面临的挑战和机遇,重点就目前汽车行业营销策略的基本原则和方法进行了分析和研究,并为汽车企业提供了一系列切实可行的营销策略和建议,帮助企业在竞争激烈的市场环境中找到新的增长点和竞争优势。本书共八章,各章主要内容如下:

第一章为绪论,介绍了市场与市场营销的概念,分析了现代市场营销观念的确立过程,阐述了我国汽车产业与市场的发展;第二章为汽车市场营销环境分析,先对汽车市场营销环境进行了整体介绍,然后分别对汽车市场营销的宏观环境和微观环境进行了分析,强调了适应和把握市场环境变化的重要性;第三章为汽车市场营销调研与预测,先介绍了汽车市场营销调研与预测的工具——汽车市场营销信息系统,接着探讨了汽车市场营销调研与汽车市场营销预测的基本方法,为汽车企业制定科学决策提供了方法论支持;第四章为汽车产品的多元化策略,包括汽车产品组合与形式产品策略、汽车产品的生命周期策略、汽车产品的品牌策略;第五章为汽车定价的多元化策略,首先,本章介绍了汽车定价的基本理论,其次,本章分析了汽车定价的基本方法,最后,本章对汽车定价策略进行了多元化分析;第六章为汽车分销渠道策略与分销体系建设,先阐释了汽车分销渠道的基本知识,又深入分析了汽车分销渠道的设计与管理策略，接着提出了汽车分销体系的建设策略；第七章为汽车促销的多元化策略，包括汽车人员推销策略、汽车广告促销策略、汽车营业推广策略和汽车公共关系促销策略；第八章为汽车营销策略的发展与创新，从四个维度论述了汽车营销策略的创新，包括基于物流配送模式的汽车营销策略、低碳经济下汽车营销渠道的创新探索、基于个性化消费的汽车定制式营销和基于中国文化因素的汽车营销策略。这种全面的分析框架不仅为汽车营销理论提供了一个系统的视角，而且为后续的研究工作奠定了坚实的基础。

综合来看，首先，本书不仅覆盖了传统的营销理念和策略，还探讨了互联网时代下汽车营销的新模式和策略，如基于个性化消费的汽车定制式营销策略，这些内容贴近当前汽车市场的发展趋势，具有很强的时代性和前瞻性。其次，书中对低碳经济和绿色理念下的汽车营销策略进行了探索，这不仅反映了全球环保趋势对汽车产业的影响，也为企业提供了转型升级的方向。最后，本书结合具体案例对汽车营销策略进行了分析，为读者提供了实操价值和启示。本书适合包括汽车行业在内的从事营销和管理工作的人员阅读，还适合作为汽车爱好者了解汽车行业的参考书。不过，由于笔者水平有限，书中难免有不足之处，恳请广大读者批评指正。

目录

第一章 绪论 001
 第一节 市场与市场营销 001
 第二节 现代市场营销观念的确立 005
 第三节 我国汽车产业与市场的发展 012

第二章 汽车市场营销环境分析 021
 第一节 汽车市场营销环境概述 021
 第二节 汽车市场营销环境的宏观分析 026
 第三节 汽车市场营销环境的微观分析 036

第三章 汽车市场营销调研与预测 049
 第一节 汽车市场营销信息系统 049
 第二节 汽车市场营销调研 058
 第三节 汽车市场营销预测 070

第四章 汽车产品的多元化策略 085
 第一节 汽车产品组合与形式产品策略 085
 第二节 汽车产品的生命周期策略 093
 第三节 汽车产品的品牌策略 104

第五章 汽车定价的多元化策略 113
 第一节 汽车定价概述 113
 第二节 汽车定价的基本方法 118
 第三节 汽车定价策略的多元化分析 125

第六章　汽车分销渠道策略与分销体系建设 139
第一节　汽车分销渠道概述 139
第二节　汽车分销渠道的设计与管理策略 145
第三节　汽车分销体系的建设策略 157

第七章　汽车促销的多元化策略 165
第一节　汽车人员推销策略 165
第二节　汽车广告促销策略 174
第三节　汽车营业推广策略 181
第四节　汽车公共关系促销策略 188

第八章　汽车营销策略的发展与创新 195
第一节　基于物流配送模式的汽车营销策略 195
第二节　低碳经济下汽车营销渠道的创新探索 200
第三节　基于个性化消费的汽车定制式营销 205
第四节　基于中国文化因素的汽车营销策略 213

参考文献 222

第一章　绪论

第一节　市场与市场营销

一、市场

(一) 市场的含义

市场是商品经济中的一个重要概念,是以商品交换为基本内容的经济联系形式。商品经济的本质在于不同的生产者专注于生产不同的产品,并且为了满足自己和他人的需求,他们之间会进行产品的交换,这种交换过程使得各种产品转化为商品,进而形成了商品的供求关系,并催生了市场。因此,市场的形成和发展基于社会分工和商品生产,是商品生产和交换的必然结果。换句话说,只要存在社会分工和商品生产,市场就会存在。

1.市场是商品交换的场所

从狭义角度看,市场可以看作商品交换的具体场所,如商店、购物中心等,买家和卖家在这些场所聚集,进行面对面的商品和服务交换,商品从生产者转移到消费者,满足各自的需求和偏好。

2.市场是商品交换关系的总和

这是对市场的广义理解,是经济学意义上的市场。市场在这里不仅仅是一个交易的场所,而是指买卖双方、卖方与卖方、买方与买方、买卖双方各自与中间商、中间商与中间商之间,在流通领域中进行商品交换时发生的关系。从这个角度看,市场是一个动态的、复杂的经济系统,反映了不同经济主体之间为了交换商品和服务而建立的广泛联系。

3.市场是买方、卖方力量的结合,是商品供求双方的力量相互作用的总和

这一含义是从商品供求关系的角度提出的,例如,"买方市场""卖方市场"。这些名词反映了供求力量的相对强度,反映了交易力量的不同状况。在买方市场中,由于商品供应量大于需求量,消费者拥有更多的选择权和议价能力,从而推动商品价格下降和服务质量提升。相反,在卖方市场中,需求量超过供应量,使得生产者和销售者可以主导市场,提高价格,选择最有利的交易对象。显然,判断市场供求力的相对强度和变化趋势,对于企业的营销决策是十分重要的。

4.市场是对某项商品或劳务具有需求的所有现实和潜在的购买者的集合

从市场营销学角度来看,市场包括三个基本要素:人口、购买力和购买欲望。人口是市场形成的基础,决定了潜在顾客的数量。没有足够的人口,市场的规模将受限。购买力指的是消费者支付货币购买商品或服务的能力,其通常受到消费者收入水平的影响。即便人们有需求,如果缺乏必要的购买力,市场的潜力也无法得到充分发挥。购买欲望是消费者购买某种商品或服务的意愿和动机,是其将需求和购买力转化为实际购买行为的关键。这三个因素相互依赖、互为条件,共同决定了市场的实质和规模。缺少任何一个因素,市场都无法形成或发挥其功能。因此,从市场营销的角度出发,了解和分析这三个要素对于企业制订有效的营销策略、满足消费者需求、增强市场竞争力是至关重要的。企业通过研究这些因素可以更好地理解市场动态,预测市场趋势,从而制订出更符合市场需求的产品营销计划。

(二)市场的分类

1.根据交易对象划分

(1)商品市场。商品市场指买卖双方交易有形产品的市场,这些产品看得见、摸得着,能满足人们的各种生活和生产需求。商品市场的范围十分广泛,包括食品、服装、家电、汽车和其他各类消费品等。在商品市场中,企业根据消费者的需求和偏好,设计和生产产品,通过各种渠道将产品销售给最终用户或其他企业。

(2)劳务市场。劳务市场涉及的是无形服务的交易,这些服务无法像实体商品那样被看见或触摸,但它们为消费者或组织提供了必要的帮助。劳务市

包括教育、医疗保健、咨询、法律、金融服务等众多领域。在劳务市场中，服务的提供者利用其专业技能或知识为客户提供帮助或解决问题。

（3）金融市场。金融市场是交易金融资产的场所，这些资产包括股票、债券、货币、衍生品等。金融市场对于资本的配置和流通具有至关重要的作用，它连接着资金的供给方和需求方，帮助各类经济主体融资、投资、管理风险和进行财富增值。金融市场可以进一步细分为资本市场、货币市场、外汇市场等。

2. 根据地理范围划分

（1）本地市场。本地市场指的是交易活动主要发生在一个较小的地理区域内，通常是一个城镇、城市或周边区域，交易双方在地理位置上相对集中。本地市场通常更侧重于满足当地消费者的需求，其特点是交易的便捷性和地域性，能够快速捕捉本地消费者的偏好和需求变化。

（2）国内市场。国内市场指在一个国家的范围内进行的交易活动，涵盖该国所有地区和行业的市场。国内市场的规模和特性受到国家经济政策、法律法规、文化背景和经济发展水平的影响。国内市场为企业提供了一个较大的经营范围，使得企业能够在更广泛的地域内展开竞争和合作。

（3）国际市场。国际市场涉及的是跨越国家边界的交易活动，包括出口、进口和跨国公司在全球范围内的市场活动。参与国际市场的企业不仅要面对本国消费者，还要适应不同国家和地区的市场环境、文化差异、法律法规及经济条件。国际市场为企业提供了巨大的成长空间和多样化的市场选择，使企业能够分散风险、利用不同市场的优势实现全球资源的优化配置。

3. 根据市场结构划分

（1）完全竞争市场。完全竞争市场是理想化的市场结构，特点是市场上存在大量的买家和卖家，任何单一的买卖双方都无法影响市场价格。在完全竞争市场中，产品通常是同质的，信息完全透明，没有进入或退出市场的障碍。价格由市场的整体供需关系决定。农产品市场通常被视为接近完全竞争市场，因为单个农民或消费者对农产品的市场价格几乎没有影响。

（2）垄断竞争市场。垄断竞争市场中有许多卖家，但他们销售的产品存在差异化，每个卖家都有一定的市场影响力。在这种市场结构中，企业通过产品的差异化来获得竞争优势，如品牌、质量、设计等。虽然市场上有多个卖家，但由于产品的独特性，每个卖家都可以对自己的产品定价，并在一定程度上影响消费者的选择。

（3）寡头竞争市场。寡头竞争市场的特征是市场上只有少数几家企业占据主导地位，每家企业的市场份额相对较大。在这种市场中，任何一家企业的行为变化都会影响其他企业和整个市场，因此企业之间存在相互依存的关系。这种市场常见于汽车、航空和电信等行业。

（4）纯垄断市场。纯垄断市场指市场上只有一个供应商，没有任何竞争者。在这种市场结构下，垄断者可以完全控制价格和供给量。由于市场上没有替代品，消费者只能通过这个单一供应商购买产品或服务。这种市场常见于自来水、煤炭、天然气等行业。

4.按照购买者主体划分

（1）消费者市场。消费者市场指的是由最终个人消费者组成的市场，这些消费者购买产品和服务用于个人或家庭的消费。在这个市场中，企业通常采用大众市场营销策略，关注广告和促销活动，以吸引个人消费者的注意力，增加其购买欲望。产品和服务的设计和营销策略旨在满足消费者的个人喜好、需求和价值观。消费者市场的决策过程相对简单，主要受品牌、价格、质量和时尚趋势等因素的影响。

（2）生产者市场。生产者市场涉及的是那些购买商品和服务以用于进一步的生产活动的组织，包括制造商、农业生产者、建筑公司等。这类市场的购买行为通常是为了生产其他商品或提供服务，因此购买决策更注重产品的技术性能和效益。在生产者市场中，营销和销售策略往往更加专业化，重点关注产品的质量、可靠性和服务支持。

（3）中间商市场。中间商市场包含那些购买商品和服务并再次销售或租赁给他人以获取利润的企业，如批发商、零售商和经纪人。这类市场的购买者不是最终消费者，他们的购买决策通常基于市场需求预测、销售潜力和利润率。中间商市场的营销策略需要强调供货的可靠性、交货速度和可能的贸易折扣，以及如何帮助中间商提高销售量和利润。

（4）政府市场。政府市场指的是各级政府机构和公共部门的购买行为，他们购买的商品和服务用于公共服务和政府运作。这类市场的购买决策过程通常复杂且受到法律和政策的严格规定，采购过程公开透明。在政府市场中，供应商需要关注如何满足特定的政府采购要求，包括产品的安全性、环保标准、成本、效益。

二、市场营销

学术界对市场营销的含义给出了多种解释，其中有代表性的观点如下：

第一，市场营销是一项有组织的活动，它包括创造顾客价值，将价值传递给顾客，维系企业与顾客间的关系，从而使企业及其利益相关者受益的一系列过程。

第二，市场营销就是个人和集体通过创造、提供、出售、同别人自由交换产品和服务的方式获得自己所需产品和服务的社会过程。

第三，市场营销是企业为顾客创造价值并且建立牢固的顾客关系，进而从顾客那里获得价值作为回报的过程。

可以看出，市场营销具有以下特点：第一，市场营销活动过程包括营销主体创造价值、传递价值、交换价值等一系列具体的商务活动过程。第二，市场营销的核心在于识别和满足顾客的需要，建立和维持顾客关系，并在此基础上实现企业盈利及其他目标。

因此，本书提出，市场营销是企业在分析顾客需要的基础上，通过创造价值、传递价值、交换价值等一系列业务活动满足顾客需要，建立和维持顾客关系，进而实现企业盈利或其他目标的商务活动过程。

第二节 现代市场营销观念的确立

一、市场营销观念及其演变

市场营销观念指企业在从事市场营销活动时所遵循的基本指导思想，它体现了企业的经营理念和对市场的看法，决定着企业的营销策略和行为。市场营销观念回答了企业在其生产和经营活动中应以什么为中心的核心问题，直接影响企业如何识别和满足市场需求，如何与顾客互动，以及如何在激烈的市场竞争中获得优势。市场营销观念反映了不同时期企业对市场运作本质认识的深化，随着经济环境和市场条件的变化而不断进化。市场营销观念的演变经历了以下几个阶段（图1-1）：

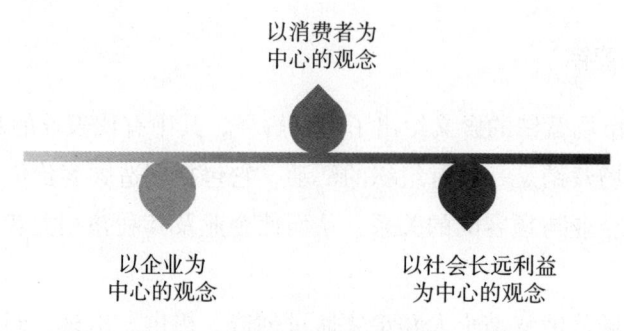

图1-1 市场营销观念的演变历程

（一）以企业为中心的观念

1. 生产观念

生产观念产生于19世纪末20世纪初，该观念认为，只要生产出高质量且价格合理的产品，就会吸引消费者购买，因此企业应将主要关注点放在提高生产效率和产品质量上。这种观念在历史上曾经十分普遍，特别是在供不应求的市场环境中，当产品相对稀缺时，消费者的确更多地关注能否获得所需商品，而不是商品的多样性或品牌形象。生产观念强调生产规模的经济效益，认为规模化生产可以降低成本，从而通过低价吸引消费者，实现销售增长。这种观念背后的逻辑是"生产决定需求"，即市场需求是被动的，消费者会自动接受市场上提供的产品。在这种观念的指导下，企业可能会忽略市场研究和消费者需求的变化，专注于如何更高效地生产出更多的产品。然而，随着市场的发展和消费者意识的觉醒，单纯依靠生产观念已无法保证企业的成功。当市场上的产品逐渐从稀缺走向饱和，消费者拥有了更多的选择，他们不再仅仅满足于任何一种可用的产品，而是开始寻求更加符合个人需求和偏好的商品或服务。此时，企业若还固守生产观念，可能会导致产品同质化严重、库存积压和市场需求脱节等问题。因此，虽然生产观念在特定历史阶段和市场条件下有其合理性和有效性，但在当今多元化和个性化需求日益凸显的市场环境中，它已经显得过时。

2.产品观念

产品观念是以产品的改进为中心,以提高现有产品的质量和功能为重点的营销观念。这种观念认为,消费者会倾向质量最优、性能最好、功能最多和具有某种特色的产品,企业应致力生产高值产品,并不断加以改进。这一观念在供不应求的市场环境下形成和流行,即所谓的"卖方市场",在这种市场环境下,产品的供应量低于市场的需求量,消费者对产品的选择相对有限,因此,质量和功能成为他们最关心的因素。在产品观念的指导下,企业的焦点主要集中在如何提升产品的内在价值,如提高产品的耐用性、增加实用功能、改善设计美观性等,企业会致力生产出市场上最优质的产品,认为这是保持竞争优势和吸引顾客的有效方式。然而,这一观念忽视了市场沟通、顾客关系建设和品牌形象塑造,导致即使产品质量再高,也可能无法满足市场的实际需求或未能向目标顾客有效传达产品价值。

3.推销观念

推销观念产生于20世纪20年代末至50年代初。20世纪20年代,随着工业化进程的加快和科学管理方法的广泛应用,生产效率得到了极大的提升,许多企业开始采用流水线的生产方式,实现了大规模生产,商品的生产成本降低,可供市场的产品数量大幅增加。然而,商品的供给增加往往超过了市场的需求增长,尤其是在1929年至1933年的经济大萧条期间,消费者的购买力大幅下降,市场上的许多产品变得难以销售。面对这种供大于求的市场环境,企业意识到,仅仅依靠产品的质量和价格优势已不足以保证销量,为了促进销售,企业开始重视采用各种广告和推销的方式来吸引消费者,努力通过各种推销活动刺激消费者的购买欲望,以期实现产品的销售。这种背景下形成的推销观念主张,消费者通常不会自发地大量购买企业的产品,特别是对于那些非必需品,消费者往往没有明确的购买意图。因此,企业必须采取积极的推销策略,通过广告宣传、促销活动和个人销售等手段,激发消费者的购买兴趣,引导和促使消费者做出购买决策,从而在竞争激烈的市场中脱颖而出,实现产品的销售和企业的生存发展。然而,推销观念过度关注销售过程本身,忽视了产品的质量和消费者的需求。此外,过度的推销活动有时还可能引起消费者的反感,因此,依赖推销观念的企业可能会在建立长期信任方面遇到困难。

(二)以消费者为中心的观念

20世纪50年代以后,社会生产力迅猛发展,市场从供不应求的卖方市场演变为供过于求的买方市场,消费者的收入提高,对产品有了更多的选择空间,产品之间的竞争也变得更为激烈。在这样的背景下,以消费者为中心的观念,即市场营销观念应运而生。市场营销观念强调企业应从消费者的需求出发,进行市场研究,了解消费者的偏好和需求,然后基于这些信息设计和生产产品,而不是先生产产品再寻找市场。换言之,市场营销观念鼓励企业生产消费者需要和愿意购买的产品,而不是仅仅推销企业能够生产的产品。此外,市场营销观念还强调企业需要不断追踪市场和消费者偏好的变化,以便及时调整自身的市场策略和产品供应,确保与市场需求的持续匹配。在这一观念的指导下,市场研究成为企业营销决策的基础,营销策略和行动计划都围绕如何更好地满足消费者需求展开。

(三)以社会长远利益为中心的观念

以社会长远利益为中心的社会营销观念产生于20世纪70年代,这一时期,西方资本主义国家面临能源短缺、通货膨胀、失业问题等多重社会经济挑战,这些问题促使人们开始反思企业行为对社会的影响,并呼吁企业承担更广泛的社会责任。社会营销观念强调,在追求利润和满足消费者需求的同时,企业应考虑其行为对社会福利的影响,确保营销活动不仅对消费者和企业本身有益,而且对社会整体是有利的,即提倡企业在制订市场策略时,综合考虑企业利润、消费者满意度以及社会福祉三者之间的平衡。在社会营销观念的指导下,企业开始重视产品的社会责任,如生产环保产品、倡导合理消费、提供公益服务等,以此提高企业的社会形象,为社会的可持续发展贡献力量。

二、市场营销观念新发展

(一)整体市场营销

整体市场营销观念由菲利普·科特勒(Philip Kotler)于1992年提出。整体市场营销观念主张,除最终消费者外,供应商、分销商、企业职员、财务公司、政府机构、合作伙伴、竞争对手、媒体以及一般公众等都是企业成功不可或缺的一部分。例如,供应商提供的原材料或服务的质量直接影响到企业产品的质量，分销商的合作程度和效率直接关系到产品的市场覆盖率和客户满意度，企业职员的专业能力和服务态度可以显著提升品牌形象和客户忠诚度。与财务公司和政府机构的关系则影响企业的资金获取和运营的合规性，而与媒体和公众的关系则关系到企业的公众形象和社会责任等。每一类行为者都对企业的市场表现和长期成功有着直接或间接的影响，因此，企业营销活动不仅要通过市场调研获取消费者的信息，还要通过各种渠道和方法了解其他利益相关者的需求和期望，建立和维护与他们的良好关系，实现与各方的有效沟通和协作，从而在更广泛的层面上支持企业的战略目标。

（二）顾客让渡价值

顾客让渡价值这一概念由菲利普·科特勒在其1994年出版的《营销管理：分析、规划、执行和控制》（第8版）中提出，是对市场营销观念的最新发展。顾客让渡价值是顾客购买的总价值与顾客购买的总成本之间的差额，顾客在众多选项中往往会选择那个为他们提供最大正向价值差额的产品或服务。因此，企业要想在市场上获得成功，就需要从提高顾客总价值和降低顾客总成本这两个方向努力，确保其提供的商品或服务具有比竞争对手更高的顾客让渡价值。

1.顾客购买的总价值

（1）产品价值。产品价值是顾客从产品的功能、质量等方面获得的价值，直接影响消费者的购买决策。高产品价值能够确保消费者的基本需求得到满足，同时带来额外的惊喜，如产品的创新性、设计美观性、易用性以及独特的功能等。当产品在这些方面表现出色时，它就能够在市场上脱颖而出，赢得消费者的青睐。此外，产品价值还与产品的持久性和耐用性密切相关，这些特性能够保证消费者投资的长期回报，从而增强产品的吸引力。企业要通过不断的技术创新、优化设计、保持高标准的质量控制及贴近用户需求的功能开发，提升产品本身的价值，进而赢得消费者的信任。

（2）服务价值。服务价值指顾客在购买过程中所体验到的附加价值，它补充并强化了产品价值，特别是在产品差异化不显著的情况下，优质的服务往往能成为企业区别于竞争对手的关键因素。服务价值主要体现在提供给顾客的售前、售中、售后服务上，包括购买前的咨询、购买时的支持和购买后的维护等方面。及时响应顾客的查询、提供个性化的解决方案、确保快速有效的售后服务等，都能显著提升服务价值。员工的专业知识、服务态度、响应速度等也是影响服务价值高低的关键。通过提升服务价值，企业不仅能增强顾客的满意度和忠诚度，还能通过口碑效应吸引新顾客，从而在激烈的市场竞争中获得优势。

（3）人员价值。人员价值指企业员工的专业能力、应变能力、工作效益与质量、知识水平等所产生的价值。企业员工直接决定着企业为顾客提供的产品与服务的质量，决定着顾客购买总价值的大小。为提升人员价值，企业需要为员工培训和发展投资，确保员工能够理解和响应顾客需求，提供优质服务。企业需要健全员工激励和奖励机制，激发员工的积极性和创造性，使他们在与顾客的互动中更加主动和专注。此外，企业还需要关注员工的工作环境和福利，提高他们的工作满意度和对企业的忠诚度。

（4）形象价值。形象价值指企业或品牌在顾客心目中的整体印象所产生的价值，它关系到顾客对企业产品或服务的信任度和忠诚度。形象价值可以通过多种方式提升，如强化品牌传播、积极参与社会公益活动、实施环保措施、维护客户关系和确保产品质量等。企业需要在广告宣传中传递一致的品牌信息，塑造独特的品牌个性，让顾客对品牌有清晰且正面的认知。同时，通过履行社会责任，企业可以在顾客心中建立起负责任和可靠的形象，从而增强其形象价值。在维护品牌形象的过程中，企业应对顾客反馈和市场变化保持敏感度并积极响应，及时调整策略以维护和提升品牌形象，这对于长期建立和维护顾客信任至关重要。

2. 顾客购买的总成本

（1）货币成本。货币成本是顾客在购买产品或服务时直接支付的金额，这通常是顾客在做出购买决策时首要考虑的成本要素。货币成本不仅包括产品的购买价格，还可能涵盖安装费、运输费、维护费等附加费用。为了降低顾客的货币成本，企业可以从提高操作效率和成本管理来着手，如简化生产流程、降低原材料成本、优化供应链等措施。降低内部成本后，企业可以将这些节余转化为更具竞争力的价格优势，从而减少顾客的货币支出。此外，企业还可以通过提供不同价格层次的产品或服务、价格优惠、捆绑销售等策略，让顾客感受到更高的价值，从而认为其所支付的货币成本是合理的，增加其购买意愿。

（2）时间成本。时间成本反映了顾客在购买过程中所花费的时间，包括寻找、比较、购买和等待接收产品或服务的时间。在快节奏的现代生活中，时间被视为一种宝贵资源，许多顾客愿意为节省时间支付更高的价格。企业可以通过各种方式来减少顾客的时间成本，如提高购物便利性，简化购买流程，加快响应速度，确保快速交付等。在线购物平台、一站式服务、快速结账系统和提升物流效率都是减少顾客时间成本的有效手段。通过数字化转型和利用先进的技术解决方案，企业能够提供更加流畅和高效的客户体验，从而显著降低顾客在购买过程中的时间成本。此外，为顾客提供准确的产品信息和透明的购买流程也可以帮助他们更快地做出决策，减少在选择和购买产品过程中的时间浪费。

（3）精神成本和体力成本。精神成本和体力成本是顾客在购买过程中除货币和时间外的额外成本，它们虽不易量化，但对顾客体验有着显著影响。精神成本主要指顾客在购买过程中可能遇到的压力、焦虑、不确定性或不满意感。例如，复杂的购买流程、低效的客户服务、对产品质量的担忧等都可能增加顾客的精神负担。企业可以通过提供清晰的产品信息、简化购买流程、提高产品和服务质量等来减轻顾客的不安和疑虑。体力成本指顾客在购买活动中所需耗费的体力，如到店铺购物可能需要行走、搬运等体力活动。减少体力成本可以通过提升购买便利性来实现，例如，通过在线商店允许顾客在家中轻松购物，提供上门送货服务，或在实体店内提供便捷的购物辅助设施，如购物车、电子导购等。此外，确保产品的包装易于携带和使用也有助于降低顾客在使用过程中的体力成本。

3.顾客让渡价值的意义

（1）增强顾客满意度和忠诚度。当顾客认为从购买产品或服务中获得的价值超出了他们的成本支出，即实现了较高的顾客让渡价值，他们的满意度自然会提高。满意的顾客更倾向于重复购买该产品并与该企业建立长期的关系，这种忠诚度对企业来说至关重要，因为它直接关联到顾客的重复购买行为和正面口碑传播。长期而言，忠诚顾客为企业带来的收益远超新顾客，因为维系现有顾客的成本要远低于吸引新顾客的成本。此外，忠诚的顾客往往愿意为他们信任的品牌支付更高的价格，这也为企业提供了更大的定价弹性。忠诚顾客还会通过口碑传播，为企业带来新顾客，这种由顾客自发进行的推荐通常比企业的任何广告宣传都更有效。

（2）提升企业竞争优势。在激烈的市场竞争中，那些能够有效识别并满足顾客需求，从而提供较高顾客让渡价值的企业，能够更容易地从竞争对手中脱颖而出。通过不断优化产品和服务以提高顾客让渡价值，企业可以建立独特的市场地位和品牌形象，这对于吸引和保留顾客极为重要。较高的顾客让渡价值使得顾客更倾向于选择该企业的产品或服务，而不是竞争对手的，从而帮助该企业赢得更大的市场份额。在资源有限的情况下，能够高效地将资源转化为顾客认可的价值的企业，无疑具有更加强大的生存和发展能力。

（三）绿色营销

随着全球环境问题的日益严峻和消费者环保意识的增强，绿色营销已成为企业获取竞争优势和实现长期发展的重要策略。绿色营销是一种将环保理念融入产品的设计、生产、营销和消费全过程中的营销观念。在产品设计阶段，绿色营销鼓励企业使用可再生材料和环保技术，减少产品对环境的影响；在生产过程中，强调减少能源消耗和废弃物排放，提高资源利用效率；在营销传播上，突出产品的环保特性，提高公众的环保意识；在销售和服务环节，倡导绿色消费，鼓励回收和再利用。遵循绿色营销观念的企业能够在市场上树立积极的品牌形象，获得消费者的信任和支持。随着越来越多的消费者偏好购买绿色产品，企业通过绿色营销可以吸引这部分消费者群体，拓展市场份额。同时，绿色营销有助于企业提前适应国家环保政策和市场规范的变化，减少经营风险。

第三节 我国汽车产业与市场的发展

一、我国汽车产业的发展

（一）我国汽车产业的发展概况

随着我国经济进入新常态，我国汽车产业经历了十多年的高速增长，现如今正处于结构调整和转型升级的关键阶段。"一带一路"倡议的持续推进，为我国汽车产业的发展创造了新的机遇。同时，全球汽车业巨头通过增加在我国的投资和推出更多新车型，继续争夺我国汽车市场份额，进一步加剧了市场竞争。在这种背景下，我国汽车产业展现出以下特点：

从行业结构方面来看，传统汽车产业的转型升级和新能源汽车产业的迅速崛起同步推进。在传统汽车领域，众多企业正从追求规模扩张转向依靠核心技术创新驱动发展，重视产品质量与技术进步，强化自主品牌的国际竞争力。[①]同时，新能源汽车领域的快速发展表明我国汽车产业正向更加绿色、可持续的方向转变。政府政策的大力支持和市场需求的快速增长共同推动了新能源汽车产业的爆发式增长，这不仅促进了汽车产业结构的优化升级，也为我国汽车产业的长远发展注入了新的动力。

从产业链环节的角度看，我国汽车产业正在经历由传统的制造导向向制造与服务并重的方向转变。随着科技的进步和市场需求的变化，汽车制造商不再仅仅聚焦于制造环节，而是开始拓展至提供综合性的移动出行服务，这标志着汽车行业的商业模式和利润来源正在发生根本性变化。汽车产业的各个环节，从研发设计、供应链管理、销售模式到汽车售后市场服务，都在进行创新和优化，以适应行业发展的新趋势。这种转变不仅有利于提升汽车产业的整体价值链水平，还有助于构建更加坚实的竞争优势，提升我国汽车产业在全球汽车产业中的地位和竞争力。

从企业运营情况看，生产规模扩大促使生产成本降低，为汽车价格下降提供了空间。近年来，在产业政策的引导下，汽车企业兼并重组以及整体上市进程加快，企业优质资产持续注入，产业结构不断优化，生产运营管理、盈利水平大幅提升。随着企业利润的增长，自主研发、产品创新的投入也持续加大，促进了产业技术升级和企业生产能力的不断提升，使得运营成本、财务费用逐步下降，促使单车生产成本降低，为汽车价格下降提供了空间。

从汽车技术创新的角度看，电动化的趋势已经成为全球汽车产业发展的重要方向，我国在这一领域也取得了显著的进展。尽管在某些核心技术和关键零部件上仍依赖进口，但国内企业如比亚迪在关键技术的研发和创新上取得了重要突破。通过长期的技术积累和创新实践，比亚迪等企业不仅在电池、电机、电控等关键技术上实现了自主可控，还在芯片等高端技术领域取得了突破，提升了我国新能源汽车产业的整体竞争力。这些技术创新不仅提高了电动汽车的安全性和驾驶性能，也为我国汽车产业在全球市场中的地位和影响力的提升奠定了坚实的基础。

---

① 武少玲、潘林：《十堰市汽车产业发展对策》，《经济导刊》2009 年第 7 期。

（二）我国汽车产业的发展对策

1. 发展汽车产业集群和工业园区

汽车产业集群的构建对产业发展和提高区域竞争力有着重要的作用，其有利于增强区域竞争力，促进经济发展。在工业园区内，汽车制造商可以与零部件供应商、研发机构、销售等紧密合作，实现资源共享和信息互通。这样的集群效应不仅能降低生产和运营成本，还能加速技术创新和应用，促进产业升级。集群内企业之间的紧密合作还有助于快速响应市场变化，提高市场竞争力。政府可以在这些集群和园区内提供政策支持和服务，如税收优惠、融资便利、人才培训等，进一步激发企业活力，推动汽车产业的健康发展。

2. 延伸产业链，培植汽车龙头企业

大力发展汽车工业，整车和零部件产业同步发展。依托重型商用车、微型车、客车、特种专用车推进整车生产，发展具有高科技、宽系列、多品种的关键总成和具有优势的零部件。发展自主品牌，延长汽车产业链条，同时积极引进外资，培育新兴核心企业。吸引跨国公司和大企业、大集团设立区域性营运中心、生产基地和研发中心。

在载重车、农用车、改装车、微型车和关键零部件总成等核心产业已形成了汽车产业链，要在继续发展这些核心产业及其产业链的同时，开展科技创新，提高产业的集聚度。进一步发展和延伸汽车配套产业，大力引进钢铁、铸造、化工等上游产业，对冶金、化工、轻工纺织等相关产业进行升级换代。将汽车铸铁件、车用玻璃、轮胎、工程塑料、内饰材料等配套产品与主机厂新产品开发同步作为目标，同时拓展社会配套市场，促进配套产业发展。大力培育汽车销售、维修、物流、资讯等下游产业，健全汽车产业链。

专用车产业已拥有了完善而健全的汽车产业链，产业配套环境发达，有着雄厚的产业基础和生产规模，整体优势较强。与此同时，专用车产业又面临着品牌单一、无序竞争和自主研发能力弱等一系列问题。专用车产业发展要形成规模优势来提升市场占有率，从而赢得话语权，其实现途径是寻求同业强者和本地同业厂家的合作，同时发展产业上下游的战略同盟合作。

要进一步完善工业园区规划，加快园区建设步伐，为企业创造良好的发展平台。突出产业配套建设，发展上下游企业和产品，形成关联度紧密的产业链。为园内企业提供良好的服务，特别是产品营销方面的信息，有必要为园内企业提供网络信息平台。积极向园区内导入服务机构，如金融、市场咨询和学校科研机构，解决集群中各厂商共同面临的难题，为新生企业提供风险融资，制定人才引进措施。整合工业用地资源，将土地等存量资源预留给汽车产业，提高产业承接能力，形成对汽车产业的强力支撑。

3. 提高汽车产业自主研发能力

汽车企业应把技术创新与科技成果区分开，使汽车企业既成为市场竞争的主体，又成为技术创新的主体。要大力发展技术创新和制度创新，使技术中心的研发能力快速发展并与国际接轨。对尚未拥有技术中心的企业，可以采取对企业原有技术开发机构进行重组、借助高等院校、研究院所的研发能力等多种方式组建。

汽车企业应加强关键技术的攻关，努力提高企业的技术创新能力。注重汽车企业对计算机辅助设计技术、工业设计技术等先进生产技术的应用。推动企业采用先进制造工艺和装备。积极发展和应用综合自动化技术，包括自动化单元技术、联线技术和数控技术。重点发展优质、高效、低耗、少污染或无污染的基础工艺与装备。通过先进技术的开发、推广和应用，提高汽车产业的核心竞争力。

4. 发展零部件产业

（1）发展产业集群，形成规模化。从区域上来说，我国汽车零部件产业集中度较低，众多企业分散在汽车零部件行业内的低附加值产品区域，必然造成生产资源的浪费、产品的无序竞争，这些都不利于汽车零部件产业的发展。因此，政府需要加强政策引导，加大整顿力度，严格规范市场秩序，加快汽车零部件行业优胜劣汰的速度，提升汽车零部件产业集中度。此外，面对市场竞争，零部件产业需要加快产业兼并重组步伐，提高专业化、规模化水平，这样才能够降低生产成本，提高利润空间和降价空间，为消费者提供优质的产品和服务。在宏观政策引导下，零部件产业要有选择地扶持具有相当规模且在产品和技术上拥有一定实力的骨干零部件企业，通过资产划拨、兼并、参股及控股等方式，联合其他有一定优势的企业，形成零部件大企业集团，治理好零部件行业的散、乱、小的问题，使零部件企业不断扩大实力，提高零部产业的规模效益和整体实力。

（2）实施品牌运营策略，加速品牌建设。汽车零部件企业需结合自身经营规模和经营模式，以及汽车零部件产业的特点来选择不同的品牌运营策略：一是企业要使用自己的品牌，即企业品牌或者生产者品牌。规模较大、实力较强，有一定运营能力的企业可选用这种策略。例如，东风系列的零部件产品，如中桥总成、车轴、钢板弹簧等，可实施该品牌战略。二是企业对部分产品使用自己的品牌，而对另一部分产品使用其他品牌。生产能力强、产品研发能力相对不足的企业可采用这种策略来提高企业的设备利用率，盘活固定资产。其三是以协议形式使用其他企业品牌，同时支付一定费用。有一定加工能力、产品研发能力相对不足的企业可采用这种策略。品牌和企业一样，也需要不断地成长，企业不但要实施品牌选择战略，还要实施品牌扩展战略。根据目前我国整个汽车零部件产业存在的产品品种多、地域分布相对较广、技术含量低、知名品牌少的特点，品牌扩展的方式有两种：一种是内部扩展，即利用成功品牌的声誉来推出改良产品或新产品，扩大产品线的深度和宽度，优化产品组合，提高产品的营利能力。另一种是外部扩展，即开展品牌资产运营，以品牌资产为纽带，对其他同类或相关产品生产企业实行经营许可、控股、收购，或与其他企业结成联盟伙伴关系，优化竞争环境，壮大企业实力。总之，企业要实施品牌运营策略，打造名牌企业、名牌产品。只有产品的性价比高了，企业才能有较强的竞争能力，整个汽车零部件产业的竞争力才能获得提升。

（3）提高企业产品电子信息化水平。进入新世纪，汽车零部件产业正面临着全面的技术和产品提升，其中最重要的驱动力就是汽车电子化。加快发展汽车电子技术是改变我国在汽车零部件工业技术方面受制于人的有效途径。企业要加大对汽车电子等高技术含量产品的支持，加快高技术、高附加值零部件产品的发展；按照有所为有所不为的原则，在汽车电子控制装置和车载汽车电子装置的部分产品上取得突破。政府主管部门应着力整合省内零部件检测、研制、开发资源，组建由企业及科研院所共同参与的汽车电子研发体系，建设国内一流的汽车电子研发中心。电子化、数字化和计算机的广泛应用，促使产品升级、企业升级，进而构建汽车电子产业链，实现整车企业、零部件企业和汽车电子生产企业的共赢。

（4）对汽车零部件企业采取竞争机制，优胜劣汰，进行资源整合，改革经营理念，实行汽车零部件的模块化供货，对零部件企业实施质量监控，对其产品严格把关，树立汽车零部件品牌最终达到提升企业整体竞争力的目标。建立零部件企业管理咨询平台，吸引在企业管理方面有较强能力的专家及教授组建企业管理咨询团队，对企业发展中遇到的问题进行指导，快速提升零部件企业的管理水平。

5. 加快专用汽车产业战略转型

（1）政府要大力扶持，加大研发力度。对企业来说，新能源专用车的规模化、产业化，涉及前期市场调研、研究开发、新能源安全测试、销售网络的构建、市场推广以及服务维修等多个环节。这需要大量的人力物力，仅靠企业的力量是远远不够的，还需要政府的资金支持和政策扶持，加大研发和生产力度。具体而言，主要包括投资、金融、收费和补贴政策等，对节能与新能源汽车购置、配套设施建设及维护保养等相关支出给予适当补助。

（2）环保、节油技术加速普及。环保已经成为国家政策对新产品的强制要求，发动机节油技术、零部件和上装的轻量化技术以及高效率的传动技术等，将越来越多的应用在专用汽车新产品中。当前要利用我国的丰富资源，大力发展以沼气和压缩天然气为燃料的专用汽车；此外，大力发展新型无氟冷藏车、轻型装配式房屋汽车，使之广泛适用于工业和民用设施。

（3）完善立法，明确责任。一方面，政府要制定适当的约束政策，限制高排放专用车的生产、销售和使用。对于超过排放标准的企业、事业单位征收空气污染防治费。鼓励生产经济型、小排量汽车，发展混合动力汽车；逐步实行更严格的尾气排放标准，最终实现对燃油车的完全替代。另一方面，对新能源专用车的性能及安全测试做好等级认证，明确各方责任，营造一个良好的运营环境。

（4）加强公众宣传教育，树立发展循环经济的理念。企业应实施绿色战略，加大宣传教育力度，提高公众节能减排意识。在汽车产品的设计、生产中鼓励可回收新型材料的应用，推广应用高强度材料及轻质、环保、复合材料，限制使用对环境有污染或有安全危害的材料，充分考虑其报废后的可回收性和可利用性，提倡建立资源节约型行业发展模式。

（5）建设社会系统工程。要想发展新能源专用车，配套设施要有一定的规模。我国在配套设施上要跟上步伐，逐步完善专用车新能源的配套供应链，如建立电动汽车快速充电网络，加快停车场等公共场所公用充电设施的建设。

二、我国汽车市场的形成与发展

（一）我国汽车市场的发展历程

我国汽车市场的发展历程大致可以分为以下三个阶段（图1-2）：

图1-2 我国汽车市场的发展历程

1. 孕育阶段

在孕育阶段（1978—1984年），随着宏观经济体制的转轨，我国汽车市场开始了从计划经济向市场经济的初步转变。这一时期，尽管汽车产品的流通仍受计划经济的影响，但已出现了局部的市场机制介入，市场经济的种子开始在汽车行业中萌芽。这一阶段的主要特征是汽车流通体制开始由计划向市场转型，尽管变化是初步的，却为后续的市场化铺平了道路。

2. 诞生阶段

1985年以后，随着市场机制的进一步完善，汽车市场经历了根本性的变革。市场开始在汽车流通中发挥主导作用，替代了以往的计划分配体制。汽车流通的双轨制开始向市场导向的单轨制转变，市场机制成为主导，大大提高了汽车市场的活跃度。这个阶段为中国汽车市场后续的多元化和成熟发展奠定了基础，使汽车市场逐步向更加开放、竞争激烈的市场转变。

3. 市场主体多元化成长阶段

随着改革开放的不断深入和社会主义市场经济体制的建立与不断完善，汽车产品流通体制进入了突破性发展阶段，双轨制运行的汽车营销体制亦逐步向以市场为主的运行体制转变，市场机制开始成为汽车产品流通的主要运行机制。多样的汽车营销形式纷纷出现。例如，一些城市中，出现了汽车超级市场、露天市场、自选市场、4S 汽车专卖店、汽车交易市场、汽车贸易城等。汽车生产企业也采取以销定产、按订单组织生产或实行产品外包销售等多种形式。消费者购车，可以货比三家、双方议价、权衡利弊、自由选购。政府部门购车，也实行公开招标方式，由政府采购中心组织实施，购车部门拟好标书，公开发布，投标、开标、评标、定标按规定程序公平、公开、公正地进行。经营主体多元化的汽车营销体制已逐渐形成。

（二）我国汽车市场的发展现状

1. 市场总需求快速增长

随着我国经济的快速增长和人民生活水平的显著提升，我国汽车市场呈现出市场总需求快速增长的趋势。一是国内外汽车制造商之间的竞争加剧，市场上涌现出更多样化的汽车款式、配置和技术创新，以适应消费者多元化的需求。这种竞争不仅推动了产品创新，也使消费者拥有了更加丰富的选择，进而刺激了市场总需求的快速增长。二是国家在宏观层面对汽车产业的扶持政策也在不断完善和深化，特别是新能源汽车的推广政策和购置税优惠，极大地激发了消费者的购车热情，为汽车市场注入了新的活力。这些政策不仅促进了汽车产业的绿色转型，也加速了市场需求的增长。三是随着国民经济的稳步增长，城乡收入差距的逐渐缩小，以及二、三线城市与农村市场消费能力的显著提升，越来越多的汽车制造商开始关注这些新兴市场，通过定制化的市场策略和产品配置，满足不同地域和消费层次的消费者需求，这不仅拓宽了我国的汽车消费市场，也进一步推动了市场总需求的增长。

2. 汽车交易和消费行为趋于理性化

随着消费者对汽车认知的深入和信息获取渠道的拓宽，消费者的购车行为更趋于理性化。消费者在购车前会进行大量的比较和研究，不再仅仅基于价格或品牌做出决策，而是更多地考虑汽车的性价比、维修成本、售后服务和技术特点等多方面因素。此外，互联网的发展使得消费者可以轻松获取各品牌汽车的详细信息，进行线上比较和筛选，甚至通过网络平台直接购车，这些都使得消费者的购车决策更加理性和高效。同时，随着二手车市场的日益规范化，越来越多的消费者愿意考虑购买二手车，这也反映出消费者购车行为的理性化趋势。在这样的市场环境中，汽车企业不仅要关注产品的质量和技术创新，还需要注重消费者需求的变化，提供更加个性化和差异化的产品和服务，以适应市场发展的新趋势。

3.多种销售模式并存

传统的汽车销售模式正逐步与新兴的线上渠道和多元化服务相结合，形成了多种销售模式并存的新格局。传统的4S店销售模式依然是汽车销售的主要形式，提供试驾、销售、维修和金融等一站式服务。近年来，随着互联网技术的发展和消费者消费习惯的变化，线上销售渠道迅速崛起，为消费者提供了更加便捷的信息查询和汽车购买选择。汽车电商平台、官方网站在线预订甚至是社交媒体销售已经成为重要的补充渠道，满足了消费者快速购车的需求。

4.市场环境和市场秩序逐渐规范

随着我国经济社会的快速发展和市场经济体制的不断完善，汽车市场的环境和市场秩序也在逐步规范化。一是政府加大了对市场监管的力度，出台了一系列旨在规范市场秩序、保护消费者权益、促进行业健康发展的政策和法规。这些措施包括加强对汽车销售、广告、售后服务等环节的监管，确保交易的公平性和透明度，同时，这些措施提高了市场参与者的合规意识。二是实施了更加严格的市场准入机制和质量监控体系，确保只有符合国家标准和质量要求的汽车产品才能进入市场，这不仅保障了消费者的利益，也提升了我国汽车产品的整体质量和国际竞争力。三是加大了对不正当竞争行为的打击力度，如虚假宣传、价格欺诈等，维护市场的公平竞争环境。四是随着信息技术的应用和发展，汽车市场的透明度也在不断提高。消费者可以更容易地获取有关汽车产品的详尽信息，包括价格、性能、用户评价等，这不仅有助于消费者做出更加理性的购车决策，也促进了市场竞争的公平性和有效性。

第二章 汽车市场营销环境分析

第一节 汽车市场营销环境概述

一、市场营销环境的概念与分类

(一) 市场营销环境的概念

环境指周围的情况和条件，将其进行科学抽象理解，就是泛指影响某一事物生存和发展的力量总和。市场营销环境由影响市场营销管理者与其目标客户建立和维持牢固关系的能力的所有外部行为者和力量构成，是存在于企业营销系统外部的不可控制或难以控制的因素和力量。

(二) 市场营销环境的分类

市场营销环境根据其对企业市场营销行动的直接与间接影响程度，可以被细分为宏观环境和微观环境。宏观环境指间接作用于企业市场营销决策和活动的社会力量，通常包括政治法律环境、经济环境、科技环境、文化环境、人口环境和自然环境等。这些因素在特定情况下也可能直接影响企业的营销活动。由于宏观环境因素普遍超出单个企业的控制范畴，企业需要不断监测这些变化，以便及时做出策略调整。微观环境指对企业市场营销活动有直接影响的因素，如企业自身、供应商、营销中介机构、客户、竞争对手和公众等。下图为市场营销环境的具体构成（图2-1）。

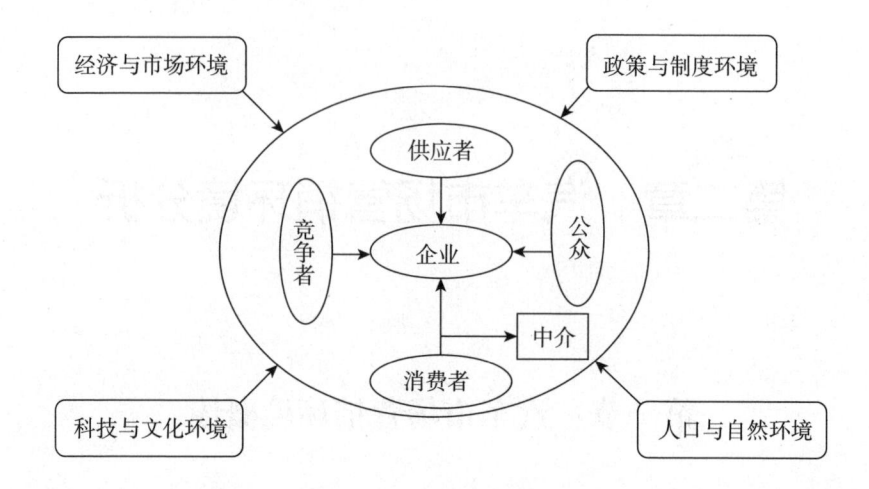

图 2-1　市场营销环境的构成

二、汽车市场营销环境的特点

（一）多变性和相对稳定性的统一

汽车市场营销环境会随着社会经济发展不断变化，同时在一定周期内会保持相对稳定。在汽车市场中，经济状况、政治法律环境以及科技进步等因素变化迅速，如突发的经济波动、新法规的实施、创新技术的应用等都可能在短期内对汽车市场造成影响。而自然环境、人口结构和社会文化等因素变化较慢，这些相对稳定的因素为汽车企业提供了一定的预测空间，使其能够进行长期战略规划和市场定位。汽车市场营销环境的多变性与相对稳定性并存，要求企业既要具备灵活应对市场快速变化的能力，又要有预见未来发展趋势、做出长远规划的战略视野。

（二）差异性和同一性的统一

汽车市场营销环境的差异性表现在尽管所有企业在同一国家或行业中发展，面临着许多共同的外部环境条件，但每个企业对这些条件的感受和反应却不尽相同。这种差异性可能来源于企业的规模、市场定位、品牌影响力、资源配置和战略选择等方面。例如，一项新的环保政策可能对依赖传统燃油汽车的企业影响较大，而对于那些已经在新能源汽车领域深耕多年的企业来说，则可能是一个利好消息。汽车市场营销环境的同一性表现为在整个国家或行业内，所有汽车企业在宏观层面上都面临着相同的政治法律环境、经济环境、文化环境和技术环境。例如，当国家推出新的汽车安全标准时，所有汽车制造商都必须遵循这一标准，确保产品安全性能达标。汽车市场营销环境的差异性与同一性的统一既要求企业必须具备灵活性和敏锐性，以识别和应对那些对自身影响最大的环境因素，又强调企业需要对整体市场环境保持高度的关注，以确保其策略和行动的有效性和合规性。

（三）关联性和相对分离性的统一

汽车市场营销环境由多种因素共同构成，这些因素通常不是孤立存在的，而是相互影响、相互作用。例如，技术进步可能推动新能源汽车的发展，进而影响法律法规的制定和市场消费趋势，展现出各因素之间的关联性。然而，在特定时期内，这些因素又可能表现出相对的分离性，即在某个时间点，某些因素可能成为影响企业市场营销决策的主导因素，而其他因素的影响则相对较弱。例如，在经济快速增长的时期，消费者购买力的增强可能直接推动汽车销量上升，此时经济因素的影响显著高于其他环境因素。企业在这一时期可以更专注于经济因素的变化，对市场营销策略进行相应调整。因此，汽车企业在分析市场营销环境时，需要识别并理解这些环境因素的关联性，把握它们共同作用下的市场趋势和变化。同时，企业要能够在环境因素中识别出当前最为关键的因素，针对这些关键因素制订或调整营销策略，以实现市场目标。

（四）不可控性和能动性的统一

市场营销环境的不可控性源于其多变性，无论是宏观的经济政策、市场趋势，还是微观的消费者偏好、竞争对手策略等，都在不断变化，这些变化往往超出企业的控制范围。尽管如此，企业并非完全被动。通过深入分析市场营销环境，企业可以发现新的市场机遇，制订或调整其营销策略，以主动适应甚至影响环境变化。例如，汽车企业可通过创新研发响应环保趋势，引领市场需求；通过营销活动塑造品牌形象，引导消费者偏好；通过战略合作，影响市场竞争格局。此外，企业通过主动适应市场环境变化，不仅能够更好地把握市场机会，实现企业发展，还能在一定程度上减缓外部环境变化对企业的负面影响。汽车市场营销环境的不可控性与能动性的统一要求企业不仅要有良好的环境感知能力，更要有灵活调整策略的能力和主动塑造市场的能力，通过这种主动性，企业可以优化市场表现和增强竞争力。

三、汽车市场营销环境的研究意义

（一）市场机遇识别

市场营销环境分析可以让企业洞察新兴市场的发展趋势，识别尚未被充分满足的消费者需求或市场细分，从而开发新产品或调整营销策略以占领市场。例如，通过分析全球市场趋势，企业可能发现某一地区对电动汽车的需求激增，从而决定在该地区加强电动汽车的销售和服务网络建设；或通过观察社会文化变迁，企业可捕捉到消费者对可持续、环保汽车日益增长的兴趣，进而加大在汽车环保技术方面的研发和市场推广。此外，对技术进步的敏感把握可以使企业在产品创新上保持先锋地位，吸引那些对新技术感兴趣的消费者，从而实现差异化竞争。总之，对市场营销环境的深入研究，能够让企业在快速变化的市场中准确识别并把握市场机遇，有效地制订市场进入和拓展策略，实现市场份额的增长。

（二）风险管理与应对

市场营销环境分析为企业揭示了多种潜在的市场风险，使得企业能够在风险真正成为问题之前制订应对计划。例如，经济衰退可能导致消费者购买力下降，从而影响汽车销量；政策变动，如新的排放标准或贸易政策的发布，可能要求企业调整其生产和营销策略；竞争加剧可能来自新进入者或现有竞争对手的战略调整。通过对这些风险因素的监测和分析，企业可以开发多元化的风险缓解策略，如调整产品线，优化成本结构，加强市场多样化，或建立战略联盟等，从而确保其在各种市场条件下的业务连续性和盈利能力。有效的风险管理能帮助企业保护品牌声誉和消费者信任，为企业的成功打下坚实基础。

（三）竞争优势构建

深入分析市场营销环境不仅可以帮助企业把握行业趋势和消费者需求，更能使企业深刻理解竞争对手的战略和行为。在这一过程中，企业能够辨识自身的强项和弱点，以及相对于竞争者的优势和不足，从而能够更有针对性地制订策略。通过精确的市场定位，企业可以在产品设计、营销传播、客户服务等方面创造独特价值，满足目标市场的特定需求，而非泛泛追求广泛市场的认可。同时，企业可以利用环境分析结果引导创新，不断提高产品和服务的附加值，形成难以模仿的核心竞争力。这样的差异化策略不仅有助于企业在激烈的市场竞争中脱颖而出，更能够帮助企业建立牢固的客户基础，从而确保企业的可持续发展和利润增长。

四、汽车市场营销环境分析的程序

（一）收集营销环境信息

企业在进行汽车市场营销环境分析时，先要利用方法来搜集信息。市场情报和市场调研作为信息收集的两大重要手段，在汽车市场营销环境分析中具有重要作用。市场情报关注的是收集和分析那些可以公开获取的市场信息，如竞争对手的动态、行业趋势、法律法规变化等。这些信息对于企业了解整个市场环境极为重要。企业可以通过各种渠道获取市场情报，如专业的市场情报机构报告、行业会议、新闻媒体、公开的研究报告等。市场调研更侧重于通过设计问卷、访谈、观察等方法，针对特定问题收集数据和信息。市场调研可以帮助企业深入了解消费者需求、偏好和行为，同时能够评估竞争对手的产品和服务，甚至是探索新的市场机会。通过市场调研，企业能够获取更具体、更深入的信息，为市场决策提供强有力的数据支撑。在这一过程中，企业需要确保信息的准确性、及时性和相关性，以便能够构建准确的市场环境画像。

（二）对环境因素变化趋势进行预测

在收集信息的基础上，企业应使用定性和定量的方法对环境因素的变化趋势做出科学预测。定性分析侧重于通过逻辑推理、专家判断、历史类比等方法来揭示环境变化的方向性特征和可能的变化模式。在汽车市场环境分析中，定性分析可以帮助营销决策者理解和解释市场动态中的各种现象，如消费者偏好的转变、新技术的应用前景、政策环境的变化等。通过与行业专家的交流、分析竞争对手的动态、参考类似市场或历史事件的发展，决策者可以获得对未来市场环境变化趋势的深入洞察。定量分析则依赖数据和数学模型，通过统计方法、预测模型等工具来量化环境因素的变化。在这个过程中，营销决策者会收集和分析大量与市场环境相关的数据,如销售数据、市场份额、消费者调研数据等。通过建立和运用时间序列分析、回归分析、经济指标分析等模型,决策者可以对未来的市场环境变化进行量化预测,尤其是对于那些相对稳定和连续的变化趋势。

(三)分析环境变化对企业的具体影响

企业应细致分析外部环境的变动如何影响其业务运作,从而揭示潜在的威胁和机遇。具体来说,企业要审视不同的环境因素,如经济条件、技术发展、法律法规以及市场趋势等,分析其对自身的产品、市场定位、营销策略及盈利能力的影响。识别这些外部变化对企业具体业务领域的影响,有助于企业及时捕捉其必须应对的紧迫挑战和可把握的成长机会。例如,技术进步可能推动新产品开发,而市场趋势变化可能要求企业调整其营销策略。对这些变化的深入分析能够帮助企业预测未来的运营环境,为企业制订更为有效的策略提供依据。

(四)制订出适应未来环境变化的战略和行动计划

在深入分析了外部环境变化对企业的影响之后,企业需要将这些洞察转化为具体的策略和行动。这包括调整产品线以符合市场需求的变化、优化资源分配以提高效率、投资新技术以保持竞争优势等。此外,企业还需考虑如何通过营销策略来应对消费者行为的变化,以及如何抓住新的市场机会。行动计划应对这些战略的具体实施过程进行详尽规划,包括时间表、责任分配、资源配置等,确保企业能够灵活适应市场环境的变化。这种前瞻性的规划有助于企业应对环境的变化,在变化中寻找新的增长点,从而在未来的市场竞争中占据有利位置。

第二节 汽车市场营销环境的宏观分析

一、汽车市场营销的宏观环境要素

(一)人口环境

人口环境指一个国家和地区的人口总量、人口质量、家庭结构、人口性别、人口年龄结构、人口的收入分布及地理分布等因素的现状及其变化趋势。

人口环境对汽车产品的市场规模、产品结构，以及消费者的消费层次和购买行为等都会产生一定的影响。与汽车市场营销相关的人口环境因素主要包括以下几个方面：

1. 人口数量

人口数量直接关系到潜在购车人群的规模。一般来说，人口数量越多，这个汽车消费市场的容量就越大。此外，人口数量的增加还带动了相关产业链的发展，如汽车配件、维修服务、金融保险等，进一步推动了整个汽车行业的繁荣。因此，人口数量对于汽车市场而言，不仅意味着更多的潜在客户，还关系到市场的整体活力和长期发展潜力。

2. 人口质量

人口质量主要指人口受教育的程度。教育水平较高的人群通常具有更强的经济实力和更强的消费意识，他们在购买汽车时不仅注重汽车的品牌、设计和性能，也会关注汽车的安全性、环保性和智能化水平。此外，受过良好教育的消费者更倾向于理性消费，他们会更多地考虑汽车的性价比、维护成本、残值率等因素。在受教育程度较高的国家或地区，消费者对新技术、新概念的接受度也较高，这促使汽车企业加大科技创新和研发投入，不断推出更多符合市场需求的新产品。同时，教育水平的提高有助于提升消费者的环保意识，从而推动新能源汽车的发展。

3. 人口年龄结构

不同年龄段的消费者具有不同的消费偏好和购买行为。年轻消费者通常追求新颖、时尚、具有高性能的汽车，他们更倾向于选择外形设计独特、色彩鲜明、搭载最新科技的车型，这反映了他们对个性化和创新技术的高度追求。此外，年轻人对电动汽车和智能互联汽车的接受程度相对较高，因为这些新型汽车符合他们对环保和高科技的追求。相比之下，中老年消费者在购买汽车时则更加注重安全性、舒适性和经济性，他们倾向于选择那些品牌知名、性能稳定、维护成本较低的车型。中老年人对汽车的选择反映了他们对生活品质的追求和对家人安全的考虑。因此，汽车厂商需要针对不同年龄段的消费者消费特性进行市场细分，开发和推广符合各个年龄层次需求的汽车产品，以吸引更广泛的消费者群体。

4.人口的收入状况和职业特点

从人口的收入状况来看，高收入群体通常具有较强的购买力，能够负担高端、豪华的汽车品牌，他们在选择汽车时更加注重品牌价值、设计感和高级配置。这部分人群可能更倾向于购买进口车或高档车型，以彰显其社会地位和品位。中低收入群体由于经济条件的限制，更可能选择性价比高、维护成本低的汽车，他们在购车时更注重实用性和经济性。从职业特点来看，不同职业的消费者对汽车的需求也存在差异。商务人士可能更偏好豪华轿车或商务型SUV，以适应其商务活动需求。从事户外工作的消费者则可能更倾向于选择越野车或皮卡车型。因此，汽车制造商在制订市场策略时，需要深入了解目标市场群体的收入水平和职业分布，根据不同收入和职业群体的特点和需求，提供多样化的产品线和定制化的服务，以提高市场的覆盖率和消费者满意度。

（二）自然环境

自然环境指影响汽车生产和使用的自然因素，包括自然资源状况、生态环境状况等方面。汽车企业的经营活动都会受到自然环境的影响，反过来，汽车企业的经营活动在一定程度上又会影响自然环境。自然环境对汽车市场营销的影响主要表现在以下几方面：

1.自然资源

汽车产业作为资源密集型行业，大量消耗钢铁、铝、塑料等多种原材料以及石油等能源。随着全球资源的减少，尤其是石油资源的逐渐枯竭，汽车企业面临的生产成本压力不断增加，迫使它们寻求替代材料或更加高效的生产工艺。此外，能源的稀缺也推动汽车行业加速向电动汽车、混合动力汽车的转型。电动汽车的发展不仅减少了对石油资源的依赖，还响应了全球节能减排的趋势，成为汽车产业未来的重要发展方向。汽车企业需要不断创新技术，提高材料利用率和能源效率，同时探索更多可持续的生产和运营模式，以应对自然资源减少带来的挑战。

2.生态环境

随着全球生态环保意识的提升，消费者对汽车的环保标准有了更高的期待，这直接促使汽车制造商在汽车设计和生产过程中使用环保技术和材料。消费者越来越倾向于选择排放量低、能效高的汽车，尤其是电动汽车和混合动力汽车。这种趋势促使汽车企业的市场营销策略将生态友好性作为一种竞争优势。这些企业的汽车广告和促销活动中经常强调汽车的环保技术和节能减排特性，以吸引环保意识强的消费者。此外，政府对汽车排放量的规定越来越严格，这也影响着汽车市场的营销策略，促使企业不断研发和推广更环保的车型。因此，生态环境不仅影响着汽车产品的开发和设计，也成为塑造汽车品牌形象和市场竞争力的关键因素。

3.自然气候

不同的气候条件要求汽车具备不同的性能特点，以适应各类天气情况。例如，在寒冷的气候中，汽车需要具备良好的加热和隔热系统，以保证乘客的舒适和车辆的正常运行；而在炎热的地区，强大的冷却系统和防晒措施则显得尤为重要。汽车的润滑系统、充电效率、制动系统等也都需要针对不同的气候条件进行优化。因此，汽车厂商在推广产品时，需要考虑目标市场的气候特点，推出适宜的车型，并提供相应的技术和服务支持，以满足当地消费者的需求。这不仅有助于提高消费者满意度和品牌忠诚度，而且也能增强企业的市场竞争力。

4.地理因素

从经济地理的角度看，一个地区的公路运输结构和条件直接影响汽车的销售和使用。如我国农村地区，近年来随着农村交通基础设施的快速发展和客运服务的提升，农村地区的汽车需求显著增长。城乡客运一体化的推进为汽车市场，特别是客车市场，提供了新的增长机遇。汽车企业需要针对这些地区的特定需求，如路况、客运量和乡村居民的消费能力，设计和推广适合的车型和服务。此外，随着基础设施的改善，农村消费者对汽车的认知和接受度也在不断提升，为汽车企业深入农村市场创造了有利条件。

从自然地理的角度来看，不同地理环境对汽车的性性能需求有着特定要求，如西藏高原地区的汽车就需要具备良好的高原适应性、越野能力和耐寒性。汽车企业在这些区域推广车辆时，必须考虑到当地的地形特点，如山区、高原或河流密布区域的特殊道路条件。对于这些地区，企业不仅要提供适应性强的车型，还需考虑到车辆的维护和服务网络，确保能够满足当地消费者的特殊需求和使用环境。因此，地理因素的考量对于汽车企业制定市场战略、产品开发和服务布局等方面都是至关重要的，直接关系到品牌的市场表现和竞争力。

5.交通状况

不同地区的交通密度、道路状况和交通规则都会影响消费者对汽车的选择和需求。例如，在交通拥堵的城市，小型汽车和节能汽车可能更受欢迎，因为它们更便于在繁忙的道路上行驶，有助于减少燃油消耗和排放量。相反，在交通相对畅通的乡村或郊区，消费者可能更倾向于选择大型汽车，因为它们能为人们提供更高的舒适性。此外，交通状况还会影响汽车的营销和服务策略。在交通状况复杂的地区，汽车企业可能需要提供更多的售后服务点和快速维修服务，以满足客户的需求。因此，了解目标市场的交通状况，并根据这些信息制订相应的产品销售策略，对于汽车企业而言至关重要。

（三）经济环境

经济环境对汽车市场营销的影响主要体现在以下几方面：

1.经济发展状况

（1）经济发展阶段。不同经济发展阶段的国家和地区对汽车的需求特点和消费能力存在明显不同。在发展中国家，随着经济的增长和人民生活水平的提高，汽车逐渐从奢侈品转变为普通家庭的必需品，汽车市场呈现快速增长的趋势。消费者对汽车的首要需求是价格合理和实用性强。在发达国家，汽车市场可能已接近饱和，消费者更加注重汽车的品质、技术、环保性能和品牌价值，市场竞争主要集中在产品创新和品牌差异化上。汽车企业需要根据不同经济发展阶段的市场特点来调整产品开发、定价和营销策略，以满足不同市场的需求。

（2）经济形势。经济形势好转时，人们的消费信心增强，汽车销售市场通常会呈现出增长的势头。企业可以利用经济繁荣期扩大市场份额，加大营销力度，推出新车型和促销活动以吸引消费者。在经济衰退期，人们的购买力下降，消费者可能会推迟购买新车或转向寻求更经济实惠的二手车，这时汽车企业可能需要调整营销策略，强调性价比，提供更多促销优惠，或者开发更符合市场需求的经济型车型。同时，经济形势对国际汽车市场也有重要影响，全球经济环境的波动会影响国际贸易政策、汇率变动等，进而影响跨国汽车企业的出口和在海外市场的销售策略。汽车企业需要密切关注经济形势，灵活调整市场策略，以应对经济变化带来的挑战。

2.居民收入

随着居民收入的增加，人们对于购买汽车的能力提高，汽车由奢侈品变为更多家庭可负担的消费品，从而扩大了汽车市场的潜在消费者群体。较高的收入水平不仅增加了消费者购买新车的可能性，也提升了他们对汽车品质、功能和品牌的要求。在高收入群体中，豪华汽车和高端品牌车型更受欢迎，消费者更倾向于追求技术先进、设计独特、配置高端的汽车。相反，中低收入群体更注重汽车的性价比，他们倾向于购买经济型汽车或二手车。汽车企业在制订市场营销策略时，需要考虑不同收入水平的消费者的需求和偏好，通过市场细分策略推出不同价位和功能的车型，以满足各层次消费者的需求。

3.汽车信贷

便捷的汽车贷款服务可以降低消费者购车的初始成本，提高购车意愿，扩大汽车市场的销售量。特别是在经济增长放缓或居民收入增长有限的情况下，汽车信贷成为支持汽车销售的关键要素。通过提供有吸引力的贷款条件，如低首付、低利率或长期还款计划，汽车制造商和经销商可以刺激消费者的购买欲望，加速销售周期。汽车信贷的灵活性还允许消费者根据自身经济状况选择更适合的车型，甚至是更高端的车型。汽车企业和金融机构在推动汽车信贷服务时，需要综合考虑经济环境、市场需求和风险管理，以促进汽车市场的健康发展。

（四）科技环境

科技环境指的是在一定时期内科学技术发展的水平、速度和趋势等。科学技术的发展必然会带来汽车性能、汽车材料、汽车生产方式和营销手段的变化等。一般情况下，科学技术环境对汽车市场营销的影响主要体现在以下几方面：

1.科学技术影响汽车性能

随着新科技的不断涌现，汽车性能如动力系统的效率、汽车的安全性、舒适性以及智能化程度等得到了极大的提升。电动汽车技术的发展减少了对化石燃料的依赖，同时降低了汽车运行成本和排放水平。自动驾驶技术的进步则在提高行车安全的同时，改变了驾驶者的驾驶体验和汽车的使用方式。这些技术的应用不仅改善了汽车的内在质量，也为汽车市场营销提供了新的卖点，帮助企业吸引更多消费者，提高市场竞争力。

2.科学技术影响汽车材料

随着新材料技术的发展，汽车制造业开始使用更轻、更强、更环保的材料，如高强度钢、铝合金、碳纤维等，这些材料不仅提高了汽车的性能，还降低了汽车的能耗和排放。新材料的应用使得汽车更轻便，提高了燃油效率，同时提升了汽车的安全性和耐用性。在市场营销中，这些材料的使用可以作为汽车高科技和环保属性的体现，增加产品的吸引力，满足消费者对高性能和环保汽车的需求。因此，汽车企业需要紧跟科技发展的步伐，不断探索和应用新技术、新材料，以适应市场的变化和消费者的需求。

3.科学技术影响汽车销售

科学技术的进步，尤其是信息技术和网络技术的发展，促使汽车销售模式逐渐从传统的直接销售和间接销售转向数字化营销。随着互联网的普及和在线平台的兴起，汽车厂商和经销商开始利用网络平台进行汽车展示和营销，消费者能够在网上浏览车型、配置选项、价格信息，甚至直接在线预订或购买汽车。这种线上销售模式不仅扩大了销售范围，降低了销售成本，还提高了销售效率和客户满意度。此外，数字化技术还使得汽车销售过程更加个性化。通过数据分析，汽车销售商可以更准确地了解消费者的偏好和需求，实现更精准的市场定位和营销策略。同时，社交媒体和网络广告等新型营销工具为汽车销售提供了更广阔的宣传平台和更有效的互动渠道。

（五）社会文化环境

社会文化环境指的是影响消费者行为、价值观念和生活方式的社会文化因素，如文化传统、社会风俗、生活方式、宗教信仰等。这些因素不仅塑造了消费者的需求和偏好，而且对企业的市场策略、产品设计、广告宣传等方面产生了深远影响。具体来说，社会文化环境对汽车市场营销的影响体现为以下几个方面：

1.消费文化

在以消费为导向的文化中，汽车不仅是出行的工具，更是个人身份和地位的象征。在这种文化背景下，消费者倾向于购买那些能够突显其个性化和社会地位的汽车品牌和车型。例如，某些社会群体可能更偏好豪华、高性能的汽车品牌，因为这些品牌符合他们对高品质生活的追求。相反，在注重实用性和经济性的消费文化中，消费者在选择汽车时更加关注其耐用性、燃油效率和维护成本，偏好性价比高的车型。因此，汽车企业在制订市场营销策略时需要深入理解目标市场的消费文化，以便更有效地满足消费者的需求。

2. 社会价值观

随着环保、节能和可持续发展理念的普及，越来越多的消费者开始关注汽车对环境的影响。这种价值观的转变促使消费者偏好那些低排放、高能效的汽车，如电动汽车和混合动力汽车。汽车制造商和营销人员需要关注这种社会价值观的变化，并将其反映在汽车产品的开发和市场推广中。此外，随着消费者的安全和健康意识的提高，安全性成为汽车选择中的一个重要考虑因素。在市场营销活动中强调汽车的环保性、安全性和先进技术，可以更好地契合消费者的价值观，从而促进销售和消费者品牌忠诚度的提升。

（六）政策和法律环境

1. 政策环境

政府政策可以直接影响汽车产业的运作和发展方向。例如，政府对汽车产业的补贴政策、税收优惠、研发支持和进出口政策等都会对汽车市场造成直接影响。如果政府推出鼓励购买新能源汽车的政策，如提供购车补贴、减免车辆使用税、提供更多的充电设施等，这将大大促进新能源汽车的销售。如果政府对柴油车实施更严格的排放标准，其可能会抑制这类车型的市场需求。此外，政府的基础设施建设政策，如道路网络的改善和扩建，也会间接影响汽车的销量。因此，汽车企业需要密切关注政策动向，灵活调整其市场策略和产品规划，以适应政策变化，把握市场机遇。

2. 法律环境

各国的汽车安全法规、汽车排放标准，以及消费者权益保护法等不仅规定了汽车产品必须达到的安全和环保标准，还保护消费者免受欺诈和不公平交易的侵害。遵守这些法律法规对汽车企业至关重要，违法行为不仅会导致重罚，还会损害品牌声誉，影响消费者信任。此外，知识产权法律体系也保护汽车企业的创新成果，使得汽车企业更具市场竞争力。汽车企业在制订市场营销策略时，必须充分考虑法律环境，确保所有营销活动和产品符合当地的法律法规，以维护企业的合法权益和市场形象。

二、汽车企业应对市场营销宏观环境变化的策略

汽车企业应对市场营销宏观环境变化时可以采取以下策略（图2-2）：

采取协调性措施　　采取抵制性措施

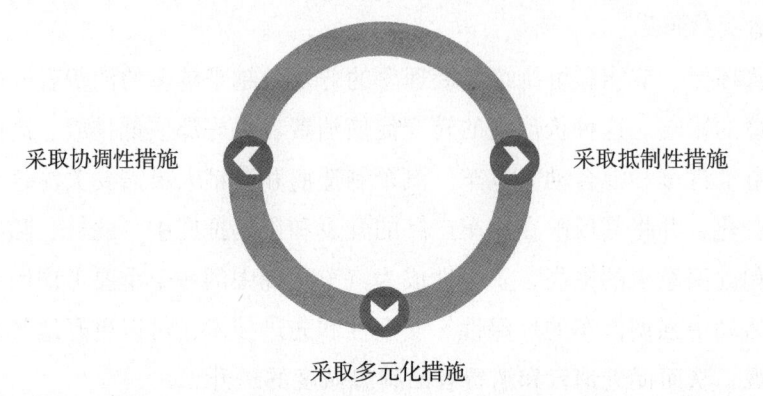

采取多元化措施

图2-2　汽车企业应对市场营销宏观环境变化的策略

（一）采取协调性措施

汽车企业在应对市场营销宏观环境的变化时，可以采取协调性措施来适应这种变化。这要求汽车企业充分发挥内部潜力，灵活调整营销策略，与不断变化的市场环境保持同步。协调性措施能够帮助企业减轻外部环境变化带来的冲击，保持业务的连续性和稳定性，避免因市场波动造成不必要的经济损失。

汽车企业在运用协调性措施时要做到：

（1）通过深入分析企业的内部资源和能力，制订出与环境变化相匹配的营销策略。这包括对企业产品线、市场定位、客户服务等关键营销要素的全面评估和调整。在市场需求发生变化时，企业需迅速响应，通过产品创新或服务改进来满足新的消费需求，同时保持与既有客户的紧密联系，维持市场份额。

（2）在市场竞争加剧或消费者偏好变化的情况下，调整营销传播策略，利用多渠道营销和数字营销工具，提高品牌的市场响应速度和消费者参与度。通过有效的市场信息收集和分析，科学预测市场趋势，调整营销策略，把握市场机会。

（3）关注企业的长期发展目标，确保企业即使在面对市场环境的短期波动时，也不会偏离长期发展战略。这要求企业在决策过程中，不仅考虑即时的市场反应，还需考虑决策对企业未来发展的潜在影响，确保企业资源得到有效利用，促进企业持续成长。

（4）维持组织内部的灵活性和适应性，鼓励跨部门协作，促进信息共享，以提高决策效率和执行力。

（二）采取抵制性措施

在面对市场营销宏观环境变化的挑战时，汽车企业可以采取抵制性措施，以保护自身免受不利影响。抵制性措施主要指企业通过法律手段或其他方式积极应对，防止外部负面因素损害企业利益。在实施抵制性措施时，企业必须确保行动符合法律规定，不损害消费者权益，同时不影响企业的正常运营。

第一，对于不正当的市场竞争，汽车企业应采取法律手段予以抵制。例如，对于侵犯知识产权、商业诋毁、不实广告等行为，企业应通过法律途径维护自身权益，包括但不限于提起诉讼、要求赔偿等。通过法律手段抵制这些不利因素，不仅能保护企业自身的利益，还能维护公平竞争的市场环境。

第二，在面对政策变化可能带来的不利影响时，企业应积极参与政策讨论和制定，通过合法渠道表达自身立场和诉求。例如，在新的排放标准或贸易政策制定过程中，汽车企业可以通过行业协会或直接向相关政府机构提出建议或反馈，争取对企业较为有利的政策环境。

第三，企业在应对消费者权益维护活动时，也可采取抵制性措施，但必须确保措施合法合理，不损害消费者利益。例如，面对不实的消费者投诉或舆论攻击，企业应通过发布事实声明、举行新闻发布会等方式予以澄清，同时采取必要的法律行动以维护企业声誉。

第四，企业采取抵制性措施时要注意不能影响企业的正常经营和长远发展。这意味着企业在采取行动时，需要全面评估措施可能带来的后果，确保行动的合理性和有效性。此外，企业还需保持与消费者、合作伙伴、政府机构等各方面的良好沟通，确保在维权的同时，不破坏与这些关键利益相关者的关系。

（三）采取多元化措施

多元化措施能够帮助汽车企业更好地应对市场营销宏观环境的变化，通过产品、市场和投资的多元化，企业不仅可以减轻单一市场或产品变动带来的风险，还能抓住新的市场机会，实现效益的持续增长。这要求企业具有前瞻性的市场洞察力、灵活高效的决策机制和强大的执行能力。

一是及时调整产品线。当某一汽车产品由于技术过时、市场需求下降或受到政策限制时，企业需要停产停售该产品或调整产品策略。通过研究市场趋势和消费者需求，开发新的产品或改进现有产品，以满足市场的变化。例如，随着消费者对新能源汽车兴趣的增加，传统汽车企业可以通过增加电动汽车和混合动力汽车车型来丰富产品线，抓住市场转变的机会。二是及时调整市场营销策略。企业需要不断分析和评估不同市场和消费者群体的特点，以制订更为精准和有效的营销策略，如进入新的市场、开拓新的消费者细分市场或采用新的营销渠道和方法。随着数字化营销的兴起，汽车企业可以利用社交媒体、在线广告和数字展厅等新兴工具来吸引年轻消费者，提高品牌的在线可见性和互动性。三是重新分配投资。面对市场和环境的变化，企业需要评估不同业务领域的风险和回报，合理分配资源和资本。在某些情况下，将资源从增长缓慢或利润较低的业务转移到更有潜力或更符合市场趋势的领域，可以提高企业整体的竞争力和盈利能力。这些多元化的措施，可以使企业在市场营销宏观环境改变的情况下，增加销售的途径和方法，保障产品的正常销售，避免给企业带来经济损失。

第三节　汽车市场营销环境的微观分析

一、汽车市场营销的微观环境要素

（一）企业内部环境

1. 企业的物质条件

企业的物质条件是其市场营销活动成功的重要基础，具体包括资金、技术和人员这三个关键要素。

资金是企业进行市场营销活动的基本保障。资金可以用于市场调研、广告宣传、促销活动、客户服务以及新产品的开发和推广等方面，帮助企业在竞争激烈的汽车市场快速响应市场变化，调整营销策略，捕捉市场机会。此外，充裕的资金还能增强企业的风险抵御能力，使其在面临市场不确定性时更有韧性。

技术是企业开展市场营销活动的关键支撑。企业的技术水平反映在两个方面：硬件技术和软件技术。硬件技术包括技术装备、试验设施以及检验手段，是企业开发新产品和提升产品质量的物质基础，有利于企业实现精细化管理和生产，提高产品的性能和可靠性，满足消费者对高质量汽车产品的需求。软件技术包括专利技术、专有技术及技术队伍的水平等。专利技术和专有技术是企业创新和保持市场领先地位的关键，技术队伍的水平直接影响到企业技术创新和应用的效率，高素质的技术团队能够加速技术的研发和转化，推动企业产品不断迭代升级，满足市场和消费者的需求。

人员是企业执行市场营销活动的核心力量。企业高层领导的决策能力决定了企业市场营销策略的方向和效果，中层领导的协调和执行能力影响决策的落地和实施，基层员工的专业技能和服务态度直接作用于产品的销售和品牌形象。企业需要重视人才的培养和引进，提高员工的专业技能和市场营销能力，建立一支高效的营销团队。同时，企业应注重营造积极的企业文化，激发员工的创新意识和团队协作精神，以提升整体的营销效能。在市场竞争日益激烈的汽车行业，拥有一支专业而高效的营销团队，能够帮助企业更好地理解市场需求，有效执行营销策略，快速响应市场变化，从而在竞争中获得优势。

2.企业的非物质条件

（1）企业信誉。企业信誉是基于企业过往行为和市场表现所建立的公众信任度。良好的企业信誉能够促进消费者信心，降低交易成本，增强客户忠诚度。在汽车市场营销中，良好的企业信誉可以作为一种无形资产，吸引潜在客户，维持现有客户，并在市场竞争中树立差异化优势。信誉对企业来说至关重要，信誉一旦建立，它将在产品推广、品牌营销和危机管理中发挥关键作用。企业需要通过提供高质量的产品和服务、积极承担社会责任、诚信经营等方式不断增强自身信誉。

（2）商标。商标不仅代表了企业的身份和品牌形象，还是消费者识别产品和服务的关键标志。在汽车市场营销中，一个有辨识度的商标能够加深消费者对品牌的记忆，增强消费者的品牌忠诚度，并促进口碑的形成。在全球化的市场环境中，商标还具有跨地域的识别作用，有助于企业扩大国际市场。商标的建立和维护需要企业不断投资，包括保护商标不被侵犯、更新商标以保持现代感，以及通过营销活动增强商标的市场知晓度。

（3）知名度。知名度是衡量企业在目标市场中知晓程度和影响力的指标。提高知名度可以帮助企业更容易地吸引消费者注意，促进产品销售，帮助企业扩大市场份额，增强品牌影响力。通过有效的广告宣传、公关活动、优质的客户服务和口碑营销等手段，汽车企业可以有效提升自身知名度，建立良好的市场地位。

（二）供应商

供应商是向企业及其竞争者提供生产经营所需资源的企业或个人，包括提供原材料、配件、设备、能源、劳务、资金及其他用品等，是影响企业营销的微观环境的重要因素之一，供应商对汽车市场营销的影响主要表现在以下几方面：

1. 供货的稳定性与及时性

供货的稳定性指供应商能够连续不断地按照约定的时间、产品的数量和质量标准供应原材料或零部件。在汽车行业，任何一个环节的延迟都可能导致整个生产线的停滞，进而影响产品的上市时间和市场竞争力。如果供应商能够保证供货的稳定性，汽车企业就可以确保生产计划的顺利执行，及时响应市场需求变化，加快新车型的研发和投产速度，从而在激烈的市场竞争中占据优势。供货的及时性指供应商供货速度的快慢，它直接关系到企业对市场变化的响应速度。在汽车市场，消费者需求快速多变，市场竞争异常激烈，因此，供应链上的每一个环节都需要高效运转，确保产品能够迅速从生产线到达市场。供应商若能实现快速、准时的供货，不仅有助于企业降低库存成本，还能提高市场适应性和消费者满意度，增加市场份额。稳定且及时的供货还能帮助汽车企业更好地制订和执行其市场营销策略。准确的供货时间可以确保营销活动中承诺的产品交付时间得以兑现，有助于建立企业的信誉和消费者信任。稳定的供应链可以使企业准确预测成本，制订更具竞争力的价格策略，吸引更多的消费者。

2. 供货价格的变动

当供应商提高原材料或组件的价格时，制造商面临着生产成本增加的问题，这通常会迫使他们提高最终产品的销售价格，或者在不增加价格的情况下压缩利润空间。这种价格上升可能会对消费者需求产生负面影响，尤其在价格敏感度高的市场环境下。相反，如果供应商降低价格，汽车制造商可以选择降低销售价格以吸引更多消费者，或保持销售价格不变以提高利润率。在竞争激烈的汽车市场中，制造商经常利用供应链成本优势来获得市场竞争力。因此，供货价格变动对汽车制造商的市场策略有着显著影响。

3.供货的质量水平

供应商提供的高质量零部件和材料是制造高品质汽车的前提。当供应商能够持续提供符合甚至超过行业标准的优质产品时，汽车制造商能够减少产品缺陷率，降低售后服务成本，并减少召回风险。这种长期合作关系有助于企业稳定产品质量，提高客户满意度，建立良好的市场声誉。反之，如果供应商的供货质量水平不稳定或低于行业标准，将对汽车制造商造成一系列负面影响。首先，质量问题可能导致制造缺陷，增加企业的生产成本和售后维修成本。其次，质量不佳的零部件可能会损害汽车性能，影响消费者的驾驶体验，甚至危及驾驶安全，从而损害汽车品牌的形象和市场地位。在市场营销方面，供应商的供货质量水平也是企业宣传的重要内容。企业可以通过强调其采用高标准供应链管理和优质零部件来源来吸引质量意识强的消费者，这种营销策略有助于塑造企业的专业形象，提高产品的市场竞争力。汽车企业在选择供应商时应严格考察其质量控制体系，确保供货的质量水平能够满足企业的需求和市场的期待。

（三）营销中介机构

营销中介机构指协助汽车厂商从事市场营销的组织或个人，主要包括中间商、实体分配公司、营销服务机构等。

1.中间商

中间商通过其广泛的分销网络使汽车制造商能够接触到更广泛的潜在客户群，尤其是在地理上难以覆盖的区域。他们的地方市场知识和客户关系可以为汽车制造商提供重要的市场信息和反馈，帮助制造商更好地理解市场需求，调整产品策略和营销计划。此外，中间商的销售和推广活动也对提升汽车品牌的知名度和形象着关键作用。在服务方面，中间商通过提供各种售前、售中和售后服务，增强了消费者的购买体验和满意度，有助于提升消费者的品牌忠诚度。有效的服务不仅能提升产品销售的成功率，还能提高客户的复购率，对汽车品牌的长期成功至关重要。然而，中间商的表现也可能给汽车制造商带来风险。如果中间商的服务水平不一或者营销策略与制造商的品牌定位不一致，可能会损害汽车品牌的形象，影响消费者的购买决策。汽车制造商需要精心管理与中间商的合作关系，定期评估中间商的表现，为其提供必要的培训和支持，建立有效的沟通机制。通过这些努力，汽车制造商可以最大化中间商的价值，实现市场营销目标。

2. 实体分配公司

实体分配公司的主要职能是协助厂商储存货物并把货物运送至目的地的仓储公司。实体分配的要素包括包装、运输、仓储、装卸、搬运、库存控制和订单处理七个方面。在包装方面，实体分配公司确保汽车及其配件安全、有效地包装，防止运输过程中的损害，从而保护产品价值，维护品牌形象；在运输方面，实体分配公司提供多样化的运输解决方案，包括铁路、汽车、驳船等多种运输方式，帮助汽车企业根据成本、速度、安全性等多重因素做出最优选择，保障汽车及其配件按计划到达销售点或终端用户手中，增强市场供应的稳定性；在仓储服务方面，实体分配公司帮助汽车企业调整生产与市场需求之间的不一致，通过合理的库存控制和仓储管理，减少资金占用，提高资产流动性；在装卸和搬运方面，实体分配公司为汽车公司提供专业的服务，不仅可以保证汽车及其零部件在运输过程中不受损害，还能提高物流效率，缩短货物周转时间；在库存控制方面，实体分配公司帮助汽车企业优化库存水平，减少资金占用，确保市场需求能够得到及时响应；在订单处理方面，实体分配公司通过提供快速、准确的订单处理服务，帮助汽车企业提升客户服务水平，增强市场竞争力。

3. 营销服务机构

营销服务机构指市场调研公司、广告公司、各种广告媒介及市场营销咨询公司，他们协助企业选择最恰当的市场，并帮助企业向选定的市场推销产品。其作用主要包括：

（1）通过深入的市场研究和分析，利用其专业知识和资源，为汽车企业提供基于数据的建议，帮助企业优化产品开发和市场推广决策，从而提升产品的市场吸引力和竞争力。

（2）通过创造引人注目的广告和强有力的品牌信息，增强汽车品牌的市场识别度和吸引力，运用创新的沟通策略和创意表现，使汽车品牌在众多竞争者中脱颖而出，塑造独特的品牌形象，增强消费者的品牌忠诚度。

（3）通过运用 SEO、社交媒体营销、内容营销、电子邮件营销等技术和手段，帮助汽车企业建立在线品牌存在感，吸引更广泛的目标受众，提升品牌知名度，拓展销售渠道，实现与消费者的有效沟通。

（4）提供公关活动和事件组织服务，通过新闻发布、媒体合作、展览展示等活动，提升汽车品牌的公众形象，增强品牌传播效果。

汽车企业选择营销服务机构时，应考虑以下事项：一是应考察营销服务机构的过往案例和客户评价，选择在汽车领域有成功的营销案例和丰富实战经验的营销服务机构。二是应选择那些能够提供良好客户服务、能够主动听取和理解客户需求、能够与企业紧密协作的服务机构。定期的沟通和评估会议可以帮助双方监控项目进展，及时调整策略，确保营销活动的目标达成。三是选择具有创新能力的营销服务机构，帮助汽车企业在不断变化的市场营销环境中保持竞争优势，把握市场新机遇。四是考虑成本效益，企业应与服务机构明确费用结构，评估服务内容与费用的匹配度，避免不必要的开支，确保投资带来良好的营销效果。

（四）顾客

顾客是企业赖以生存和发展的"衣食父母"，企业市场营销的起点和终点都必须满足顾客的需要，汽车制造商必须充分研究各种汽车用户的需要及其变化。顾客就是企业的目标市场，是企业服务的对象，也是营销活动的出发点和归宿。企业的一切营销活动都应以满足顾客的需要为中心。因此，顾客是企业最重要的环境因素。

从顾客构成的角度，顾客市场可以细分为五类：消费者市场、企业市场、经销商市场、政府市场和国际市场。消费者市场由个人或家庭组成，他们购买汽车通常用于个人或家庭出行。制造商需要关注消费者的生活方式、收入水平、个人偏好等因素，以满足他们的功能性和情感性需求。企业通常为满足其运营需求而购买汽车，如公司车辆、商务用车等，其购买决策通常更加理性，强调成本效益、服务和维护等方面。经销商购买汽车进行再销售，制造商需要与经销商建立稳定的合作关系，支持他们的销售和服务，共同满足终端顾客的需求。政府机构购买汽车通常用于公务接待、公务差旅等，这类市场可能更注重汽车的安全性、可靠性和符合政府采购标准。国际市场由其他国家的购买者组成，面对不同国家和地区的顾客，制造商需要考虑文化差异、市场环境、法律法规等因素，制订适应不同的市场策略。

（五）竞争者

在充满竞争的汽车行业，众多企业争夺同一目标市场，这增加了各企业与顾客建立联系的难度。为了在激烈的市场竞争中获得较大的市场份额并保持领先地位，汽车企业不仅需要满足目标市场的需求，还必须深入分析竞争对手的销售策略，并根据不同竞争者的特点制订相应的应对策略。从汽车消费需求的角度划分，企业的竞争者包括愿望竞争者、平行竞争者、产品形式竞争者和品牌竞争者。

1.愿望竞争者

愿望竞争者指的是那些与企业提供的产品满足同一种消费者愿望或需求的企业，即便他们的产品类型完全不同。例如，一家汽车制造商可能将旅行社视为愿望竞争者，因为部分消费者可能在购买新汽车和出国旅游之间权衡选择。分析愿望竞争者的优势和战略，能帮助汽车企业更全面地了解消费者的需求，并可能发现跨行业的合作机会或营销创新。

2.平行竞争者

平行竞争者指提供能够满足同一需求的不同产品的竞争者。例如，自行车、摩托车、轿车等都可以作为家庭交通工具，这三种产品的生产经营者则互为平行竞争者。分析平行竞争者的市场定位对于企业的市场细分和精准定位至关重要。

3.产品形式竞争者

产品形式竞争者指提供具有相同或相似功能但形式不同的产品的竞争对手。在汽车行业中，其可能是提供不同驱动方式（如燃油汽车、电动汽车、混合动力汽车）的制造商。分析产品形式竞争者可以帮助企业把握技术发展趋势，优化自身产品策略，满足消费者对多样化产品的需求。

4.品牌竞争者

品牌竞争者在同一产品类别和市场细分中与企业直接竞争，提供功能和性能相似的产品，竞争主要基于品牌价值、品牌知名度和消费者的品牌忠诚度。

在汽车行业，品牌竞争十分激烈，企业需要不断创新，提高产品质量，优化客户服务，通过品牌营销增强品牌吸引力，以赢得消费者的青睐。

（六）公众

公众指的是那些对企业实现目标具有实际或潜在兴趣和影响力的各类群体，他们的态度和行为对企业的运营和声誉具有重要影响。公众的支持可以为企业带来正面效益，如提升品牌形象、提高市场份额、促进销售等；而公众的反对或不满则可能为企业带来负面影响，如品牌声誉受损、产品销售量下降、企业面临法律诉讼等问题。由于公众对企业的重要性，现代企业通常设立专门的公共关系部门，负责管理与各类公众的关系，维护企业的形象和声誉。这包括监测公众对企业的看法、策划与公众交流的活动、处理危机公关、发布企业新闻等。通过这些活动，公共关系部门帮助企业建立与公众的良好互动，积极影响公众的态度和行为，从而支持企业的市场营销活动和长期发展。然而，公共关系不仅是公共关系部门的责任，而是全体员工的共同任务。从前台接待到财务副总经理，再到外出的销售代表，每个员工在与公众接触的过程中都代表着企业，他们的行为和态度直接影响公众对企业的看法。因此，企业需要增强全体员工的公共关系意识，确保每个员工都能在自己的岗位上塑造和维护企业形象。

汽车企业周围的公众一般包括以下几种：

1. 融资公众

融资公众主要指那些为企业提供资金或财务资源的个人和机构，包括投资者、股东、银行和其他金融机构。这些群体对企业的营销活动有直接和间接的影响。从直接的角度来看，融资公众通过提供资金支持，使得企业能够执行其市场营销计划，包括广告投放、产品推广、市场调研等。没有充足的资金支持，即便是最具创意和潜力的营销策略也难以实现。从间接的角度来看，融资公众对企业的信心和评价会影响企业的市场声誉和品牌形象，进而影响消费者和其他利益相关者的看法。例如，如果投资者对企业的未来持乐观态度，增加投资，企业股价会上升，进而提升企业形象，增强消费者信心，从而促进产品销售和市场扩张。

2. 媒介公众

媒介公众包括新闻媒体、社交媒体平台以及其他形式的传播渠道，它们是企业传达信息、塑造品牌形象和与消费者互动的重要桥梁。媒介公众可以帮助汽车企业扩大市场覆盖面，提升品牌知名度，影响公众对品牌的看法和态度。积极的媒体报道可以提升企业声誉，增强消费者对汽车品牌的信任和兴趣，从而促进销售和市场份额的增长。负面的媒体报道可能损害企业形象，引发公众对产品质量或企业责任的质疑，妨碍营销活动的效果。因此，汽车企业需要与媒介公众建立良好的关系，有效管理媒体信息，利用媒介渠道积极传递品牌价值，同时妥善应对媒体危机，维护企业和产品的正面形象。

3. 政府机构

政府通过制定和实施政策、法规，对汽车行业施加直接的控制和影响。例如，政府推行的环保政策可能要求汽车企业减少污染物排放，促进新能源汽车的研发和销售；消费者保护法则要求企业提供更为透明的市场信息。政府机构还可能通过采购程序直接成为汽车市场的重要客户之一。因此，汽车企业必须密切关注政府政策的变化，合规经营，同时积极调整营销策略，以适应政府法规的要求，把握政策赋予的市场机会。

4. 公民行动团体

公民行动团体包括消费者组织、环境保护组织、少数民族团体等，这些组织代表着社会公众的利益和诉求，他们对汽车产品的评价和态度可以通过公共舆论影响广大消费者的购买决策。环保组织可能会对那些污染严重的汽车品牌进行抵制，而消费者组织可能会对不公平的市场行为进行曝光。汽车企业如果忽视这些团体的声音，可能会使品牌声誉受损，影响消费者信任和产品销售。汽车企业在制订市场营销策略时，需要考虑这些团体的潜在影响，积极与其沟通和互动，处理好企业活动与公众利益之间的关系，以建立和维护良好的社会形象和品牌信誉。

5. 地方公众

地方公众指当地的居民和社区组织，他们对企业活动的接受度和支持程度直接影响企业的社区形象和地方声誉。企业通过积极参与社区活动、支持地方发展项目，可以建立起正面的社会形象，赢得社区成员的信任和支持，进而促进企业营销活动的有效展开，特别是在推广地方市场时，地方公众的支持可以显著提高产品的市场接受度和消费者的品牌忠诚度，从而促进销售和市场占有率的提升。

6. 一般公众

尽管一般公众可能不直接参与企业运营或购买决策，他们对企业及其产品的整体印象和看法却能通过社会舆论和口碑效应影响潜在消费者的选择。一般公众对企业的正面看法可以增强企业的品牌吸引力，吸引更多潜在客户；而负面看法则可能影响企业形象和经济效益。因此，汽车企业需通过透明的经营活动、负责任的社会行为、有效的危机管理等方式，积极塑造和维护一般公众的正面印象，以支持其市场营销目标和长期发展。

7. 内部公众

企业内部的公众包括蓝领工人、白领工人、经理和董事会。企业的营销计划，需要全体职工的充分理解、支持和具体执行。企业应当经常向员工通报有关情况，介绍企业发展计划，鼓励员工出谋献策，关心职工福利，奖励有功人员，增强内部凝聚力。

二、汽车企业应对市场营销微观环境变化的策略

汽车企业应对市场营销微观环境变化时可以采取以下策略（图 2-3）：

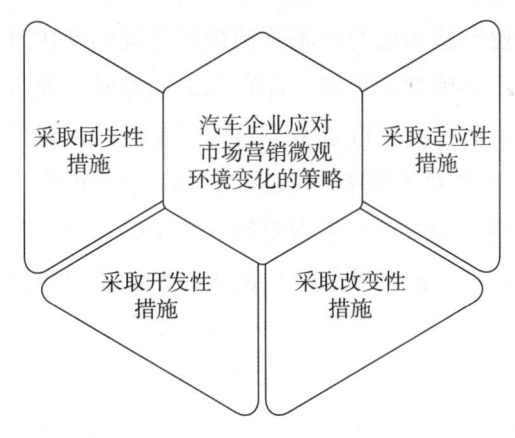

图 2-3　汽车企业应对市场营销微观环境变化的策略

（一）采取同步性措施

同步性措施要求企业密切关注行业发展动态及竞争对手的战略变化，根据自身实际情况采取相应策略，不断调整和优化自己的市场营销策略。

已处于领先地位的企业，要继续创新和完善，保持其领先优势。具体包括持

续加大研发投入，推出更符合市场需求和技术趋势的新产品；加强品牌建设，提高消费者的品牌忠诚度；优化供应链管理，提高运营效率和响应速度；持续关注客户需求和市场变化，灵活调整营销策略。通过这些措施，领先企业不仅能保持其市场优势，还能在必要时迅速应对市场和技术的变化，巩固其行业地位。

对于落后于竞争对手的企业，要深入分析市场和竞争对手的成功因素，识别自身的短板和提升空间，采取有针对性的改进措施。具体包括加大研发投入，快速跟进市场热点和技术创新；加强市场调研，准确把握消费者需求和行业趋势；提升营销活动的创意和执行力，增强市场影响力；优化内部管理和员工培训，提升整体运营效率。通过这些措施，落后企业可以逐步提升自身竞争力，缩小与竞争对手的差距，甚至实现超越。

无论是领先还是落后的企业，采取同步性措施都要求企业具备敏锐的市场洞察力和快速的执行能力。企业需要建立有效的市场信息收集和分析机制，确保能够及时获取和响应市场变化；同时，企业要有强大的内部协调和执行机制，确保策略的快速落地和执行。

(二) 采取开发性措施

企业采取开发性措施来应对市场营销微观环境的变化时，可以有效地应对消费者的投诉问题。当消费者反映产品存在的问题时，通过认真分析消费者的反馈，汽车企业可以确定需要改进或完善的产品特性，提高产品质量，提升用户体验。同时，企业要对消费者不满意的产品进行革新，或者开发出新的产品。在开发新产品的阶段中，如果需要投入大量的资金以及需要更高技术的人员来完成，企业应该在产品的开发阶段就把这些信息透露给消费者，这样既能提高消费者对产品的兴趣，也可以使消费者更加全面地了解产品，这是提高企业经济效益的重要措施。采取开发性措施要求企业具有前瞻性的市场洞察力，能够准确捕捉市场变化和消费者需求的微妙变动，以及新兴技术的发展趋势。企业需要建立灵活高效的产品开发流程，加强跨部门协作，确保快速将市场和技术洞察转化为产品创新。通过这种方式，企业不仅能够解决现有的市场和技术挑战，还能主动探索新的增长点和竞争优势。

(三) 采取改变性措施

当某一产品面临市场淘汰的风险时，汽车企业需要迅速采取改变性措施改善产品在消费者心中的形象，积极应对市场变化，最终减少损失，维护企业的经济利益。一是对产品本身进行改进，当一个产品在市场上的表现不如预期时，企业需要深入分析其原因，可能是设计、性能、可靠性或者消费者体验方面的问题。通过对产品进行技术改进、设计更新或增加新的功能，可以显著提升产品的吸引力和竞争力。二是加大产品宣传力度和开展促销活动。加大广告投入，使用更具吸引力和说服力的营销信息，可以提高消费者对产品的关注度和兴趣。促销活动如价格优惠、赠品、限时折扣等，可以刺激消费者的购买欲望，短期内提升销量。同时，通过公关活动和媒体合作，积极塑造和传播正面的品牌形象，是恢复消费者信心、提升产品销量的有效手段。三是降低产品价格。价格通常是消费者决策过程中的关键因素之一，适当的价格调整，特别是在竞争对手开展价格攻势或市场需求低迷时，可以帮助企业保持竞争力，维持市场份额。然而，价格调整需要谨慎进行，以避免触发价格战或损害品牌价值。

（四）采取适应性措施

采取适应性措施要求企业灵活调整自己的产品和市场策略，以适应不同经济水平消费者的需求和购买力。在多元化和分层化的市场中，适应性措施能够帮助企业更好地满足市场的多样化需求，提高市场覆盖率和产品销量。一是通过产品线的多样化来满足不同消费者群体的需求。汽车企业可以开发和推出不同价格区间的产品，这样，企业不仅能够吸引不同经济水平的消费者，还能够提高市场适应性，增强其在不同市场细分领域的竞争力。通过精准定位和有效满足各个市场细分的特定需求，企业能够在激烈的市场竞争中保持稳定的销量和市场份额。二是调整产品定价策略以适应市场需求的变化。在经济波动、消费者购买力变化或竞争态势变动的情况下，合理的价格调整可以帮助企业保持销量，吸引不同经济条件的消费者。企业应基于详细的成本利润分析和市场研究来制定价格，使价格调整既能吸引消费者，又能保障企业的财务健康。不过，对于那些高价值和高定位的产品，频繁的价格调整和促销活动可能会削弱其市场地位，损害消费者对品牌的信任和忠诚度。因此，对于这类产品，企业可能需要通过提高产品质量、加强品牌建设、提升顾客服务等其他方式来增强市场竞争力，而不是简单地依赖价格调整。

第三章 汽车市场营销调研与预测

第一节 汽车市场营销信息系统

我国汽车工业空前繁荣，汽车市场竞争异常激烈，这为市场调研与预测在我国汽车行业的发展带来了契机。[①] 准确的市场营销调研与预测对于制订有效的营销策略具有重要意义。而汽车市场营销信息系统为企业收集、分析、存储和分发市场相关信息提供了支持。利用这一系统，企业可以更深入地理解市场趋势、消费者行为、竞争对手动态以及宏观经济环境变化，为产品开发、市场定位、价格策略制定和促销活动提供数据支持。因此，建立和维护一个高效的汽车市场营销信息系统对于增强企业的市场敏感性、提高市场响应速度和促进汽车销量的持续增长至关重要。

一、汽车市场营销信息系统的职能

（一）信息收集与处理

汽车市场营销信息系统的首要职能是高效地收集和处理市场信息。这包括对消费者偏好、购买行为、竞争对手活动、市场趋势以及宏观经济环境等方面的信息进行收集和分析。系统能够通过各种数据源（如销售数据、客户反馈、社交媒体、市场研究报告等）来获取信息，并利用数据挖掘和分析技术加工这些信息，为决策者提供有价值的洞察。

[①] 武少玲、肖迢、姚丽萍：《基于能力培养的汽车市场调研分析课程设计创新与实践》，2011年教育科学与管理工程国际学术会议论文，北京，2011，第328-331页。

（二）决策支持

基于收集和处理得到的信息，汽车市场营销信息系统为企业管理层和市场营销团队提供决策支持。系统能够呈现市场分析报告、消费者行为研究、产品定位分析等，帮助决策者理解市场环境，预测市场发展趋势，从而制订更加科学、合理的市场策略和营销计划。

（三）市场活动管理

市场活动管理指利用信息系统来规划、执行和监控市场营销活动。系统可以帮助企业设定市场活动目标，规划活动预算，选择合适的营销渠道和方法，以及监控活动执行的效果。通过系统化的管理，企业可以确保营销活动更加有序高效，同时能够快速调整和优化营销策略，以应对市场变化。

（四）客户关系管理

汽车市场营销信息系统还具有管理和维护客户关系的职能。系统能够帮助企业建立和维护详细的客户数据库，跟踪客户购买历史和偏好，进行客户细分，以及实施个性化的营销和服务。通过深化对客户需求和行为的理解，企业可以提升客户满意度和忠诚度，从而在激烈的市场竞争中占据优势。

二、汽车市场营销信息系统的构成

汽车市场营销信息系统是汽车企业收集、处理并利用相关环境数据的工具[1]，一般由四个子系统构成，即汽车内部报告系统、汽车市场营销情报系统、汽车市场营销调研系统、汽车市场营销分析系统。

（一）汽车内部报告系统

内部报告系统以企业的内部会计系统为基础，同时整合售后报告系统，全面反映了企业在订货、销售、存货、现金流量、应收账款等方面的详细数据，为企业的决策制定提供了数据支撑。在汽车行业这样一个竞争激烈且变化迅速的领域中，内部报告系统尤为重要。通过持续跟踪和分析这些内部数据，企业能够及时发现潜在的问题和机会，对比实际业绩和预设目标的差异，及时做出调整和改进，促进企业目标的实现。例如，通过分析销售数据和库存水平，企

---

[1] 牛艳莉主编《汽车市场营销》，电子科技大学出版社，2008，第49页．

业可以及时调整生产计划和库存策略，以响应市场需求的变化，避免产品过剩或短缺的情况发生。

汽车内部报告系统的核心是从完成订单到收款的循环。订货部门负责处理来自推销员、经销商和顾客的订单，及时准确地处理订单不仅能够确保客户满意，还可以加速销售周期，提高现金流速度。为此，订货部门要有高效的订单处理系统，能够迅速对订单进行确认、分类和转发，确保所有订单信息准确无误地传达给相关部门。一旦接收到来自订货部门的订单信息，仓储部门需要迅速行动，准备货物并安排发货。在这个过程中，仓储部门还需要确保发货的准确性，避免错发或漏发。同时，仓储部门要将发货相关的单据，如发票副本、运单和账单，及时准确地分发给财务等相关部门，保障财务数据的准确性和及时性。销售报告系统需要向公司经理及时提供全面而准确的销售及运营信息，包括订货、销售、存货和现金流量等关键数据。这些信息是企业高层制订策略、调整计划的重要依据。通过对销售报告的分析，企业可以及时发现和解决销售、生产和供应链管理中的问题，同时把握市场变化，快速做出反应。总之，内部报告系统的有效运行还依赖于跨部门的协同作用，每一个环节都需要不同部门的紧密合作。

（二）汽车市场营销情报系统

汽车内部报告系统为管理者提供营销结果的数据，而汽车市场营销情报系统则为管理者提供营销活动正在发生的信息。由此可见，汽车市场营销情报系统是向营销决策人员提供营销环境中各种因素发展变化情报的信息来源和程序。汽车营销情报系统必须以不断获取大量信息作为支撑，没有足够的信息就没有营销情报系统。

汽车企业收集市场营销情报的途径主要有以下几种：

1. 一般途径获取

一是阅读报纸、杂志，这些媒体定期发布关于汽车市场趋势、新技术、消费者偏好以及竞争对手动态的报道，通过系统地阅读这些出版物，汽车企业能够及时获得关键的市场营销情报。二是训练、激励推销人员随时搜集市场情况。推销人员是企业获取市场情报的宝贵资源，他们直接面对市场和消费者，可以提供关于客户反馈、竞争对手活动、市场需求变化等第一手信息。因此，培训和激励推销人员随时搜集市场情况是非常重要的。企业应该让推销人员意识到他们在市场情报收集中的作用，提供必要的培训，帮助他们识别和报告有价值的信息，并为此设立奖励机制，对于那些能够提供有价值情报的推销人员，企业应给予适当的物质和精神奖励，以提升其积极性和主动性。三是与客户、经销商等交谈，并鼓励经销商和零售商等外部合作者向企业传递重要的市场营销情报。四是获取国家政策和上级主管机关发布的信息，这些信息通常涉及行业法规、政策变动、标准制定等，对企业的经营活动有直接影响。企业应该密切关注这些信息源，及时调整自己的市场策略和业务计划，以符合政策和法规的要求。

2. 获取竞争者的情报

在汽车行业中，了解竞争对手的战略、产品、市场表现和业务模式对于制订有效的竞争策略至关重要。因此，获取竞争者的情报成为企业制订市场营销策略的一个重要方面。获取竞争者的情报可以从以下几方面着手：一是购买竞争者的情报。许多市场研究公司提供深入的行业报告和竞争分析，这些报告通常包含对主要竞争对手的综合评估，包括他们的市场份额、财务状况、产品线、市场策略和未来展望等。通过这些报告，企业可以获得关于竞争对手的详尽信息，帮助企业做出更有针对性的决策。二是参加汽车展销会。汽车展销会聚集了行业内的多数主要参与者，为企业提供了一个观察和比较竞争对手最新产品和技术的机会。通过参展，企业不仅能了解竞争对手的产品特性和市场定位，还能直接与参展人员交流，收集关于行业趋势和市场需求的一手资料。三是阅读竞争对手发布的经营报告，这些公开信息通常包含了企业的财务表现、市场战略、研发投入以及未来发展的重点等，对于企业分析竞争对手的优势和劣势具有重要意义。四是通过竞争对手的前员工、经销商、供应商和运输代理了解情报，这些人因为曾与竞争对手有过直接的合作或雇佣关系，可能掌握一些内部信息，能帮助企业更全面地评估竞争对手。

3. 有偿征集情报

有偿征集情报指企业聘请外部专业机构或个人，通过支付一定的费用来获取所需的信息。

（1）聘请业余信息员。业余信息员通常是行业内的从业者、专业人士或其他具有相关知识和资源的个人，如大学教授、行业分析师、前行业员工或其他专业顾问,他们对汽车行业有深入的了解。通过聘请这些业余信息员,企业可以获得更为专业、深入的市场分析和预测,这些信息往往具有较高的价值,有助于企业做出更为精准的市场判断和决策。

(2)向汽车信息中心的统计部门购买情报。许多汽车信息中心和行业协会定期收集和发布关于汽车市场的统计数据和分析报告。这些信息涵盖了汽车销量、市场份额、消费者偏好、竞争格局等多个方面,为企业提供了更全面的视角。通过购买这些统计数据和报告,企业可以省去大量的原始数据收集和处理工作,直接获得专业机构整理分析的高质量情报。

(3)向市场调研公司、咨询公司和广告公司购买情报。这些公司专门从事市场研究和分析,具有丰富的数据资源、先进的研究方法和专业的分析团队。他们能够提供定制化的市场研究服务,包括消费者调查、竞争分析、市场趋势预测等,帮助企业深入了解市场动态和消费者需求。虽然这些服务的成本较高,但其提供的情报质量通常也较高,能够为企业的关键决策提供有力的支持。

(三)汽车市场营销调研系统

汽车内部报告系统和汽车市场营销情报系统的功能都是收集、传递和报告有关日常的和经常性的信息。汽车企业有时还需要经常对营销活动中出现的某些特定问题进行研究,如汽车企业要测定某一汽车产品广告的效果,预测一个地区的某一产品的销售情况等。汽车市场营销调研系统的任务就是系统客观地识别、收集、分析和传递有关市场营销活动各方面的信息,提出与汽车企业所面临的特定营销问题有关的研究报告,以帮助营销管理人员制定有效的营销决策。

(四)汽车市场营销分析系统

汽车市场营销分析系统作为汽车市场营销信息系统的一个重要组成部分,是企业利用先进的分析工具和技术对市场数据进行深入研究和解析的信息子系统。其核心目的是通过科学的分析方法辅助企业理解市场动态,评估营销策略的效果,并优化决策过程。

一个完整的汽车市场营销分析系统由三部分组成:资料库、统计库和模型库。

1. 资料库

资料库作为汽车市场营销分析系统的基础部分，汇集了企业为了进行营销分析而收集的各类资料，包括企业内部的数据和市场上收集的外部信息。内部资料通常涵盖了销售数据、订货记录、库存量、推销活动记录以及财务与信用报告等，为企业提供了反映其营销活动和业务状况的基础。外部资料则包含政府发布的统计数据、行业研究报告、竞争对手情报以及其他市场调研成果，这些信息能帮助企业了解更广泛的市场环境和趋势。资料库的有效构建和管理，确保了营销分析的数据支持，使企业管理人员能够随时获取所需的数据和信息，进行及时和准确的市场分析与决策。

2. 统计库

统计库是汽车市场营销分析系统中负责数据处理和分析的核心，包含了一系列统计分析程序和技术，用于从包含大量数据的资料库中提炼出有意义的信息。通过应用各种统计方法，如描述性统计、假设检验、回归分析等，统计库能够揭示数据背后的规律和趋势，为管理决策提供科学依据。统计分析的结果不仅有助于管理人员了解当前的营销状况，评估历史营销活动的效果，还能测量不同营销变量之间的相关性和因果关系，提供更深入的洞察。此外，统计库的输出也为模型库的应用提供重要输入，确保了模型分析的数据基础和实证支持。

3. 模型库

模型库则包含了一系列用于解决特定营销问题的数学模型和管理决策工具。这些模型涵盖了新产品销售预测、市场份额分析、定价策略制订、促销效果评估以及最优营销组合的选择等多个方面。通过运用这些模型，汽车企业能够在复杂的市场环境中模拟不同的营销策略，预测其潜在的业务影响，从而在多个可行方案中选择最佳策略。模型库不仅加速了决策过程，还提高了决策的准确性和效率，帮助企业科学地规划营销活动，优化资源配置，实现业务目标。

三、汽车市场营销信息系统的构建

（一）汽车市场营销信息系统的构建原则

1. 用户导向原则

汽车市场营销信息系统的设计和实施应以用户需求为中心，确保系统的功能和输出能够满足营销管理人员的实际需求。这要求系统设计者深入理解营销团队的工作流程、决策需求和信息使用习惯，以及在不同营销环节中所需信息的具体内容和格式。系统应具有良好的用户界面和操作逻辑，确保易于使用并能够提供及时、相关和准确的信息。

2. 整合性原则

为了提供全面的市场视角和深入的洞察，汽车市场营销信息系统需要整合企业内外的多源数据，包括销售数据、客户反馈、竞争情报和市场研究等。这要求系统具备强大的数据处理能力，能够对不同格式和来源的数据进行汇总、清洗、匹配和分析。同时，系统应支持与企业其他信息系统的数据交换和共享，如与客户关系管理（CRM）、企业资源计划（ERP）或供应链管理系统的集成。

3. 灵活性原则

鉴于市场环境的快速变化和企业战略需求的调整，汽车市场营销信息系统需要具备一定的灵活性和可扩展性。系统的设计应能够适应未来的技术进步、业务扩展和市场变化，支持新增功能、数据源和用户。此外，系统应允许用户自定义报告，以适应不同用户的特定需求。

4. 可靠性原则

为了确保决策的有效性，汽车市场营销信息系统必须提供可靠和稳定的服务。这要求系统具备高度的数据准确性和一致性，以及良好的系统性能和可用性。系统应采取适当的数据备份和恢复机制，保证数据的安全和系统的持续运行。

5. 持续改进原则

汽车市场营销信息系统的构建不应是一次性的项目，而应是一个持续改进和优化的过程。企业应定期评估系统的使用效果和用户满意度，收集用户反馈，并根据业务发展和市场变化对系统进行升级和改进。通过持续的监测和调整，确保信息系统能够不断适应企业的发展需求和市场的新趋势。

（二）汽车市场营销信息系统构建的保障措施

在汽车市场营销信息系统的构建过程中，企业需要提供有力的保障措施。

这些措施不仅确保项目按计划进行，还有助于解决可能出现的问题和挑战。接下来，本书将重点讨论四大保障措施：资金保障、人力资源保障、信息安全保障和内控制度保障（图3-1），以确保汽车市场营销信息系统从设计到运营阶段都能高效、安全、可持续地运作。

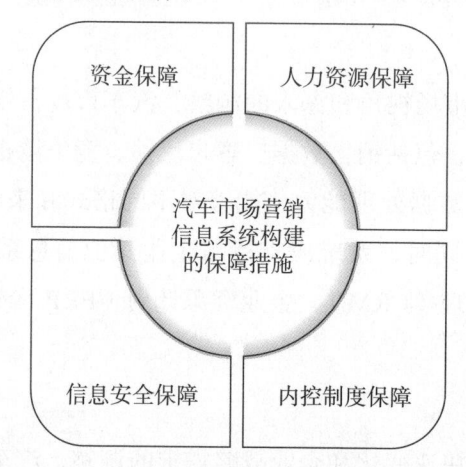

图3-1　汽车市场营销信息系统构建的保障措施

1. 资金保障

（1）资金投入保障。资金投入保障作为构建汽车市场营销信息系统的基石，需要获得企业高层和董事会的全面支持并纳入年度预算。在信息时代，信息服务费用会随着计算机设备、存储设备和网络通信费用的降低而降低，而人工成本会随着城市生活成本的提高而提高，人成为越来越贵的资源。因此，汽车企业财务部门有责任编写全面且科学的可行性分析报告，旨在阐明汽车市场营销信息系统构建的经济效益和长期可行性。通过这种方式，企业管理层能更全面地理解汽车市场营销信息系统在降低成本和提高效率方面的潜力，从而更可能为这一重要项目提供充足的资金支持。此外，科学严谨的可行性分析报告和可靠的数据，可以进一步说服决策者和股东增加对信息化建设的资金投入。只有在充分的资金保证下，汽车市场营销信息系统的建设和运行才能真正得以实施。

（2）资金使用保障。资金使用保障关乎汽车市场营销信息系统投资的有效性和高回报性，因此，企业必须采取一系列具体措施以确保资金的高效利用。一是认真做好调研，这涉及联系多家供应商并向其询问构建汽车市场营销信息系统所需的各种技术与成本报价。这一步不仅有助于企业全面了解市场行情，还能助其在后续步骤中做出更加明智的决策。二是编制预算表，所有预计的开支都需列明并提交给董事会进行审批。这一步骤确保了资金使用的合规性和合理性，也为后续的执行提供了明确的财务框架。预算一旦获得批准，企业则需要根据实际情况选择合适的采购途径，包括竞争性谈判和公开招标。目的是在保证质量的同时，尽量降低成本。通过这样一系列细致入微的操作，企业能确保投入的每一分资金都能产生最大的效益。

2.人力资源保障

随着汽车市场营销信息系统的完工，对现有人员培训成为确保系统高效运行的关键一环。具体措施如下：

一是开展系统功能使用的培训。当一个新的信息系统被引入后，所有相关用户，包括营销人员、数据分析师、管理人员等，都需要对系统的操作有深入的了解。培训内容不仅包括基础的操作，例如，如何登录系统、如何检索信息、如何输入数据和生成报告，还应该包含高级功能的使用，例如，如何进行数据分析、如何解读分析结果、如何定制报告等。此外，企业还应针对不同层次的用户定制培训内容，确保每个用户能根据其需求获取相应的知识和技能，这样可以大大提升系统的使用效率和数据的准确性。

二是开展信息安全方面的培训。随着大量敏感数据被输入市场营销信息系统中，确保数据安全和帮助用户了解如何防范潜在的安全风险变得尤为关键。信息安全方面的培训应涵盖信息安全的基本原则、公司的数据保护政策、个人数据保护的最佳实践以及如何识别和应对网络安全威胁。用户需要了解如何设置强密码，如何识别钓鱼邮件或恶意软件，以及在发现安全漏洞时应采取的行动。信息安全培训不应是一次性的，而应是一个持续的过程，需要定期更新，以反映最新的安全威胁和防御策略。这种培训可以提高员工的安全意识，减少人为错误，从而降低数据泄露或系统被侵入的风险，保护企业的商业秘密和客户数据。

3.信息安全保障

信息安全保障在汽车市场营销信息系统构建中占有举足轻重的地位。与传统的局域网内运行的信息系统不同，汽车市场营销信息系统更多地依赖外部的互联网。这无疑增加了系统面临的网络安全风险，如病毒等，它们可能窃取企业的商业机密，从而对企业造成严重的经济损失。因此，多层次、全方位的信息安全措施需要严谨地执行。具体保障措施如下：

一是在系统构建过程中，与企业信息管理中心及时沟通，对可能出现的接入外部服务器进行云计算的情况，有针对性地在公司内网端口进行监控和防护。二是企业增加预算投入，将预算用于网络服务器的升级。这一步不仅可以提高数据的保密性，也能有效抵御外部网络攻击，确保市场营销信息的完整性和准确性。

4. 内控制度保障

一是要求企业监管部门全程参与汽车市场营销信息系统的构建，专门对改造后的业务流程进行风险评估，以确保每一步操作都在合规与安全的前提下进行。二是在系统设计方面做好操作权限管理。任何操作都需要留下详细的痕迹日志，以确保能追溯到每一步操作和每一个操作者。这样做不仅能防止外部人员非法进入系统，也能有效防止内部人员进行不当操作，如泄露商业机密、非法转移资金等。三是系统构建后，每半年需要开展一次全面的内部审计和流程评价。这样做能及时发现潜在问题，进而提供有力的依据和方向性建议进行整改，以实现内控制度的持续优化和流程的可持续改进。这一系列的内控制度保障措施，可以确保汽车市场营销信息系统的高效和安全可靠。

第二节 汽车市场营销调研

一、汽车市场营销调研的含义与作用

（一）汽车市场营销调研的含义

市场营销调研就是运用科学的方法，有计划、有目的、系统地收集、整理和分析有关市场营销方面的信息，并整理出调研报告，分析有关结论，提出机会与挑战，以便帮助管理人员了解市场的营销现状，从而为市场预测和营销决策提供依据。

汽车营销市场调研，也称汽车市场调研，指汽车企业对用户及其购买力、购买对象、购买习惯、未来购买动向和同行业的情况等方面进行全面评估。汽

车市场调研的目的是让汽车企业全面了解市场情况,以便在产品开发、营销策略制订和市场定位等方面做出明智的决策。

(二)汽车市场营销调研的作用

1. 有利于汽车企业进行正确的市场定位

市场定位是企业营销策略的核心,决定了企业的产品如何在消费者心中建立独特的地位。汽车市场调研通过深入分析消费者需求、市场趋势、竞争对手情况及行业环境等因素,为企业提供了准确的市场信息。这些信息帮助汽车企业了解目标市场的特征和需求,识别市场中的不同细分群体,并理解各群体的具体需求和偏好。因此,企业能够制订出有针对性的市场定位策略,确定产品的核心竞争力和差异化特点,确保其市场传播更加精准有效。正确的市场定位不仅能提升品牌形象,增强消费者认知,还能有效进行市场竞争,为企业赢得更大的市场份额和利润空间。

2. 有利于汽车企业实行正确的产品开发与产品策略

产品是企业竞争力的体现,正确的产品开发与产品策略是企业获得市场成功的关键。汽车市场调研提供的洞察和数据支持使企业能够在产品开发初期就紧密结合市场需求和技术趋势,从而开发出符合市场预期的产品。调研结果可以揭示消费者的需求变化,预测未来趋势,帮助企业在产品设计、功能创新、技术应用等方面做出有根据的决策。此外,产品策略的制订也需要基于对市场细分、竞争分析和消费者行为的深入理解,确保产品定价、促销和分销策略与市场实际相匹配。通过精准的市场调研,汽车企业能够在产品生命周期的不同阶段进行有效的策略调整,及时响应市场变化,优化产品组合,加强与消费者的连接,提升市场竞争力和消费者的品牌忠诚度。

3. 有利于汽车企业实行正确的产品定价与价格策略

通过对市场、消费者偏好、竞争对手定价以及经济环境的深入了解,调研能够提供关键数据和见解,帮助企业制订或调整其价格策略。这包括识别目标市场消费者的支付意愿、理解消费者对不同市场细分的价值感知、监测竞争对手的价格变动以及考量宏观经济因素的影响。正确的定价策略能够最大化企业的收益,提高市场竞争力,同时确保产品对消费者具有吸引力。此外,适时的价格调整可以帮助企业应对市场变化,保持其价格体系的灵活性和竞争力。通过系统的市场调研，汽车企业能够制订出更加科学、合理的定价策略，有效避免价格战，同时确保利润最大化。

4.有利于汽车企业正确选择销售渠道和渠道策略

调研活动可以揭示不同销售渠道的效率、顾客偏好和购买行为模式，以及渠道之间的相互影响。深入了解消费者如何选择和使用不同的购买渠道能够帮助企业优化其渠道组合，确保与目标市场的匹配性和渠道的有效覆盖。例如，对于某些市场细分，直营店可能更为有效，而对于其他细分，则可能需要通过在线销售或经销商网络来实现更好的覆盖。此外，市场调研可以帮助企业监控和评估渠道伙伴的表现，确保渠道管理的有效性，从而优化渠道策略，提高销售效率和消费者满意度。通过对销售渠道的深入理解和分析，企业能够更有策略地选择和管理其销售渠道，增强市场渗透力和客户接触效率，从而在竞争激烈的市场中获得优势。

5.有利于汽车企业有效开展促销活动

通过调研，汽车企业可以深入了解消费者目标群体的偏好、购买动机和行为，识别不同市场细分对促销活动的响应模式，从而设计更加吸引人和有效的促销方案。此外，汽车市场调研还能揭示竞争对手的促销策略和活动效果，帮助企业制订差异化的促销计划，避免无效的价格竞争。通过监测和分析不同促销活动的结果，企业可以不断优化其促销策略，提高促销投入的回报率。有效的促销活动不仅能够在短期内提升产品销量和市场份额，还能增强品牌认知度和消费者忠诚度，为企业的长期发展打下坚实基础。因此，汽车市场调研为企业提供了执行促销活动所需的关键信息，确保促销策略能够精准地达到既定目标，实现营销和销售目标的最优化。

二、汽车市场营销调研的类型

（一）按市场调研的目的划分

1.探索性调研

探索性调研通常是在对某一市场或问题了解不足时进行的初步调研，旨在收集基本信息，帮助界定问题，确定研究方向或发现新的机会。在汽车市场营销调研中，探索性调研可以帮助企业识别消费者需求、市场趋势、竞争环境等关键要素。探索性调研的结果不在于提供最终决策，而是为后续更详细的研究奠定基础，帮助企业形成更具体的研究问题或假设。

2. 描述性调研

描述性调研旨在更系统地描述市场特征或营销问题，通过收集定量数据来描绘市场的具体状况。在汽车市场中，描述性调研关注市场规模、消费者偏好、品牌知名度、购买行为等具体指标。描述性调研为企业提供了关于市场现状的具体和量化的信息，帮助企业了解市场动态，评估自身的市场地位，以及监控市场变化。

3. 因果性调研

因果性调研旨在识别不同市场变量之间的因果关系，帮助企业了解特定市场策略或因素如何影响消费者行为或市场结果。在汽车行业中，因果性调研可以用来评估广告活动、促销策略、产品改进或价格变动对销售的具体影响。通过实验设计或统计分析，因果性调研寻求确定变量间的直接关系，为企业提供决策和策略调整的依据。虽然因果性调研可以为企业提供深入见解，但其实施往往需要严谨的设计和控制，以确保结果的有效性和可靠性。通过这类调研，企业能够基于实证数据制订或调整市场策略，有效地提升市场表现和竞争力。

4. 预测性调研

预测性调研是收集过去和现在的各种市场情报资料，掌握研究对象发展变化的规律，运用一定方法估计未来一定时期内市场对某种商品的需求量及其变化趋势的调研。例如，对潜在需求的调研、对未来营销变化的调研等。

（二）按调研的对象和特征划分

1. 普遍调研

在汽车市场营销中，普遍调研旨在获得关于整个市场环境的全面理解，包括消费者的偏好、市场规模、竞争状况以及潜在的市场机会和威胁。这种调研通常涉及大量数据的收集和分析，旨在为企业提供关于市场全貌的综合视角。通过普遍调研，企业可以获得宏观的市场信息，有助于制定或调整其整体市场战略，确保决策的全面性和有效性。

2.典型调研

典型调研是选择具有代表性的个案或市场进行深入研究的一种方法。在汽车市场营销中，典型调研可能聚焦特定的消费者群体、地区市场或者是某一类车型的消费者行为。通过深入研究这些典型或关键案例，企业能够获得更深层次的见解，这些见解可能会揭示特定市场的独特需求、偏好或行为模式。典型调研虽然不像普遍调研那样广泛，但它能提供更为深入和具体的洞察，帮助企业在特定市场或消费者群体中发现机会或解决问题。

3.重点调研

在汽车市场中，重点调研可能关注于某一关键市场动态、特定消费者行为的变化、新兴市场趋势或竞争对手的战略动向等。这种类型的调研旨在为企业提供关于特定关键问题或领域的深入分析，使企业能够在这些关键领域做出有根据的决策。重点调研有助于企业集中资源和注意力解决比较紧迫和重要的市场问题，提高决策的针对性和效果。

4.抽样调研

抽样调研是一种从总体中抽取代表性样本进行分析和推断的方法。通过抽样调研，企业可以以更低的成本和更快的速度获取市场信息。这种方法依赖科学的抽样技术，确保样本的代表性，从而使得从样本中得出的结论可以推广到整个市场。抽样调研在汽车市场营销中被广泛应用于多种场景，如消费者满意度调查、产品偏好研究或市场趋势预测等，它使企业能够有效地评估市场情况，制订基于数据的策略。

三、汽车市场营销调研的程序

汽车市场营销调研的程序如下（图3-2）：

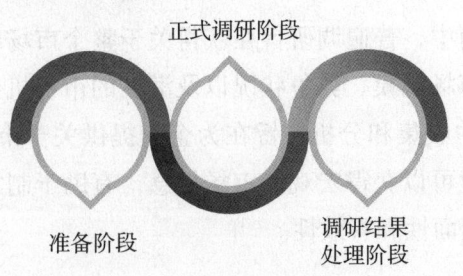

图 3-2 汽车市场营销调研的程序

（一）准备阶段

1.确定调研主题

汽车市场调研必须先搞清楚为什么要调研，调研中想要了解什么，调研结果有什么作用，谁想知道调研的结果。企业需要识别并明确其面临的关键市场问题或需求，然后，基于这些需求制定具体的调研主题，如新车型的市场接受度、品牌形象的市场认知、定价策略的市场反应等。明确调研主题不仅有助于聚焦研究资源，优化调研设计，还能提升数据收集的相关性和有效性。此外，它还有助于后续阶段的调研问卷设计、样本选择、数据分析和报告撰写，使这些活动更加有针对性。在确定调研主题时，企业应充分考虑内外部环境因素，利用SWOT分析等工具评估自身的优势、劣势以及面临的机会和威胁，确保调研主题既具有实际意义，又能够为决策提供有效支持。同时，主题的选择需要考虑调研预算资金、时间框架和资源可用性，确保调研计划的可行性和实施效率。通过系统化和专业化的准备工作，企业能够确保其市场调研在正确的轨道上前进，为实现营销和商业目标奠定坚实的基础。

2.拟定调研计划

拟定调研计划是调研中关键的阶段，调研计划提供了调研工作的具体方案，指导着调研工作的顺利进行，调研计划具体包括以下几个方面：

（1）选择调研方法。调研方法的选择需要基于调研目标、信息需求、时间框架和资源限制。常见的调研方法包括问卷调查、深度访谈、焦点小组讨论和观察法等，每种方法都有其优势和局限性，选择合适的调研方法对获取可靠和有效的数据至关重要。

（2）估算调研费用。调研预算需要覆盖所有可能的费用，包括人力资源、材料、设备租赁、数据分析、报告制作和旅行费用等。准确的预算资金能确保调研项目不会因资金不足而受阻，同时有助于评估调研的可行性和成本效益。

（3）成立调研小组。调研小组应由具有相关专业知识和技能的人员组成，如市场研究员、统计师、领域专家和数据分析师等。小组成员需要清楚自己的职责和任务，确保团队协作高效顺畅。有效的团队合作和沟通机制对于调研的成功至关重要。

（4）安排调研进度。进度计划应详细列出每个调研阶段的时间节点，包括调研设计、数据收集、数据分析和报告撰写等。合理的时间安排有助于确保调研活动按计划进行，同时为突发事件提供了时间缓冲。调研进度的周密安排保证了调研的高效性和时效性，有助于为调研人员及时提供决策支持。

（二）正式调研阶段

在汽车市场营销调研的正式调研阶段，企业将实施之前在准备阶段制订的详细调研计划，这一阶段是整个市场调研过程中的核心部分，直接关系到调研结果的准确性和有效性。企业需要运用选定的调研方法，系统地收集市场、消费者和竞争对手的相关信息。在这一阶段，企业需要确保调研数据的真实性、准确性和代表性，避免偏差和误差。

（三）调研结果处理阶段

（1）调研资料的汇总分析。正式调研结束后，调研人员需要对收集到的资料进行校核，移除那些不相关或不可信的信息，以确保数据集的可信度和精确性。校核过的资料按照其内容进行系统分类和编码，以便为不同类别的数据制作统计表格。调研团队接下来要对整理好的调研资料进行统计分析，从而形成关于市场的趋势性见解和结论。

（2）编写调研报告。调研报告应该清晰、逻辑性强、容易理解，确保非专业人士也能够把握关键内容。除了数据分析的结果，报告还应包含调研目的、过程描述、关键发现、结论和具体建议。通过调查报告，调研团队向决策者传达调研发现，支持企业在产品开发、市场定位、营销策略等方面做出更加明智的选择。

四、汽车市场营销调研的多元化方法

（一）问询法

问询法是将所拟调研的事项，以电话形式、书面形式或其他方式向被调研者提出询问，以获得所需资料的调研方法。具体方式有以下几种：

1. 面谈调研

面谈调研是市场调研人员直接与消费者、经销商或行业专家进行面对面的交流，以获取市场信息的方法。这种调研方法能够捕捉到被访者在表达中的非言语信息，如语调、表情和肢体语言，从而获得比纯文字数据更丰富的信息。面谈调研方法在汽车行业中尤为重要，因为汽车购买往往是一个复杂的决策过程，受到多种因素的影响，包括个人偏好、社会文化背景、经济条件和技术发展等。通过面谈调研，研究人员可以深入探讨消费者的购买动机、使用体验和品牌忠诚度，了解消费者对汽车新技术和新趋势的接受程度以及其背后的原因。

按照访问的地点和访问的形式，面谈调研又可以分为入户访问和拦截访问。入户访问特指市场调研人员直接到受访者的家中或工作场所进行访谈。这种方式的优势在于其能够提供一个私密和安静的环境，有助于受访者更放松地表达自己的观点和感受。在汽车市场调研中，入户访问可以让调研人员深入了解消费者的生活环境和日常用车习惯，从而获得更为真实和深入的见解。例如，通过观察家庭车库中的车辆类型、维护状况和使用频率，研究人员可以推断消费者的用车偏好和潜在需求。入户访问还可以增强访谈的互动性和个性化，使研究人员有机会通过直接观察获取非言语信息，如受访者的表情、肢体语言等，从而增强数据的丰富性和深度。然而，这种调研方法也存在一定的局限性，如成本较高、时间消耗过多，并且需要获得受访者的充分信任和配合。

拦截访问是另一种面谈调研方式，通常在人流较多的公共场所进行，如购物中心、展览会或汽车展销会。调研人员在这些地点随机拦截过往的个人，进行简短的现场访谈。这种方法的优势在于调研人员可以迅速接触到大量的受访者，提高调研的效率和样本的多样性。在汽车市场调研中，拦截访问尤其适用于收集消费者对特定品牌、产品或营销活动的即时反馈。由于访谈时间较短，这种方法更侧重于收集受访者的初步印象和直接反应，而不适宜深入探讨复杂或敏感的话题。拦截访问的局限性在于场所的嘈杂可能会干扰访谈过程，且受访者的配合度和反应可能受到其当时情绪或环境因素的影响。尽管如此，拦截访问仍是获取快速市场反馈和增强调研时效性的有效方法。

面谈调研的结果可以为汽车企业提供有关市场定位、产品开发、营销策略和客户服务等方面的宝贵洞察。例如，通过分析消费者对某一汽车品牌或型号的看法，企业可以识别其产品的强项和弱点，进而制订改进措施。同样，了解消费者对未来汽车技术的期待和顾虑，可以帮助企业在产品创新和技术投资上做出更明智的决策。

2. 电话调研

电话调研指通过电话这一传统媒介对受访者进行调查的方法。在汽车市场调研中，电话调研能够迅速收集来自不同区域、不同背景消费者的意见和反馈，这对于评估品牌认知度、消费者满意度、购买意向以及对市场营销活动的反响等方面至关重要。电话调研允许一定程度的互动，调研人员可以根据受访者的回答适当深入提问或调整访谈方向，这种灵活性是电话调研相对于书面调研的一大优势。同时，与面对面访谈相比，电话调研较少受到受访者非言语行为的影响，有时可以获得更为坦诚的回答。然而，由于缺乏面对面交流的非言语线索，调研人员可能难以完全理解受访者的情绪和反应细节。另外，电话调研的响应率通常低于面对面调研，因为接电话的人可能对营销调查表示抵触或不感兴趣。此外，电话调研中难以讨论复杂或敏感的问题，这可能限制了调研内容的深度和范围。为了提高电话调研的有效性，调研人员需要设计简洁明了、逻辑清晰的调研问卷，同时在访谈过程中表现出足够的耐心和专业性，确保能够引导受访者提供有价值的信息。

3. 邮寄调研

邮寄调研指以将调研问卷邮寄给目标受众，并邀请他们填写后寄回的方式来收集数据的调研方法，该方法适用于目标人群分布广泛或特定群体难以通过其他方式接触时。邮寄调研具有以下优点：①覆盖范围广。无论受众位于偏远地区还是城市中心，只要邮递服务可达，调研问卷就可以送达并收集信息。这使得汽车企业能够从更广泛的消费者基础上收集数据，确保调研结果的代表性和多样性。②成本较低。与面对面或电话调研相比，邮寄调研在执行过程中通常涉及更低的成本。尤其是当调研目标群体庞大时，邮寄调研可以更经济高效地达到相同的调研覆盖面。③无时间限制。受访者可以在自己方便的时间填写问卷，不受调研人员的限制。这样不仅提高了参与率，也增强了调研的质量，因为受访者可以在没有外部压力的情况下，更加仔细和认真地回答问题。④降低社会期望偏差。面对面或电话调研可能会让受访者感到需要给出"正确"的回答，特别是当问题涉及个人观点或偏好时。邮寄调研由于其匿名性较强，可以减少这种社会期望偏差，从而获得更真实、自然的反馈。⑤易于数据处理。邮寄调研通常使用标准化的问卷格式，易于收集和汇总数据。这种格式化的数据收集方法简化了后期的数据分析过程，有助于调研人员快速、准确地提取研究洞察。

然而，邮寄调研同样面临着诸多挑战。一是受众可能对邮寄问卷不予理会，或者优先处理其他事务，导致问卷收回率相对较低。二是邮寄调研无法保证问卷填写者正是调研希望达到的目标人群，这可能会影响数据的准确性和可靠性。三是由于缺乏直接交流，调研人员无法即时解释问题或澄清可能的误解，这可能导致数据质量下降。为了提高邮寄调研的效果，调研人员需要设计简洁明了且易于理解的问卷，确保问题的清晰度和相关性，以提高受众填写问卷的便利性和积极性。伴随问卷的说明信件应明确调研目的、重要性和如何返回填写好的问卷，同时确保参与者的回答将被严格保密，以增加受众的参与意愿。

4. 置留问卷调研

置留问卷调研是将问卷放置在目标受众经常出入的地方，如汽车销售展厅、服务中心或相关活动现场，邀请目标受众在自愿的基础上填写并留下问卷的方法。这种方式便于收集特定场合或环境下消费者的真实意见和建议，尤其适合于对某一特定车型或服务的即时反馈的收集。置留问卷的优势在于它能够接触到高度相关的受众群体，这些人因为已经处在相关的消费环境中，其所提供的反馈更能反映特定情境下消费者的感受和行为。此外，此方法成本较低，操作简便，且不强迫受访者即时回答，能给予他们充分的思考时间，从而可能获得更加深入和考虑周到的答案。然而，置留问卷调研也存在一定局限性，如回收率不确定，数据可能存在偏差，且难以保证问卷填写的完整性和认真程度。

5. 日记调查法

日记调查法要求参与者在一段时间内记录自己关于使用汽车的各种细节，如驾驶习惯、使用频率、加油、维修保养情况及任何与汽车相关的消费活动。通过分析这些日记，调研人员可以获得关于消费者行为的连续性数据，洞察其在日常生活中的真实用车模式和与品牌互动的经历。日记调查能够提供关于消费者行为和态度的深层次洞见，尤其是那些日常但重要的细节，这在其他调研方法中可能难以捕捉。日记调查能如实反映被调查单位的经济活动情况，其所搜集的资料比较系统可靠，便于对不同时期不同单位之间的情况进行对比分析，日记调查还有助于揭示消费者决策过程的复杂性和动态性。尽管如此，日记调查依赖参与者的积极参与和诚实记录，可能面临数据的不完整性和主观性偏差的挑战。此外，分析日记所需的时间和资源也相对较多，可能会增加调研的成本和复杂度。

（二）观察法

观察法是由调研人员到不同的现场进行观察和记录的一种调研方法，主要有以下三种类型：

1.直接观察法

直接观察法指的是市场调研人员亲自到现场，直接用眼睛观察并用耳朵倾听，以获取信息的过程。这种方法允许调研人员实时捕捉消费者行为和反应，在汽车市场调研中，该方法可以应用于新车发布会、汽车展览或4s店等场合。直接观察法使调研人员能够实时记录消费者对汽车产品的直接反应，观察他们如何与不同车型互动，以及他们在购买过程中的行为模式。虽然这种方法可以提供丰富、翔实的现场数据，但其主观性较高，观察结果可能受到调研人员个人解释的影响。

2.实际痕迹测量法

实际痕迹测量法是通过分析消费者留下的各种痕迹来推断其行为的一种观察方法。在汽车市场调研中，这可以包括对汽车使用状况的分析、服务中心的维修记录，甚至是二手车市场上车辆的磨损情况。通过这些"痕迹"，调研人员可以推断出消费者的汽车使用频率、偏好及维护习惯等信息。这种方法的优点是较为客观和准确，因为它基于实际的行为结果，而不是主观报告或解释。然而，实际痕迹测量法往往需要对数据进行深入的解析，且难以提供消费者行为背后的动机分析。

3.行为记录法

行为记录法指通过系统地记录人们在特定环境中的行为模式和活动过程来进行研究的方法。在汽车市场调研中，调研人员主要是对汽车用户的日常使用模式、驾驶行为或购车过程中的决策行为进行详细记录，这可以通过安装追踪设备、使用日志记录或视频监控等方式实现。行为记录法有助于理解消费者的行为模式和规律。

（三）实验法

实验法指先在小范围内进行实验，然后再研究是否将其进行大规模推广的调研方法。实验法本质上是自然科学中的实验验证方法，关键在于控制和操作一个或多个关键变量，同时保持其他变量不变，以观察和分析这些变化对市场反应的具体影响。例如，在一个展销会上，汽车制造商可能会试验一种新的车型展示策略或特定的促销活动。通过对比实验组（参与新策略或活动的消费者群体）和对照组（未参与新策略或活动的消费者群体）的反应，市场调研人员能够评估这些变化对消费者兴趣、购买意愿或满意度的具体影响。在实验结束后，通过细致的市场调研分析，企业可以确定这些变化是否对消费者行为产生了积极的影响，并决定是否将其推广到更大的市场。

实验法的优势在于其科学性和客观性，能够在控制的环境中精确测试特定变量的效果，从而为市场决策提供有力的数据支持。然而，实验准备和执行过程时间长、成本高，且结果的外推性可能受限于实验条件和参与者的特定性。

（四）网上调研法

网上调研法是在互联网上针对特定营销环境进行简单调研设计、收集资料和初步分析的方法。网上调研法可分为两种形式：网上直接调研和网上间接调研。

网上直接调研是调研人员通过互联网主动收集一手资料的方法。调研人员可以设计详细的问卷，通过互联网直接发送给目标受众，收集他们对某一产品、服务或营销策略的看法和反馈。在汽车市场调研中，网上直接调研可以迅速获取潜在消费者对新车型的第一印象、购买意向或对特定广告活动的响应等重要信息。由于数据直接来源于消费者，其时效性和相关性较高，但调研人员需要注意问卷设计的科学性和网络调研的代表性。

网上间接调研指从互联网中搜集和分析二手资料的方法。随着越来越多的媒体、政府机构、企业及其他组织加入互联网，大量的报告、新闻、文章、统计数据等信息可以通过网络获取。在汽车市场调研中，市场调研人员可以通过分析这些在线资源来获取行业趋势、竞争对手信息、市场规模估计等关键信息。网上间接调研的优势在于成本较低，信息量大，企业能够迅速获得宽广的市场视角。然而，这种方法的局限性在于其如何有效地筛选和验证大量分散的网络信息，以确保所获资料的准确性和可靠性。

第三节 汽车市场营销预测

一、汽车市场营销预测的含义与作用

(一) 汽车市场营销预测的含义

汽车市场营销预测指的是运用科学的分析方法对未来汽车市场的趋势、消费者需求、产品销量、价格变化等关键指标进行系统的预测和分析。这种预测基于历史数据、市场调研、行业动态、经济指标以及其他相关因素,旨在为汽车企业提供未来市场发展的参考和指导。

(二) 汽车市场营销预测的作用

1. 战略规划支持

通过对市场趋势的准确预测,企业能够更好地理解市场动态、消费者行为、竞争格局以及技术进步等因素,从而在市场定位、产品规划、投资决策和资源分配等方面做出更有前瞻性的规划。例如,如果预测显示电动汽车市场将迎来快速增长,企业就可以相应地调整其产品线,加大对电动汽车技术的研发和投资,确保在该领域获得竞争优势。

2. 产品开发指导

汽车市场营销预测通过揭示消费者需求的未来变化、技术发展趋势以及相关市场细分的增长潜力,为汽车产品的创新和改进提供了明确的方向。这种预测能够帮助企业理解哪些产品特性或服务将受到市场欢迎,哪些新技术将成为未来的发展趋势,从而使企业能够在产品设计初期就充分考虑这些因素,确保新产品能够满足未来市场的需求。例如,对自动驾驶技术的需求预测可以驱动汽车制造商加强对这一领域的研究和产品开发,确保其未来产品能够符合市场趋势。通过精准的市场预测,企业可以优化其产品组合,投资未来增长潜力最大的领域,从而提高市场响应速度和产品竞争力,更好地满足消费者的期望和需求。

3. 营销策略优化

通过对未来市场趋势进行预测，汽车企业可以识别最佳的营销时机和地点，选择最有效的营销渠道，并针对目标市场制订合适的广告和促销策略。例如，如果市场预测结果显示某个地区对电动汽车的需求将大幅增长，企业便可以在该地区加大营销力度，同时优化广告内容来吸引潜在购买者。

4. 强化风险管理

汽车市场营销预测能够帮助企业提前识别潜在的市场风险，如经济衰退、消费者需求转变、新竞争者的入市或技术的迅速变革等，使企业能够及时调整战略，以减轻这些风险带来的负面影响。通过系统的市场预测，企业可以在风险出现之前制订应对计划，例如，丰富产品线、调整价格策略或加强技术创新等。此外，汽车市场营销预测还能帮助企业评估不同市场策略在潜在风险下的表现，选择风险最小化的策略。

二、汽车市场营销预测的类型

（一）按预测范围划分

1. 宏观市场预测

宏观市场预测关注的是整体市场趋势、经济指标、行业规模等宏观层面的因素。通过宏观市场预测，企业能够获得关于整个汽车市场的增长率、潜在市场容量、行业竞争格局以及市场饱和度等重要信息。这些信息对于企业制定长期战略规划、调整业务方向、做出投资决策以及准备应对未来市场变化具有重要价值。例如，如果宏观市场预测显示全球对电动汽车的需求将持续增长，汽车企业便可相应调整其产品发展战略，加大对电动汽车领域的研发和市场投入，以抓住未来市场。

2. 微观市场预测

微观市场预测更加关注企业的个别产品或服务在特定市场或消费者目标群体中的未来表现。微观市场预测帮助企业理解其产品在目标市场中的潜在表现，评估市场接受度、市场份额变化以及促销活动的潜在影响。通过精准的微观市场预测，企业可以更有效地制订产品定价策略、营销计划和销售目标，同时能够及时调整产品特性或服务以满足消费者的具体需求。例如，通过对某一车型在年轻消费者群体中的预测分析，汽车企业可以针对性地调整该车型的营销策略，如通过社交媒体推广、联名营销等方式，增强产品的市场吸引力。

（二）按预测时间长短划分

1. 长期预测

长期预测指的是五年以上的预测。长期预测对于汽车企业制定远景规划、确定长远的投资方向和产品发展战略尤为重要。例如，通过长期预测，企业可能会发现自动驾驶技术或电动汽车是未来发展的重点，据此可以规划研发投入方向和市场布局。长期预测的挑战在于其不确定性较高，需要结合宏观经济模型、专家意见和行业发展趋势等进行综合分析，因而具有一定的风险。

2. 中期预测

中期预测通常覆盖一到五年的时间范围，更侧重于市场的可预见变化和行业内部发展趋势的预测。这类预测帮助企业在相对明确的市场环境中做出战略调整和资源分配，确保在变化的市场条件下保持竞争力。

3. 短期预测

短期预测指一年内或更短时间内的市场变化，具有较高的精确度和实用价值。短期预测使企业能够快速响应市场变化，调整销售策略，优化库存管理，提高消费者满意度。例如，通过短期预测，汽车制造商可以调整生产计划以应对即将到来的销售高峰，或者在某一地区实施针对性的促销活动以清除库存。短期预测的准确性直接影响企业的经营效率和市场反应速度，是企业快速决策的重要依据。

三、汽车市场营销预测的基本原理与原则

（一）汽车市场营销预测的基本原理

汽车市场营销预测能对未来的发展变化趋势作出符合实际的估计和评价，其原因在于汽车市场营销预测运用了事物具有的连贯性、类推性、相关性三个原理。

1. 连贯性原理

连贯性原理指的是市场发展和变化趋势不会毫无征兆地突然改变，而是会

根据一定的规律和过去的发展路径逐渐演变。在汽车市场营销预测中，这意味着通过分析历史数据和当前的市场情况，人们可以预见市场在未来一段时间内的发展趋势。例如，如果过去几年内某一汽车品牌的销量持续增长，那么在没有重大市场变革或政策干预的情况下，预测者可以预测该品牌在短期内仍将保持增长势头。连贯性原理帮助预测者识别出市场发展的稳定趋势和周期性模式，为汽车企业提供了制定长期战略规划和投资决策的基础。

2. 类推性原理

类推性原理指根据以往和现在事物发展的样式和规模，推测事物未来发展变化的情况。基于类推性原理，汽车企业可以借鉴历史数据和现有市场状况，通过对比分析相似市场环境或产品发展过程，来预测特定汽车产品或市场的未来趋势。例如，通过分析电动汽车市场的早期发展模式，企业可以类推未来某一地区或全球市场对电动汽车的需求趋势。分析历史上汽车技术创新对市场的影响，可以帮助企业预测新技术（自动驾驶、车联网）将如何塑造市场。类推性原理使市场预测能够超越简单的数据外推，而是通过对过去和现有情况的深入理解，洞察未来市场变化的本质。

3. 相关性原理

市场内各种元素和现象之间存在着相互联系和相互依存的关系，它们之间的互动共同影响着市场的发展方向和动态。应用相关性原理进行市场预测时，预测者会研究这些相互关联的因素，分析其如何共同作用于市场，以及它们如何影响特定的市场趋势或消费者偏好。例如，在汽车市场中，消费者购买力、油价、环保法规和技术创新之间可能存在相关性。通过分析这些因素的相互关系，预测者可以预测未来汽车市场的需求变化、技术发展趋势或消费者行为模式。

（二）汽车市场营销预测的基本原则

汽车市场营销预测的基本原则是预测者必须遵循的基础准则，其能确保预测的有效性和准确性（图3-3）。

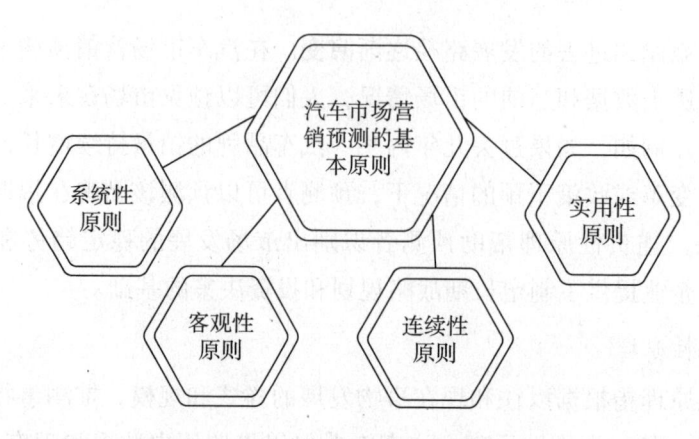

图 3-3　汽车市场营销预测的基本原则

1. 系统性原则

汽车市场营销预测应当视为一个系统性过程，涉及数据收集、分析、解释和应用的各个环节。这要求预测者不仅要关注单一数据或事件，还应系统考虑市场的各种相关因素和它们之间的相互作用。例如，在进行销量预测时，预测者不仅要考虑经济环境和消费者购买力，还需要考虑竞争对手、技术发展和政策法规等因素，确保预测覆盖市场的所有关键维度。

2. 客观性原则

在进行汽车市场营销预测时，预测者必须保持客观中立，避免个人偏见或期望影响预测结果。预测者应基于事实和数据进行分析，运用科学的方法和技术来支持预测判断。这要求预测者对所使用的数据和信息源进行严格的筛选和验证，确保它们的可靠性和有效性。

3. 连续性原则

汽车市场是不断变化的，因此汽车市场营销预测应当是一个持续的过程，而非一次性活动。企业应定期更新其市场预测，以反映最新的市场信息和趋势。这种连续性不仅有助于企业及时调整市场策略，还能增强企业对市场动态的敏感度和适应能力。

4. 实用性原则

汽车市场营销预测的最终目的是指导实际的市场决策和行动。因此，预测结果应当具有明确的实用价值，能够为企业的产品开发、营销策略和业务规划等提供具体的指导。这要求预测不仅要准确，而且要具有可操作性，能够直接应用于实际的市场活动中，帮助企业把握市场机会，应对市场挑战。

四、汽车市场营销预测的程序

（一）确定预测目的和范围

企业需要确定预测者预测的是整个汽车市场还是市场的某个细分领域，是全球市场还是特定地区的市场，以及预测的时间范围。这一阶段的目的是为后续的预测工作设定明确的目标和方向。

（二）收集和分析数据

在确定了预测的目的和范围之后，下一步是收集相关的历史数据和当前数据。这些数据可以包括历史销售数据、市场调研报告、行业分析、经济指标、消费者行为研究等。收集到的数据需要经过分析，以识别市场趋势、消费者偏好变化以及其他可能影响预测的因素。

（三）选择预测方法

根据预测的目的、数据的类型和质量以及预测的复杂程度，选择合适的预测方法。常用的预测方法包括时间序列分析、回归分析、德尔菲法等。不同的方法适用于不同类型的预测问题，选择合适的方法对提高预测的准确性至关重要。

（四）进行市场预测

进行市场预测是汽车市场营销预测程序中的核心步骤，它要求应用之前选定的预测方法来分析和处理收集的数据，进而产生关于未来市场走势的具体预测。在这一阶段，分析师或研究人员会依据已有的市场数据、经济指标、行业趋势、消费者行为分析以及其他相关变量，使用适合的统计软件或模型进行综合分析。

（五）解释和验证预测结果

预测完成后，需要对结果进行解释和验证。解释预测结果包括分析市场预测显示的趋势、潜在的市场机会和风险。验证预测结果通常涉及与专家的讨论或与其他研究结果的比较，以评估预测的可靠性和有效性。

（六）编写预测结果报告

预测结果报告应详细记录预测的目的、使用的方法、数据分析过程、预测结果以及相关的解释和建议，还应包括对预测过程中可能存在的偏差和不确定性的讨论，以及对关键假设和风险因素的评估。通过这份报告，企业能够了解市场未来的可能走势，评估不同市场策略的潜在影响，从而做出更加科学和战略性的决策。

五、汽车市场营销预测的多元化方法

（一）定性预测方法

1. 个人判断法

个人判断法是一种直接依赖个体经验、知识和直觉的预测方式，通常是行业分析师、市场研究员、高级管理人员或其他具有丰富经验的个人，基于对市场历史、现状的了解以及对行业动态的洞察，提出对未来市场发展的判断和预测。个人判断法在处理数据不完整或市场迅速变化的情况时具有独特优势。经验丰富的专家或决策者能够综合各种非结构化信息，捕捉市场变化的细微信号，做出快速而合理的预判。在汽车市场营销预测中，个人判断法可以用于初步评估新车型的市场接受度、预测新兴技术的市场影响力或判断经济变化对汽车销量的潜在影响。然而，由于其主观性较强，个人判断法的预测结果可能会受到个人偏见、经验局限或信息解读差异的影响，因此在重要决策中，可以将个人判断法与其他定量或定性预测方法结合使用，以增加预测的全面性和准确性。

2. 集合意见法

集合意见法是集合企业内部经营管理人员的意见，凭借他们的经验和判断，共同讨论市场趋势的一种市场预测方法。由于经营管理人员比较熟悉市场需求及其变化动向，他们的判断往往能反映市场的真实趋向。因此，它是进行短、近期市场预测的常用方法。

集合意见法的实施步骤如下：

（1）预测准备与资料提供。预测组织者需要明确预测的目标和内容，这通常根据企业的经营管理需要而定。预测项目可能涉及新产品的市场接受度、未来销售趋势、消费者偏好变化等。同时，预测组织者需要设定一个合理的预测期限，这个期限应既有足够的时间让预测参与者深思熟虑，又要确保信息的时效性。接下来，预测组织者应尽可能地收集并提供相关资料给预测参与者，这些资料可能包括市场研究报告、行业分析、竞争对手动态、以往的销售数据等。充分、翔实的背景资料能帮助预测参与者更好地理解市场环境，从而提出更为精准和实用的预测方案。

（2）个人预测方案的制订。每位预测参与者根据自己的知识、经验和对提供资料的理解，独立提出自己的预测方案。此时，预测参与者需要运用自己的分析判断能力，综合考虑各种可能影响未来市场走向的因素。每个人的预测方案应具体、明确，最好能包括对预测结果的解释。个人预测的多样性和独立性是集合意见法价值的重要体现，因为不同背景和专长的预测参与者可能从各自独特的视角为企业提供独到的市场见解。

（3）数学期望值的计算。预测组织者汇总所有预测参与者的预测方案后计算数学期望值。这要求预测组织者具有一定的数学和统计学知识，以确保计算过程的准确性和科学性。

（4）综合期望值的计算。按照人员类别（市场分析师、销售人员、产品经理）计算综合期望值。预测组织者可以采用平均数、加权平均数或中位数等统计方法。

（5）最终预测值的确定。预测组织者会根据不同类别人员的专业性和不同市场的预测的重要性赋予相应的权值，然后计算加权平均数来得出最终预测值。这个值能帮助企业做出更为科学和合理的决策。

3. 专家会议法

专家会议法是一种常用的定性预测方法，是通过行业专家集体讨论的形式来预测市场未来发展趋势的方法。这种方法特别适用于那些高度依赖专家经验和直观判断的情况，如新技术的市场接受度、新产品的市场潜力评估或新兴市场的发展趋势。

专家会议法的实施步骤如下：

（1）明确预测的目标，选择合适的专家，准备必要的背景资料和数据，制定会议议程。

（2）在会议中，专家基于自己的知识和经验，对市场发展的各个方面进行讨论。讨论可以围绕一系列事先设定的问题进行，也可以鼓励专家自由发表观点。

（3）会议结束后，主持人或预测组织者需要汇总所有专家的意见和建议，识别其中的共识点和分歧点。

（4）基于专家会议的讨论结果，形成关于市场未来发展趋势的预测报告。报告应详细记录专家的观点、讨论过程中产生的关键见解以及最终形成的共识。

（5）将预测结果反馈给参与的专家，尽量获取他们对预测结果的进一步意见和建议，增强预测的准确性和可靠性。

专家会议法作为一种重要的定性预测方法，在汽车市场营销预测中具有以下优点：

第一，专家会议法汇集了来自不同领域的专家，这些专家通常具有丰富的行业经验和深厚的专业知识。通过面对面的讨论，这种方法能够引出专家深层次的见解和细致的分析，为预测提供更多的分析视角。专家在讨论过程中可以互相启发，共同探讨市场发展的可能趋势和影响因素，从而生成对市场未来更为准确和深入的预测。这种基于专业知识的深入讨论，很难通过单纯的数据分析或一般性的市场调研得到。

第二，专家会议法在组织和实施上具有较高的灵活性。根据预测的具体需要，预测组织者可以灵活选择专家的组合、讨论的议题和会议的形式。无论是针对特定产品的市场潜力、新兴技术的市场影响力还是消费者趋势的变化，都可以通过调整讨论的焦点和专家的构成来适应不同的预测需求。此外，专家会议可以根据实际情况采取线上或线下的形式，以增强方法的适用性和便利性。

第三，在专家会议的进行过程中，不同的专家能够就特定问题展开深入讨论，这有助于专家形成关于市场预测的共识。充分的讨论可以揭示专家的各种观点和分析之间的异同，进而识别潜在的风险和机会。此外，集体讨论的过程本身就是一种思想碰撞和知识交流的过程，有利于促进信息的共享和知识的积累，提高预测的全面性和准确性。同时，由于专家会议可以集中讨论和评估不同的风险因素，因此，对于企业来说，这种方法有助于其制订更为周全的风险管理和应对策略。

4.德尔菲法

德尔菲法是一种系统化的定性预测方法，主要通过收集和整合专家意见来进行预测。这种方法最初由美国兰德公司在冷战期间开发，用于处理不确定性较高的问题，如科技发展趋势、经济预测等。其核心在于通过一系列的问卷调查，让一群专家独立地提出他们对未来的预测，然后将这些预测汇总并反馈给所有预测参与者，以期达成较为统一的共识。

同专家会议法相比，德尔菲法有以下特点：

（1）匿名性。在德尔菲法中，预测参与者通常不会面对面交流，他们的身份对其他预测参与者保持匿名。匿名性有以下几点优势：首先，它帮助人们减少了所谓的"群体思维"现象，即个体倾向于追随群体意见，而不是表达自己真实的看法。其次，匿名性鼓励专家更加坦诚地表达自己的观点，而不用担心面子问题或个人声誉。此外，由于专家的意见不会直接与他们的身份关联，这可以减少较资深或知名度较高的专家的意见对其他人的影响。

（2）统计性。在每一轮调查之后，协调员会对专家的回答进行统计分析，如计算平均值、中位数或查看意见的分布情况。这种统计分析为专家提供了一个关于群体意见的概览，并帮助他们了解自己的看法与其他专家相比处于何种位置。这种统计性的处理使得德尔菲法不仅仅是一种意见收集工具，更是一个集体决策和预测的过程。统计分析可以更有效地整合和概括专家的意见，使得最终的预测结果更具有代表性和可靠性。

（3）反馈性。在德尔菲法中，预测过程通常不是一次性的，而是一个多轮的过程。每一轮调查之后，协调员会将汇总和分析的结果反馈给参与者，然后在下一轮中请他们考虑这些反馈信息并重新提出他们的预测。这种反馈机制允许专家根据其他人的观点和信息来调整和改进自己的预测。随着轮次的增加，预测参与者的意见往往会趋于一致，从而提高了预测的准确性。反馈性使得德尔菲法成为一个动态的预测过程，专家的意见在不断地互动和更新中得到改进和精炼。

德尔菲法在汽车市场营销预测中的实施步骤具体如下：

（1）第一轮。①提出问题。明确预测的核心问题，这应该是关于汽车市场营销的关键议题，如新车型的市场接受度、未来的销售趋势等。②选择群体成员。挑选一组具有相关知识和经验的专家，确保他们来自汽车行业的不同领域，以便获取多元化的观点。③制定并发放第一个调查表。调查表应仅提出核心问题和目标，邀请群体成员基于自身经验和知识提出可能的方案或观点。④收集并分析调查表。对专家提出的方案进行整理和分类，剔除不相关或重复的内容，准备下一轮调查的基础材料。

（2）第二轮。①制定第二个调查表。基于第一轮收集的信息，列出方案或事件一览表，邀请专家对这些项进一步发表意见，进行评估或排序。②收集并处理调查结果。对第二轮调查结果进行统计和分析，总结专家意见，并准备第三轮调查的材料。

（3）第三轮。①发放第三个调查表。展示前两轮的统计结果和意见小结，专家基于更全面的信息再次评估，同时开放讨论以澄清观点。②收集并整理第三轮结果。总结讨论内容和新的评估，形成更加细化和统一的市场预测。

（4）第四轮。这一轮是对第三轮的复审，确保专家意见最大程度上保持一致。收集最后的反馈，整理出最终的市场预测结果。

应用德尔菲法时应注意以下几点：

（1）考虑专家的广泛性，并根据预测结果的保密性，考虑是否需要聘请外界专家。

（2）德尔菲法能否成功，要看这些专家是否全心全意且不断地参与。因此，必须先获得对方的承诺，并解说其研究目的、程序、安排、要求和激励方法。

（3）问题必须提得非常清楚明确，其含义只能有一种解释，要消除任何不明确或容易产生多义的情况，因而问题不能讲得太简单或太烦冗。

（4）问题要构成一个整体，不要分散，数量不能太多，最好不超过两小时就能答完一轮。问卷形式必须易于填答，也就是说，问卷须容易阅读，答案应该为选择式或填空式，回件的信封及邮票须一并备妥，等等。

（5）无论在何种情况下，预测组织者须避免将自己的看法暴露给成员。任何成员均不应知道其他成员的名字，这种不具名方式才能确保专家对概念及意见的公正判断。

（6）要有足够的人员处理问卷。如果只有一个讨论会，则一位工作人员加上一名秘书就已足够。但若不止一个，相应增加人手。

（二）定量预测方法

定量预测方法是根据必要的统计资料，借用数学方法特别是数理统计方法，通过建立数学模型，对预测对象未来在数量上的表现进行预测等方法的总称。汽车市场定量预测主要有以下几种：

1.趋势预测法

趋势预测法，也称作历史资料引申法，是一种通过将历史数据排列成时间序列来识别预测对象发展趋势的规律，并据此推测未来的方法。这种方法的基本假设是，当前的变化趋势会持续到未来，而且所预测的变量仅随着时间的推移而变化，不受其他因素变化的影响。趋势预测法根据使用的具体计算方式的不同，可以分为几种类型，包括简单平均法、加权平均法、移动平均法和指数平滑法等。

（1）简单平均法。简单平均法是通过计算一系列历史数据的算术平均值来预测未来的数值。这种方法的核心思想是，历史数据在一定时间范围内表现出的平均水平能够代表未来的期望值。其计算公式为：

$$\bar{X} = \frac{X_1 + X_2 + \cdots + X_n}{n} = \frac{1}{n}\sum_{i=1}^{n} X_i \qquad (3-1)$$

其中：$\bar{X}$为预测值；n为历史数据个数；X_i为各期历史数据。

简单平均法在汽车市场营销预测中的应用相对直接，通过计算过去几年企业汽车销售额的平均值来预测未来的销售额。例如，如果一个公司在过去五年每年的汽车销售额分别是100万、120万、110万、130万和125万，那么使用简单平均法预测的下一年汽车销售额就是这些数值的平均数，即117万。简单平均法的主要优点是操作简单，易于理解和应用。但它的缺点也很明显，即假定过去每年的汽车销售额对预测未来同等重要，忽视了最近年份的数据可能更能反映当前的销售趋势。

（2）加权平均法。与简单平均法不同，加权平均法赋予不同时间点的历史数据不同的权重，将计算的加权算术平均数作为预测值的一种预测方法，其计算公式为：

$$\bar{X} = \frac{X_1 f_1 + X_2 f_2 + \cdots + X_n f_n}{f_1 + f_2 + \cdots + f_n} = \frac{\sum_{i=1}^{n} X_i f_i}{\sum_{i=1}^{n} f_i} \qquad (3-2)$$

其中：$\bar{X}$为预测值；n为历史数据个数；X_i为各期历史数据；f_i为各期数据权重。

加权平均法在汽车市场营销预测中更为精细。这种方法给予不同年份的销售额不同的权重，通常情况下，越接近当前时间的数据权重越大。这是基于一种假设：近期的销售额更能反映公司当前和未来的销售状况。继续分析前面的例子，如果给最近一年的销售额赋予更高的权重，那么预测的销售额将更多地倾向于125万这个数值。加权平均法的优势在于它能更准确地反映近期的销售趋势，使预测结果更加接近实际情况。但这种方法的缺点在于确定各年份数据权重的过程可能较为主观，且计算过程相对复杂。

（3）移动平均法。在汽车市场营销的预测方法中，移动平均法是一种常用的趋势预测方法，它通过平滑历史数据中的随机波动来预测数据的长期趋势。这种方法特别适用于预测那些随时间变化而波动的融资需求。

移动平均法的核心在于计算一系列连续时间段的平均数，并随着新数据的加入不断更新这些平均数。具体来说，先选定一个特定的时间窗口（3年、5年），然后计算窗口期内所有数据的平均值。随着时间的推移，窗口向前移动，新的数据加入计算，而最旧的数据则被移出。例如，如果一个公司正在使用3年移动平均法来预测其销售额，那么在任何给定时间点，它都会将最近三年的销售额平均值作为预测值。

移动平均法的优点在于它能够平滑短期波动，从而更清晰地显示出长期趋势。此外，由于这种方法不断纳入新的数据，因此它能够适应经济和市场环境的变化。然而，移动平均法也有其局限性。它可能较慢地反映最近的市场变化，特别是当选用的时间窗口较大时。此外，这种方法假设过去的趋势将在未来持续，但在快速变化的市场环境中，这种假设可能并不总是成立。因此，在应用移动平均法时，重要的是要考虑选择合适的时间窗口长度，并结合其他预测方法和市场分析，以获得更全面和准确的市场预测。

2.因果分析法

（1）一元回归分析。一元回归分析用于研究一个自变量和一个因变量之间的线性关系。通过建立两个变量之间的数学模型，一元回归分析不仅可以预测市场走势，还能为市场决策提供数据支持。

在进行一元回归分析时，先要收集相关的历史数据，确保数据的质量和相关性。然后，通过统计软件或人工计算，根据最小二乘法原则，找出最佳拟合直线，即回归线，使得所有数据点到回归线的距离之和最小。回归线的斜率表示自变量和因变量之间的关系强度和方向，即自变量每变化一个单位，因变量预期的平均变化量。在汽车市场营销预测中，使用一元回归分析来探究广告支出（自变量）对汽车销量（因变量）的影响，企业可以了解增加广告投入是否会促进销量增长，以及每增加一定额度的广告支出可能带来的销量提升，这对于制定广告预算、评估营销活动的投资回报具有重要意义。

（2）多元回归分析。在市场营销预测中，一个因变量往往会受到许多自变量的影响，如果仅根据一个自变量的变化来预计因变量的变化趋势，就会忽视其他自变量的变化对因变量的影响。因此，当研究变量之间的关系涉及两个以上变量时，就应当运用多个自变量，采取多元回归分析法。

在进行多元回归分析时，先要确定研究的自变量和因变量，收集相应的数据，然后利用统计软件构建多元回归模型。模型建立后，分析人员会通过模型系数来解释各个自变量对因变量的平均影响，同时评估这些影响的统计显著性。例如，在分析汽车销量时，模型可能会包括价格、消费者收入水平、汽车的技术特性、营销活动强度等因素作为自变量。

多元回归分析的优势在于其能够揭示多个因素之间的相互关系及其对目标变量的综合影响，这对于制订复杂的市场策略和做出业务决策具有重要意义。分析结果可以帮助企业理解哪些营销活动最有效，如何在多变的市场条件下优化产品定价策略，或者如何调整产品特性来满足市场需求。

第四章 汽车产品的多元化策略

第一节 汽车产品组合与形式产品策略

一、汽车产品概述

（一）产品与汽车产品

产品不仅包含有形的实物，如各种物品，也包含无形的元素，如服务和软件。更进一步，产品可以是有形与无形的组合，例如，一个由计算机控制的生产过程及其成果。市场营销是一个满足用户需要的过程。用户的需要包括物质方面的需要和心理方面的需要。由此可见，现代市场营销中的产品是一个多层次的概念。

汽车产品不仅包括汽车实物本身，还包括与之相关的一系列服务和承诺，如维护服务、保修服务、融资服务，汽车品牌、品牌形象、用户体验等。因此，汽车产品可以被定义为一切能满足消费者关于汽车的需求和欲望的事物，包括实物需求（汽车本身）和服务需求（与汽车相关的服务）。

（二）汽车产品的整体概念

汽车产品的整体概念包括五个层次，分别是核心产品层、形式产品层、期望产品层、延伸产品层和潜在产品层。

核心产品层指的是汽车为消费者提供的基本功能和效用，即汽车作为一个交通工具所提供的根本价值。消费者选择特定品牌或型号的汽车，其根本驱动力是寻找能够可靠地完成从点 A 到点 B 出行任务的方案。因此，核心产品层强调的是汽车的基本性能，如动力、耐用性等。

形式产品层指汽车的外观设计、内饰质量、使用的材料、技术规格等。在这个层面上，汽车不仅是一个交通工具，也是一个表达个人品位、身份和价值观的物品。例如，汽车的设计风格、颜色选择、品牌形象等都在形式产品层中有所体现，它们对消费者的购买决策具有重要影响，因为消费者往往基于这些形式属性来表达个人风格或彰显社会地位。

期望产品层指汽车消费者在购买汽车产品时期望能得到的东西，如先进的驾驶辅助系统、舒适的车厢、最新的娱乐通信技术等。消费者在这一层面的需求往往更为主观和多样化，可能是基于个人喜好、生活方式或是对新技术的追求，因此期望产品层需要不断地创新和适应市场变化，以引领消费者的期待并提供差异化的价值。

延伸产品层指随车附赠的各类服务和利益，如售后服务、保养、维修等。这些附加服务和利益增强了产品的整体价值，但同时带来了成本考量。有效的延伸产品策略需要平衡成本和价值，确保既满足消费者的额外需求，又能保持市场竞争力。

潜在产品层指包括现有汽车产品的所有延伸和演进部分在内，最终可能发展成为未来汽车产品的潜在汽车产品。汽车潜在产品显示出现有汽车产品的可能发展前景，如普通汽车可以发展为水陆两用汽车等。

二、汽车产品组合策略

（一）产品组合的概念界定

产品组合是一个企业在市场上提供的所有产品和服务类别的集合。产品组合由若干产品线组成，每个产品线又包括若干产品项目。产品线由功能相近、目标市场相似或生产和销售过程相似的一组产品构成，它们共同满足一类特定的消费需求。汽车企业可能有多条产品线，如轿车、SUV、商用车等，每条产品线针对不同的消费者群体。产品项则是产品线中更具体的分类，它基于品牌、规格、款式、质量或价格的差异对产品进行细分。在汽车行业中，一个车型系列可以细分为不同的配置、发动机选项或设计款式，每种细分都旨在满足更具体的消费者偏好或需求。

在汽车营销中，产品组合的宽度、深度、长度和关联性四个参数是评估企业市场覆盖面和产品多样性的关键指标。

产品组合宽度指的是企业提供的不同产品线的数量。在汽车行业中，这意味着企业生产和销售的不同类型的汽车，如轿车、SUV、卡车、跑车等。宽度越大，企业覆盖的市场领域就越广泛，能够吸引更多样化的消费者群体。产品组合深度指在某一产品线内部，产品的不同版本、配置或款式的多样性。例如，一款轿车可以有不同的发动机选项、内饰设计或额外功能，以适应不同消费者的偏好和需求。深度增加可以增强消费者的忠诚度，为其提供个性化选项。产品组合长度指企业产品组合中所有产品项的总数，包括所有产品线中所有不同版本和型号的汇总。长度越长，表明企业提供的产品种类越丰富，可以满足更广泛的市场需求。产品组合关联性描述的是不同产品之间的相互关系和协同效应。在汽车行业，其表现为不同车型之间共享零部件、技术或营销策略。良好的关联性可以帮助企业在产品开发、生产和营销等方面实现成本节约和品牌一致性。

通过灵活有效的产品组合策略，企业不仅可以最大化市场覆盖面和利润潜力，还可以更好地应对市场变化，满足消费者多元化和个性化的需求。企业需要持续评估和调整其产品组合，确保其能够反映市场趋势，满足消费者期望，并在竞争激烈的市场环境中保持竞争力。

（二）汽车产品组合策略的类型

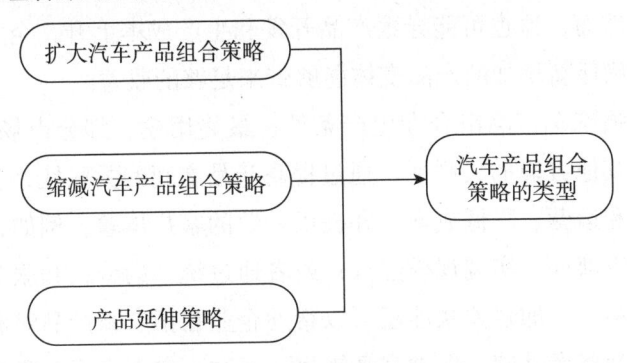

汽车产品组合策略的类型主要有以下几种（图4-1）：

```
┌──────────────────┐
│ 扩大汽车产品组合策略 │──┐
└──────────────────┘  │
                      │   ┌──────────────┐
┌──────────────────┐  ├──▶│ 汽车产品组合 │
│ 缩减汽车产品组合策略 │──┤   │ 策略的类型   │
└──────────────────┘  │   └──────────────┘
                      │
┌──────────────────┐  │
│   产品延伸策略    │──┘
└──────────────────┘
```

图4-1 汽车产品组合策略的类型

1. 扩大汽车产品组合策略

扩大汽车产品组合策略是汽车企业为了满足市场多样化需求、增强市场竞争力、提高市场份额和企业收益而采取的一种策略。通过增加新的产品线、扩展现有产品线的产品种类或进入新的市场细分领域，企业能够吸引更广泛的消费者群体，满足不同消费者的需求，并有效应对市场竞争和变化。

第一，扩大汽车产品组合的宽度，即增加不同类别或系列的汽车产品，从而覆盖更广泛的市场细分区域。例如，一家主要生产轿车的汽车制造商可能会引入 SUV 或电动车系列，以吸引对这些类别的汽车产品感兴趣的消费者。通过扩大产品组合的宽度，企业不仅能增加其市场覆盖面，还能利用不同产品间的协同效应，增强品牌形象，并促进总体销售额的增长。然而，这也要求企业具备跨产品类别开发和管理的能力，同时确保品质和品牌的一致性，避免资源过度分散。

第二，扩大汽车产品组合的长度，即在现有的产品线内增加更多的产品项，汽车企业可以在每个车型系列内引入更多的车型版本、配置选项或配件包，以满足不同消费者的需求。通过增加产品长度，汽车制造商可以更细致地切分市场，对不同的消费者群体进行更精确的目标定位。

第三，加深汽车产品组合的深度，即在现有的产品线内增加更多的变体或配置选项，提供不同性能、设计、价格点的产品，以满足同一市场细分中消费者的不同偏好和需求。例如，一款受欢迎的 SUV 车型可以推出多种发动机选择、内饰设计或技术配置，以吸引不同需求的消费者。加深产品深度有助于增强消费者的品牌忠诚度，提高市场占有率，并允许企业通过产品差异化获得更高的利润率。然而，这也可能导致产品开发和生产成本上升，企业需要细致评估市场需求，确保新增加的产品变体能够带来足够的收益。

第四，加强汽车产品组合在生产条件、最终用途、细分市场、分销渠道、维修服务或者其他方面的关联性。通过提高产品之间的关联性，企业可以实现更高效的生产和运营，降低成本，并提供一致的客户体验。例如，不同车型可以共享平台和零部件，实现规模经济；或者通过统一的分销和服务网络，提升品牌信任和便利性。加强关联性还可以帮助企业在推广新产品时利用已有产品的市场地位和消费者基础，促进交叉销售。不过，实现高度关联的产品组合需要精心规划和协调，确保各产品之间的协同效应能够真正带来预期的价值。

2. 缩减汽车产品组合策略

缩减产品组合策略，也称市场专业型策略，指企业为降低经营风险，缩减或取消那些获利少的生产线或产品项目，集中资源生产那些获利多的产品线或产品项目的策略。

缩减汽车产品组合策略具有以下优点：一是能使企业聚焦那些具有市场潜力的产品，从而提高质量和专业化水平。当企业决定去除那些表现不佳或利润较低的产品时，它可以将更多的资源和注意力集中在改善和优化剩余产品上，这不仅有助于提升产品质量，增强产品竞争力，还能通过规模经济效应降低单位产品的生产和经营成本。二是能够有效减少企业在生产、存储和管理上的资金占用，实现资金的快速周转。缩减表现不佳的产品项意味着减少了对原材料、生产设施和库存空间的需求，从而直接降低了相关的成本和资本投入。三是能够帮助企业更有效地进行市场营销和品牌推广。当产品线被缩减后，企业可以更容易地确定其广告和促销活动的核心信息和目标受众，从而提高营销活动的针对性和效果。此外，专注于较少的产品也使得企业能够在特定的市场细分领域内建立更加强大和明确的品牌形象。这不仅提高了广告投入的回报率，还有助于加强消费者对企业产品的认知和忠诚度，从而在竞争激烈的市场中获得优势。然而，缩减产品组合策略并非没有风险。它可能会导致短期销售额下降，客户基础缩小，甚至影响企业的市场地位。因此，在实施缩减策略之前，企业需要仔细评估潜在的影响，确保决策基于全面而深入的市场和内部分析。此外，企业还需要有效地管理与利益相关方的沟通，解释策略调整的理由和期望的结果，以减少消费者的不确定感。

3. 产品延伸策略

产品延伸策略指企业在现有产品线基础上，通过添加新的产品版本或型号，以进一步开拓市场，满足消费者多样化需求而采取的一种产品策略，主要有以下三种形式：

（1）向上延伸策略。向上延伸策略指企业在其现有产品线的基础上增加更高端、更贵的产品的策略，以吸引对高质量、高性能或高价值产品有需求的消费者群体。通过向上延伸，企业能够进入更高利润的市场细分，提高品牌形象，有助于企业提升整体市场地位和平均销售价格。向上延伸策略要求企业具备相应的技术实力和品牌声誉，以确保新产品能够获得市场的认可和消费者的信任。

（2）向下延伸策略。向下延伸策略指企业在产品线中加入更低端、价格更亲民的产品版本的策略，旨在吸引价格敏感的消费者群体或那些原本无法负担企业现有产品的消费者。通过向下延伸，企业可以扩大其市场覆盖范围，增加市场份额，并对抗低端市场的竞争对手。然而，这种策略可能会带来品牌稀释的风险，企业需要谨慎平衡产品质量和品牌形象，以防止对其高端产品线产生负面影响。

（3）双向延伸策略。双向延伸策略指企业同时向市场的高端和低端扩展其产品线的策略。双向延伸有助于企业稳固和增强其市场地位，通过提供全方位的产品选择来满足更广泛的消费者需求。实施双向延伸策略需要企业具备强大的产品开发能力、有效的成本控制机制和精准的市场定位能力，以确保各个产品层次的成功并最大化整体市场效应。

三、汽车形式产品策略

（一）产品质量策略

1. 质量的含义

质量的含义可从以下几个层面进行理解：

（1）性能。性能指汽车在正常使用条件下的工作性能，包括动力、稳定性、操控性、舒适性等，是消费者最直接感受到的质量层面。

（2）可靠性。可靠性指汽车在一定时间和条件下，不出现故障的能力。高可靠性意味着汽车在使用过程中故障率低，维护成本低，从而提高用户的使用满意度。

（3）耐用性。耐用性反映汽车在长期使用过程中的磨损程度，与汽车的使用寿命直接相关。高耐用性的汽车可以保持更长时间的性能稳定，能为汽车用户创造更大的价值。

（4）安全性。安全性是汽车质量中最为重要的方面之一，涉及驾驶员及乘客的生命安全，包括汽车在设计和制造过程中考虑的被动和主动安全措施，如车身结构的强度、安全气囊、刹车系统等。

（5）环境适应性。环境适应性指汽车适应不同环境条件（如温度、湿度、路面情况等）的能力。高环境适应性的汽车可以在各种不同的驾驶环境下保持良好的性能表现。

2.汽车产品质量策略

汽车制造商在制订企业的营销策略时,通常将产品质量作为重要考量因素之一。质量策略的制订应避免极端,即既不能定位过低,以免失去市场竞争力,也不能定位过高,以防生产成本上升,增加企业财务负担,影响竞争力。质量策略通常有以下两种类型:高质量策略和满意质量策略。

高质量策略要求汽车产品在各个方面都追求卓越,无论是性能、可靠性、耐用性、安全性还是环境适应性,都要力求领先。采用这种策略的企业往往定位于高端市场,其目标客户群是那些不惜支付高价来获得最佳产品的消费者。这种策略可以为企业带来较高的品牌价值和市场地位,但同时要求企业在研发和生产过程中不断创新,保持技术领先,以维持其产品的高质量标准。然而,这也意味着较高的研发成本和生产成本,因此,企业需要精准的市场定位和高效的成本控制策略,以确保高质量策略的成功实施。

满意质量策略则更加注重产品质量与成本之间的平衡,目的是提供符合大多数消费者期望和支付能力的产品。这种策略不追求在每个方面都达到最高标准,而是着重于满足市场大众的基本需求和期望。通过对市场的深入分析,确定消费者最关心的质量要素,并在这些方面做到行业内的良好水平。满意质量策略有助于企业在中低端市场建立竞争优势,通过规模化生产降低成本,同时保持适当的质量水平,满足广大消费者的需求。这种策略要求企业有高效的成本控制体系和灵活的市场应对策略,以适应市场变化和消费者多样化的需求。

(二)产品造型策略

产品造型指的是产品的外观设计,它不仅包括产品的形状、颜色、材料,还包括产品设计的细节和整体风格,是产品个性和品牌形象的重要体现。在汽车行业中,产品造型是消费者购买汽车产品需要考虑的重要因素之一,它直接影响了消费者对汽车品牌的感知。

汽车产品造型策略主要围绕如何通过汽车的外观设计吸引消费者目标群体,传达品牌理念,并在激烈的市场竞争中脱颖而出。汽车产品造型方面可采取的主要策略包括以下几种:

1.明确市场定位与目标消费者

不同的市场细分和消费者群体有不同的审美偏好和需求,年轻消费者可能更偏好动感、时尚的设计，而成熟消费者可能更重视经典和奢华感。通过对目标市场和消费者的深入研究，汽车企业可以明确哪些设计元素最能吸引其消费者目标群体，如何通过汽车的外观设计传达给目标消费者正确的品牌信息。针对追求时尚和个性的年轻消费者，汽车造型可以更加大胆和前卫，使用鲜明的色彩和未来感的设计语言；而针对追求稳重和奢华的成熟消费者，汽车造型则应更加注重细节处理和材质选择，展现出品牌的高质感和精致度。

2.突出品牌特色，体现差异化

在竞争激烈的汽车市场中，每个品牌都需要有明确的品牌形象和独特的设计语言，使消费者能够一眼识别出品牌和其所代表的价值观。这要求汽车设计不仅仅追求外观的吸引力，更要深入挖掘品牌的核心价值和文化，将这些元素融入汽车的设计之中。例如，豪华品牌可能会在汽车造型上采用更多的精致线条和高端材料，体现出其豪华和优雅的品牌特质；而运动品牌的汽车造型则可能更加强调动感和性能，使用更具侵略性的设计元素来传达品牌的活力和激情。差异化的造型设计，不仅能够强化消费者对品牌的记忆，还能够在视觉上突显品牌的个性和特点，增强品牌的吸引力和市场竞争力。

3.功能性与美观性结合

汽车不仅仅是一件艺术品，更是一个用于日常出行的实用工具。汽车的设计需要确保人员驾驶和乘坐的舒适性、操作的便利性以及功能的易用性。汽车内部的空间布局应充分利用每一寸空间，提供充足的储物空间和宽敞的乘坐环境；车身造型设计应考虑空气动力学原理，以降低风阻，提高燃油效率和行驶稳定性。此外，汽车设计还应考虑到维修的便捷性和材料的耐用性，以提升整车的实用价值。通过在功能性和美观性之间寻找平衡点，汽车制造商可以创造出既符合消费者审美又满足其实际使用需求的产品，从而在竞争激烈的市场中赢得优势。

4.持续创新，塑造时代感

在快速变化的汽车行业，消费者对新鲜感和创新技术的渴望日益增强，因此，汽车产品的造型设计需要不断引入新元素和创新思路，以体现时代感和前瞻性。这种创新可以是造型设计上的突破，如引入未来派设计元素，使用新型材料或采用革命性的制造工艺；也可以是技术上的创新，如整合最新的智能互联技术，提升车辆的智能化水平。通过持续的创新，汽车品牌不仅可以吸引技术追求者和潮流先锋，还可以树立行业领导者的形象，引领市场潮流。同时，创新需要与时俱进，紧跟社会发展和科技进步的步伐，确保汽车产品不仅符合当前消费者的需求，还能预见并适应未来的变化，从而持续激发市场和消费者的兴趣，保持品牌的活力和竞争力。

第二节　汽车产品的生命周期策略

在现代营销理论中，产品生命周期指一种产品自开发成功到上市销售，在市场上由弱到强，又由盛转衰，再到被市场淘汰所持续的时间。产品生命周期主要包括四个阶段：导入期、成长期、成熟期和衰退期。

一、汽车产品导入期

（一）汽车产品导入期的特点

汽车产品的导入期指新车型首次推向市场之后的那段时间。在导入期，由于消费者对新车型还不熟悉，销售量通常较低。为了提高消费者对新车型的认知度，建立市场需求，汽车企业通常需要投入大量的市场营销资源。

（二）汽车产品导入期的营销策略

导入期的风险较大，因此，汽车企业的营销策略应准确定位市场，快速实现产品畅销，从而在市场上取得相应的份额。导入期通常采用的营销策略有以下四种（图 4-2）：

高促销、高定价

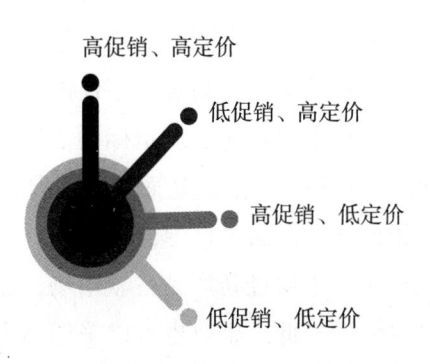

低促销、高定价

高促销、低定价

低促销、低定价

图 4-2　汽车产品导入期的营销策略

1.高促销、高定价

高促销、高定价的营销策略指的是在新产品导入期，加大促销力度和宣传投入，并给产品定下高售价的一种营销策略。

高促销、高定价的营销策略主要是为了在产品推出初期迅速提高产品在市场的知晓率和消费者对产品的兴趣，通常包括加大广告宣传、加强公关活动、进行展会展示等。这些活动可以有效地将新产品的信息传达给消费者目标群体，引起他们的关注和兴趣。这些活动还可以帮助产品建立品牌形象，通过连贯且一致的信息传递，塑造产品的独特价值主张，为后续的市场推广打下坚实的基础。高定价策略也是产品导入期常用的一种手段。高定价不仅能够反映出产品的独特价值和品质保证，还能在一定程度上创造更高的利润空间。从心理学角度来看，消费者往往将价格与品质挂钩，较高的价格有助于营造出产品高端、优质的形象，从而吸引那些追求品质和独特体验的消费者。此外，高定价策略在初期还可以避免市场过快饱和，为产品的持续发展留出空间。

高促销、高定价的营销策略的适用情形有以下几种：

（1）新产品具有独特个性且能激发消费欲望时。当新上市的汽车产品拥有突出的个性和创新特点时，尽管它的知名度尚未建立，但这种独特性足以吸引消费者的注意，激起他们的购买欲望。在这种情形下，采用高促销、高定价的营销策略可以迅速增加产品的曝光度，让市场了解产品并对产品的独特属性产生兴趣。同时，高定价策略可以强化产品的独特价值感，使消费者感受到产品的独一无二，从而愿意为之支付更高的价格。

（2）目标消费者具有较强的经济能力时。当新产品定位的消费者目标群体是经济能力较强的消费者时，这些消费者更可能接受高定价的产品，因为他们在做购买决策时，价格不是唯一或最重要的因素。他们更注重产品的质量、品牌、设计或技术创新。在这种情况下，高定价不仅能够反映出产品的高品质和独特价值，还能够吸引那些将价格视作品质指标的消费者。同时，促销活动可以有效传递产品的高端形象和独特卖点，从而提高消费者的购买兴趣。

（3）在企业急于占领市场，产品价格弹性较低时。在市场竞争激烈，产品生命周期短暂时，企业可能急于通过新产品占领市场，建立品牌地位。在这种情况下，即使产品的价格弹性较低，企业也可以采用高定价策略，因为这有助于企业在短期内快速回收投资，同时确立产品的高端市场定位。高促销、高定价策略能够加速消费者的认知过程，帮助产品快速获得市场份额。

高促销、高定价的策略也面临着一定的风险。第一，这种策略的成功很大程度上依赖产品本身的质量和市场需求。如果产品无法满足消费者的期望或市场定位不准确，那么高定价很可能会成为消费者拒绝购买的主要原因。第二，这种促销活动需要大量的资金投入，如果产品销售量达不到预期，企业可能会面临较大的经济压力。因此，企业在实施这种策略时需要对市场进行充分的研究和分析，确保策略的有效性和可行性。

2. 低促销、高定价

低促销、高定价的营销策略指的是在新产品导入期，企业给新产品定下高售价，但在向市场推出产品时并不在促销、宣传等方面投入太多的时间、物力和人力。该策略可以有效提升单件产品的利润，在一定条件下有利于帮助企业尽快回笼资金，降低风险。

低促销、高定价的营销策略的适用情形有以下几种：

（1）产品在导入期已具备一定的市场知名度时。在这种情况下，产品可能已经通过先期的市场宣传或与其他产品、品牌的联动而获得一定的知名度。因此，过度的促销活动不仅非必要，反而可能稀释产品的独特价值或高端品牌形象。高定价策略在此基础上可以帮助企业建立和强化产品的高端形象，使得目标消费者认为高价格是高品质和独特体验的象征。

（2）产品市场容量虽高但不稳定或规模有限但较稳定时。在这类市场环境下，过多的促销活动可能会引起快速的市场饱和，导致产品生命周期缩短。相反，高定价有助于产品在市场容量允许的情况下实现更高的利润率，同时保持市场的稳定发展。

（3）新产品的消费者目标群体经济能力较强，对价格较不敏感时。这部分消费者更关注产品的品质、品牌和独特性，而不是价格。因此，高定价不仅能够满足他们对产品价值的预期，还可以通过限制促销活动，保持品牌的独特性和高端形象，进而吸引这部分消费者。

（4）更注重短期收益、不追求市场占有率，且面临的潜在竞争不紧迫的企业。在没有紧迫竞争压力的情况下，企业可以通过高定价策略实现较高的利润率，同时不需要将资金大量投入促销活动中，这样不仅节约了营销成本，还有助于维持产品的高端市场定位。

3. 高促销、低定价

高促销、低定价的营销策略，通常也称作快速渗透策略，指通过大力度的促销和较低的定价，迅速吸引消费者的注意和兴趣，从而在短时间内提升产品的市场知名度和占有率的策略。

高促销、低定价的营销策略的适用情形有以下几种：

（1）产品知名度较低，但市场容量稳定，市场规模较大时。在这种情况下，尽管产品刚进入市场，消费者对其还不够了解，但由于市场容量大且稳定，产品有足够的潜在消费者群体。通过实施高促销、低定价策略，企业可以快速提高产品的知名度，吸引广泛的消费者关注。低价策略降低了消费者的购买门槛，使得更多的人愿意尝试新产品，这样不仅可以迅速提高产品的市场份额，还可以通过口碑效应进一步扩大产品的市场影响。同时，市场容量大意味着即便产品以较低的价格销售，总体销售收入仍然可观，有助于企业快速回收促销和生产成本。

（2）目标消费者经济能力一般或对价格比较敏感时。在经济能力一般或对价格特别敏感的消费者群体中，价格往往是影响购买决策的关键因素。通过设置较低的价格，企业可以有效吸引这部分消费者，迅速建立起产品的市场基础。低定价策略在这里起到了"门槛降低"的作用，促使消费者尝试并购买新产品。同时，高促销活动能够提高这些价格敏感的消费者的产品认知，加深他们对产品价值的理解，从而提高转化率。

（3）高效促销有利于品牌传播，能争取更多潜在消费者时。在新产品导入期，高效的促销活动不仅能够增加产品的可见度，还能够加强与消费者的互动，提升品牌形象。在这种策略下，企业通过各种促销手段，如广告、公关活动、体验营销等，能够迅速扩散产品信息，吸引消费者注意。特别是在社交媒体和网络平台的助力下，高促销可以有效地放大信息传播效果，帮助消费者快速建立品牌认知，为产品赢得更广泛的市场接受度。

（4）潜在竞争威胁严重时。在竞争激烈的市场环境中，新进入的产品面临众多竞品的挑战。在这种情形下，高促销、低定价策略能够为产品提供快速突破的机会，通过低价策略迅速吸引消费者群体，以量取胜，抢占市场份额。同时，高促销活动可以增强产品的可见度，有助于在众多竞争对手中脱颖而出，建立市场优势。

（5）单位成本有可能随生产规模扩大和生产经验积累而大幅下降时。在这种情况下，企业在产品的导入期通过低定价吸引大量消费者，可以迅速扩大生产规模，随后随着规模经济效应和生产经验的增加，单位成本将逐渐降低。这样一来，即使企业在产品推广初期采用低定价，长远来看，企业仍然可以通过降低成本实现利润增长。此外，一旦市场份额和品牌认知度稳定后，企业还可以适度调整价格策略，进一步提升利润空间。

虽然高促销、低定价策略能够快速占领市场并建立品牌声誉，但这种策略也需要企业具备充足的资金来承担初期的高促销费用和低价策略可能带来的利润负增长。同时，企业需要有明确的市场定位和后续价格策略调整计划，以确保在市场快速扩张的同时，企业能够逐步实现盈利和可持续发展。

4.低促销、低定价

低促销、低定价的营销策略也称为缓慢渗透策略，指在新产品导入期采用较低的价格定位，同时减少在促销和宣传上的投入的营销策略。该策略在以下情形中具有适用性和有效性：

第一，适用于产品市场容量大且价格弹性大的情形。在这种情况下，市场对价格变化较为敏感，适度降低价格可以吸引大量的消费者，尤其是那些价格敏感型消费者。由于市场容量大，即使单个产品的利润较低，总体的销量也可以带来可观的收益。

第二，适用于在市场和消费者中已具有高知名度的企业，或是那些已经很受欢迎且知名度高的产品的更新换代或改进型产品。这些产品由于已有的品牌基础和消费者认知，不需要通过大规模的促销活动来获取消费者的关注。低定价可以作为一种额外的激励，鼓励消费者尝试新升级或改进的产品，同时通过用户体验的积极反馈来进一步巩固和提升其市场地位。

低促销、低定价的营销策略在整个汽车行业内并不常见，因为汽车产品通常具有较高的制造成本，在新产品导入期采用低促销、低定价策略可能面临品牌形象受损和利润空间压缩的风险。因此，这种策略更适用于那些已经拥有坚实品牌基础和忠实消费者基础的企业，或者在特定细分市场或低端市场中寻求渗透的情况。

二、汽车产品成长期

（一）产品成长期的特点

新产品上市后如果适合市场的需要，即进入成长期。在此期间，消费者对产品的接受度增加，市场需求开始迅速扩大，销售量显著上升，产品开始为企业带来更多的利润。产品成长期也是竞争加剧的阶段，随着市场潜力的展现，更多的竞争者可能进入市场，推出相似或替代产品，试图分割市场份额。

（二）汽车产品成长期的营销策略

根据成长期的特点可知，由于外部市场空间已有效打开，汽车企业应着重以市场为导向，从自身实际出发，产品策略应从单纯的新产品推广阶段转入立足长远的产品改进市场拓展阶段。具体包括以下几种策略：

1.改进产品性能，提高产品品质

在成长期，随着产品逐渐获得市场的认可和消费者的信任，企业需要进一步巩固其市场地位，提高产品的竞争力。改进产品性能能够帮助企业在竞争中保持优势，吸引更多的消费者，并提高消费者的忠诚度。这包括对汽车的安全性、舒适性、燃效、耐用性等关键性能的持续优化和升级，确保产品能够满足或超越消费者的期望和市场标准。提高产品品质不仅仅限于产品物理性能的提升，还应包括服务品质的改进，如提供更加周到的售后服务，增强客户体验。通过不断改进产品性能和提高品质，企业能够建立起强大的品牌形象，为消费者提供更大的价值，从而在竞争日益激烈的市场中占据有利位置。

2.增加新功能、新款式

随着科技的进步和消费者需求的多元化，汽车产品需要不断地引入新技术，加入创新功能，以吸引不同细分市场的消费者。引入更高效的动力系统、更先进的驾驶辅助技术、更舒适的内饰设计等，都是增加产品吸引力的有效方式。推出新款式，如不同的车身颜色、内饰选择或外观设计，可以满足消费者对个性化的追求，增加产品的视觉吸引力和情感价值。这种策略不仅可以扩大产品的市场覆盖面，吸引更广泛的消费者群体，也可以促进消费者之间的口碑传播，增强消费者的品牌忠诚度，进而促使企业在产品成长期保持增长势头，为未来的市场竞争奠定坚实的基础。

3. 改进工艺和材料

在汽车行业，工艺和材料的创新不仅可以提升汽车的性能和耐用性，还可以增强汽车的环保特性和安全性能，这些都是现代消费者极为关注的要素。采用更轻但强度更高的材料，可以降低汽车的整体重量，从而提高燃油效率和加速性能，同时能降低生产成本。改进制造工艺可以提高企业的生产效率和产品质量，减少缺陷率，提升消费者满意度和品牌信誉。在营销传播中突出这些技术和材料的改进，可以有效吸引技术导向和环保意识强的消费者，提高市场份额。

4. 寻找新的细分市场

市场细分可以基于多种因素，如消费者的地理位置、收入水平、生活方式、使用需求等。针对热衷最新科技的年轻消费者，企业可以推出配备高科技娱乐和互联系统的汽车型号；针对关注家庭用车的消费者，企业可以开发更加安全、舒适的家用车型；针对对环保有高度认识的消费者，企业可以推出电动汽车或混合动力汽车车型。通过识别并满足这些细分市场的特定需求，企业不仅可以增加新的收入来源，还可以提高产品线的多样性和市场适应性。

5. 改变广告宣传重点

在产品成长期，消费者对品牌和产品已有初步认知，因此广告宣传可以从简单的知名度提升转向强调产品的独特卖点和用户体验上。此时，广告应更加突出产品的先进技术、优异的安全性能、舒适的驾乘体验或者环保特性等，以便与竞争对手区隔开来，深化消费者对产品特性的理解和认知。同时，广告应该展现产品如何融入并提升消费者的生活品质，与消费者创造情感连接和提升消费者的品牌忠诚度。通过改变广告宣传的重点，企业可以更有效地引导消费者建立品牌认知，增强产品的市场竞争力。

6. 调整产品售价

产品成长期通常伴随着销量的增长和市场份额的扩大，企业可能通过经济规模效应降低成本，从而有空间对价格进行调整。价格的调整可以是上调，以反映产品品质的提升或是新增功能的价值；也可以是下调，以吸引更广泛的消费者或应对竞争对手的价格竞争。调整产品售价需要基于对市场需求、竞争环境、成本结构和消费者价格敏感度的深入分析，确保价格策略既能增加产品销量，又能维持或提高利润率。通过灵活而精准的价格策略，企业可以在保持市场竞争力的同时，实现收入和利润的最大化。

三、汽车产品成熟期

(一)产品成熟期的特点

(1)市场需求增长减缓。经过成长期的迅速增长之后，产品进入成熟期，这一时期，产品的市场需求增速会明显放缓，甚至出现负增长，这表明市场接近饱和状态。

(2)生产和销售量大。成熟期的产品通常拥有稳定而庞大的生产和销售规模，因为这一时期的产品已广泛被市场接受，拥有较大的消费者基础。

(3)市场趋向饱和。随着市场需求的增长放缓，市场逐步趋向饱和，新用户的增加速度减慢，市场中的产品普及率高。

(4)生产能力过剩。在市场需求增长减缓的同时，行业内部可能会出现生产能力过剩的现象，因为企业在成长期建立的生产能力超出了成熟期的市场需求。

(5)竞争加剧。由于市场接近饱和，企业间的竞争变得更为激烈，各企业为争夺有限的市场份额可能采取更加激进的市场策略。

(6)产品售价下降。面对激烈的市场竞争和需求增长的放缓，企业可能通过降低产品售价来吸引消费者，以保持或增加市场份额。

(7)促销手段广泛应用。为了在竞争中脱颖而出，企业会大规模运用各种促销手段，如折扣、赠品、广告等，以刺激销售和维持市场地位。

(8)企业利润率下降。由于售价下降和促销成本增加，企业的利润率在产品成熟期往往会有所降低。

(9)部分竞争者退出市场。在这一阶段，部分无法在激烈竞争中维持盈利的企业可能会选择退出市场，留下那些能够适应市场变化和竞争压力的企业。

(二)汽车产品成熟期的营销策略

在汽车产品的成熟阶段，消费者对现有车型的认知已相对成熟，这些车型在消费者眼中可能不再具备新鲜感，部分产品甚至被视为逐渐过时。市场上已经开始涌现一些新的竞争者，这些新进入市场的车型在设计、技术或其他方面可能具有显著优势，吸引了部分消费者。在这样的市场环境中，对于处于成熟期的汽车产品，企业可以采取以下营销策略：

1. 产品革新

通过对现有车型进行全面的技术升级和功能改进，企业可以重新激发市场和消费者的兴趣。例如，采用更先进的动力技术，改善车辆的燃油效率，引入最新的信息娱乐系统，提高安全性能，或是采用更环保的材料和工艺等。此外，企业还可以重新设计车辆的外观，使其符合现代审美或反映最新的设计趋势，从而吸引那些追求新颖和时尚的消费者。通过这些措施，企业不仅能够提高现有产品的市场竞争力，还能够为产品打开新的市场，从而有效延长产品的市场寿命。在进行产品革新时，企业应确保变革足够显著以引发市场关注，同时要保持品牌的连贯性，确保消费者能够认同新旧产品之间的关联。

2. 市场拓展

在产品成熟期，由于市场的需求趋于饱和，销售增长速度放缓，企业需要寻找新的增长点，市场拓展便成了一种必然选择。

市场拓展可以通过多个维度进行，包括地理拓展、目标客户拓展以及产品用途和应用场景的拓展。地理拓展指将现有的汽车产品引入新的市场，这可能涉及不同的国家或地区。对于已经在原市场达到成熟阶段的产品，新市场提供了新的增长空间。地理拓展需要深入研究目标市场的特定需求、消费者偏好、法律法规、竞争环境等，确保产品能够满足新市场的独特要求。目标客户拓展是通过重新定位产品或调整营销策略来吸引不同于原目标市场的消费者群体，如对产品进行微调或增加某些特定功能来满足新消费者群体的需求，或是通过改变广告宣传的信息和渠道来吸引不同的消费者。产品用途和应用场景的拓展是对现有汽车产品的新用途发掘或在新的应用场景中的推广。这要求企业挖掘产品潜在的多样化使用方式，将其推广到共享汽车服务、特定行业应用（医疗、教育）中，或作为特定活动（旅游、探险）的推荐选择。

市场拓展需要企业有敏锐的市场洞察力，了解不同市场和消费者群体的独特需求，并能够快速适应市场变化，调整产品和营销策略。同时，企业需要考虑与新市场相关的供应链管理、销售渠道建设、售后服务等多方面因素，确保市场拓展的可持续性和效益最大化。通过有效的市场拓展，企业不仅能在成熟期为产品找到新的增长机会，也能为未来可能的市场变化打下坚实的基础。

3.改进营销组合

汽车企业的营销组合不是一成不变的,它应该随着企业的内、外部环境的变化做出相应的调整变动。产品进入成熟阶段后,各种内外部环境条件都发生了变化,因而营销组合也要有一个大的调整。这是为了延长产品的成熟期,将衰退期到来的日期尽量延后。具体来说,可以通过增添服务项目、加大附加利益、变更分销途径、丰富促销手段等方式使汽车企业保持市场竞争优势。

四、汽车产品衰退期

(一)衰退期的特点

(1)销售量下降。汽车产品进入衰退期时,其销售量持续下降,不再像成熟期那样维持在高位,其反映出市场需求的减少。

(2)利润压缩。随着销售量的减少,以及可能为了促销而采取的降价策略,企业的利润率会进一步压缩。

(3)市场竞争减少。部分竞争者可能因为市场萎缩而选择退出,导致市场上竞争企业的数量减少。

(4)产品创新速度减缓。企业对于产品的创新投入可能会减少,更多的是依赖现有的产品特性来维持市场。

(5)营销和广告投入减少。企业会减少对衰退期产品的营销和广告支出,转而将资源投入新产品或更有潜力的市场上。

(二)汽车产品衰退期的营销策略

1.产品策略调整

(1)产品简化。在汽车产品衰退期,企业可以减少产品线中的某些型号或版本,特别是那些市场表现不佳或成本过高的车型,以降低运营和制造成本。

(2)专注核心市场。企业可以专注于那些仍然对现有产品有稳定需求的市场,以更有效地分配营销和销售资源,增强与目标消费者的联系,提高市场渗透率。

(3)增加售后服务。强化售后服务,提供更优质的保养、维修服务,可以增加现有用户的满意度和忠诚度,同时可以为企业带来额外的收入。

2. 价格策略优化

（1）价格调整。随着市场对产品的需求下降，降价策略可以帮助企业清理积压的库存，同时吸引对价格敏感的消费者。此外，适时的价格下调还可以帮助产品在与竞争对手的比较中保持吸引力，维持市场份额。

（2）价值重塑。在产品衰退期，通过强调产品的独特性、可靠性或经典设计，企业可以在消费者心目中重塑其价值，从而维持价格水平，减缓销量下降的趋势。这要求企业深入了解目标市场和消费者的需求，找到与消费者共鸣的价值点，并通过有效的营销传达这些价值。

（3）捆绑销售。通过将汽车产品与其他产品或服务捆绑销售，企业不仅可以为消费者提供更高的价值感，还可以通过这种方式促进既有产品的销售。汽车与保险服务的捆绑、汽车与维修服务套餐的捆绑等，都可以增加消费者的购买意愿，同时帮助企业实现产品的附加值销售，提升总体收益。捆绑销售需要企业精心设计组合产品或服务，确保捆绑项之间的互补性和吸引力，从而最大化市场反响和销售效果。

3. 促销和通路策略调整

（1）加强促销活动。加强促销活动是激发市场需求和清理库存的关键手段。即便在衰退期，有吸引力的促销活动如特价销售、赠品赠送或提供贸易折扣，仍可以激发消费者的购买意愿。这些活动不仅有助于增加产品的短期销售量，也可以提高品牌在目标市场中的可见性和吸引力，为产品提供一个体面的市场退出机会，甚至在某些情况下实现销售量的短期回升。

（2）通路优化。企业应评估现有的分销渠道的效率和效果，将资源集中在表现最佳的渠道上，如最具成本效益的电子商务平台、最能达到目标市场的零售合作伙伴等。通过精简和优化分销网络，企业可以降低销售成本，提高渠道效率。

（3）合作伙伴关系。在市场需求下降的情况下，加强合作伙伴关系可以保证渠道的销售动力和服务质量。企业需要与经销商和合作伙伴共同开发促销计划，对其提供必要的支持和激励，确保他们对销售活动的积极参与。此外，探索新的合作模式或伙伴关系，如跨行业合作或新的商业模式，可以帮助企业开拓剩余市场，找到新的增长点，从而最大化衰退期产品的市场潜力。

第三节 汽车产品的品牌策略

一、品牌概述

（一）品牌的概念

品牌是用以识别生产经营者的产品或服务，并使之与竞争者的产品或服务区别开来的商业名称及其标志，通常由文字、符号、图案和颜色等要素组合而成。

（二）品牌的功能

品牌的功能主要体现在以下几方面（图4-3）：

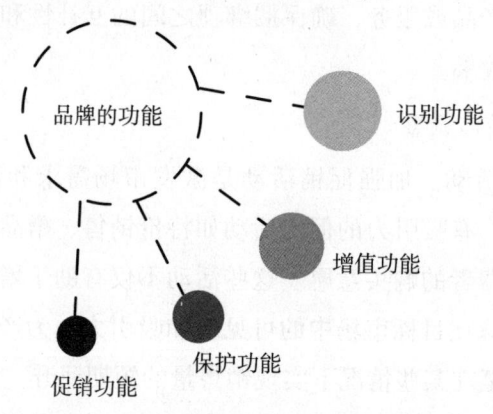

图 4-3 品牌的功能

1. 识别功能

通过独特的品牌名称、标志、色彩、设计和标语等元素，品牌可以帮助消费者在众多产品和服务中迅速识别并选择他们所信赖或偏爱的特定产品或服务，减少了消费者在做购买决策时的信息搜索成本，帮助他们在复杂的市场信息中更快做出选择。对企业来说，品牌的识别功能能够有效地区分其产品与竞争对手，建立独特的市场地位，促进消费者口碑的形成，从而在激烈的市场竞争中获得优势。

2.增值功能

品牌的增值功能体现在品牌为产品或服务带来的附加价值上。这种价值不仅反映在高于无品牌产品的价格上，更体现在品牌给消费者的感知价值上，如品牌所象征的身份、地位或个性表达等。通过强化品牌形象和品牌个性，企业能够提升消费者对产品价值的感知，从而实现更高的定价和利润空间。品牌的增值功能有助于企业建立持久的竞争壁垒，吸引投资和人才，提高企业整体价值。在市场营销层面，增值功能使得品牌能在消费者心目中获得更多非功能性的属性，如信任、情感联结和生活方式的象征，这些都极大地丰富了品牌与消费者之间的关系，促进了企业的长期发展和品牌资产的增长。

3.保护功能

注册商标和品牌能给予企业法定的权利，防止其他企业非法复制或模仿其产品、服务、标识或广告等。这种法律保护不仅限于防止其他企业对产品的直接模仿，还包括防止可能导致消费者混淆的相似品牌或产品出现，保障了企业的独特市场地位和投资回报。通过保护品牌的独特性和企业的知识产权，企业可以维护其市场份额，避免市场竞争中的不公平行为，确保企业的长期发展和品牌价值的持续增长。

4.促销功能

品牌的促销功能主要表现在两方面：一是由于品牌是产品的标志，消费者常常按照品牌选择产品；二是由于消费者往往依照品牌选择产品，这就促使生产经营者更加关心品牌的声誉，不断开发新产品，加强质量管理，树立良好的企业形象，使品牌经营走上良性循环的轨道。

（三）品牌的内容

品牌属性是品牌传达给消费者的基本信息和产品的固有特质，它们直接影响消费者对品牌的认识和评价。例如，沃尔沃的品牌属性强调了高贵典雅、安全、人性化、环保和以人为本的设计理念，这些属性不仅源于其文化背景，也是消费者建立品牌信任和忠诚度的基础。这些属性向消费者明确传达了品牌的独特价值和产品的期望功能，帮助消费者基于产品属性进行购买决策。

品牌利益由品牌属性转化而来，直接与消费者的实际体验和收获相关。消费者购买沃尔沃，实质上是购买其所代表的安全感、舒适性以及环保理念带来的满足感。品牌利益体现了品牌属性在消费者日常生活中的实际应用和价值，是消费者选择品牌产品的直接驱动力。通过明确的品牌利益，企业能够更有效地与消费者建立情感连接，增加产品的吸引力和市场竞争力。

品牌价值反映了品牌背后的价值观和理念，深深影响着消费者的品牌认知。品牌价值是品牌区别于竞争对手的重要方面，也是塑造品牌形象和吸引目标市场的关键。消费者对品牌的忠诚很大程度上基于对品牌价值的认同和尊重，这种价值共鸣进一步加深了品牌与消费者之间的联系。

品牌文化体现了品牌的地域特性和文化背景。不同的品牌象征着不同的文化，如劳斯莱斯的英国皇室文化，奔驰的德国工业文化。这种文化属性不仅赋予品牌独特的个性，也让品牌在全球范围内具有广泛的认可度和吸引力。品牌文化的传播有助于消费者构建跨文化的品牌认知，提升品牌的全球形象和影响力。

品牌个性赋予品牌独特的人格特质，这种个性化的品牌形象帮助消费者在众多品牌中做出选择，同时反映了消费者自我形象的一部分。品牌个性的塑造需要结合企业的核心价值和目标市场的偏好，以建立独特且吸引人的品牌形象。

品牌使用者是品牌形象和市场定位的直接体现，它描绘了典型消费者的形象，如奇瑞QQ体现的是时尚中产阶级，奔驰体现的是稳重成功人士。

二、汽车品牌策略

（一）汽车品牌的定位策略

品牌定位指在目标消费者的心中确立产品及品牌与众不同的、有价值的地位的过程。通过品牌定位，企业明确其产品的核心价值、竞争优势和目标市场，使消费者在众多品牌中认知并选择其品牌。在汽车行业中，由于市场上不同品牌和型号的车辆在性能和技术上日益接近，品牌定位成为塑造消费者品牌认知和购买偏好的关键。有效的品牌定位不仅能够帮助企业在竞争中突出其产品的独特性，还能够增强消费者对品牌的忠诚度。

汽车品牌定位需要注意以下几点：

1.品牌定位要简单，易于消费者理解和接受

简单的品牌定位有助于加强品牌形象在消费者心目中的印象，使其更容易

记住和识别。如果一家汽车品牌定位为提供高性能的汽车，那么这个信息应该被明确且简洁地传达，避免引入过多的复杂元素或术语，这有助于消费者迅速理解该品牌主打的产品特性和价值主张。

2.品牌定位应与产品的本质属性紧密相关

品牌定位不仅要简单清晰，还需要真实反映产品的核心特征和优势。如果品牌定位与产品实际属性不符，消费者很快就会发现这种不一致，导致品牌信誉受损。因此，汽车品牌在定位时必须深入挖掘其产品的独特卖点和优势，确保定位信息与产品实际相吻合。例如，如果一款汽车的主要优势是环保节能，品牌定位就应当突出这一点，以便吸引那些关心可持续发展和环境保护的消费者。

3.品牌定位需明确区分自身与竞争对手

独特的品牌定位有助于产品在竞争激烈的市场中脱颖而出。通过明确地展示自己产品与众不同的特点，品牌可以在消费者心中建立独特的卖点，从而增加市场吸引力。例如，如果多数汽车品牌都强调速度和动力，那么一个专注于驾驶安全或者用户体验的品牌定位可能更具吸引力。通过突出这些独特的属性，汽车品牌不仅能够吸引消费者目标群体，还能在消费者心中建立清晰而深刻的品牌形象。

（二）汽车品牌的命名策略

合理的命名不仅能够提升品牌识别度，还能传递品牌理念和价值。汽车品牌命名时需要考虑以下几点：

1.市场定位

品牌名称不仅是消费者识别产品和服务的标识，也是品牌形象和市场定位的重要体现。当品牌名称与其市场定位一致时，其能够有效传递品牌所追求的价值主张和产品特性，从而吸引消费者目标群体。针对高端市场的汽车品牌，其名称通常需要传递出一种优雅、奢华和独特的感觉，如使用具有历史底蕴的词汇或富有想象力的新词，以体现其非凡的品质和地位。面向大众市场或注重性价比的品牌则应选择更加平易近人、容易记忆的名称，这样的名称更能传递出品牌亲民、实惠的定位，易于在广泛的消费者中建立认知。品牌名称符合市场定位，不仅能帮助消费者迅速理解品牌的核心价值，还能提升品牌的市场竞争力。

2. 目标受众

不同目标群体对品牌名称的感知和偏好存在差异，因此品牌在命名时需要充分考虑这些差异，使得品牌名称能够有效触及并吸引其目标用户。年轻消费者可能偏好富有创意和现代感的品牌名称，而成熟消费者则可能更加重视品牌名称的文化性。精准地定位目标受众并创造能够与他们产生共鸣的品牌名称，可以有效提升品牌的吸引力和市场影响力，提升消费者的品牌忠诚度。

3. 可注册性

在选择品牌名称之前，企业要进行商标搜索和法律审查，包括核对现有商标注册数据库，使得新品牌名称不会与已注册或正在申请中的商标产生冲突，避免侵犯他人的知识产权。如果未经彻底检查就贸然使用，一旦涉及商标侵权，不仅会导致重大的法律风险，还可能需要更换品牌名称，这将对品牌形象和市场定位造成不可估量的负面影响。因此，确保品牌名称的可注册性不仅体现了企业对法律的遵守，也是品牌长期发展的重要保障。

4. 可扩展性

品牌名称应具备一定的灵活性和广泛性，以便在未来品牌向相关或不同领域扩展时，名称仍能保持相关性和一致性，而无需进行重大改变。如果品牌名称过分具体或限定在某一产品类别，可能会阻碍品牌在新的产品线或服务领域的发展。一个具有良好可扩展性的名称可以为品牌提供更广阔的发展空间，无论是增加新的产品线还是拓展新的市场。考虑到品牌可能的长远发展，品牌名称的可扩展性还有助于增强品牌的连贯性，支持品牌建立长期稳定的市场地位。

5. 发音易懂性

易于发音的品牌名称可以更容易被消费者记住和传播，从而在消费者心中建立起更深刻和持久的品牌印象。品牌名称的发音易懂性不仅影响其口头传播的便利性，也关系到品牌形象的建立和品牌信息的有效传递。如果一个品牌名称较为晦涩或易于被误读，可能会导致品牌传播过程中的信息扭曲或消费者的误解，从而影响品牌的市场认知度和接受度。此外，发音易懂的品牌名称有助于实现品牌的跨文化传播，增强品牌在不同语言和文化环境中的可接受性和辨识度。

6. 文化适应性

不同文化背景中的消费者对于特定词汇的理解和情感反应存在显著差异，一个在一种文化中具有正面含义的名称，在另一种文化中可能具有负面含义，这可能导致品牌形象受损，甚至影响品牌在特定市场的成功。例如，某些品牌名称在某些语言中可能意味着不吉利或不雅的事物，这样的名称在全球市场中的推广将受到限制。因此，汽车品牌在命名时需要进行全面的国际文化审查，确保名称在不同文化和语言中都是适宜和积极的，以促进品牌在全球范围内的形象统一。

（三）汽车品牌的使用策略

1. 统一品牌策略

统一品牌策略，也称单一品牌策略，是一种将相同品牌名称应用于企业所有产品线的市场策略。通过统一品牌策略，企业能够集中资源建立一个强大的品牌形象，这有助于消费者更快地识别和记住该品牌，从而增强品牌忠诚度。此外，当所有车型都使用同一品牌时，企业可以利用已建立的品牌形象和信誉为新车型的市场接受度铺路，从而降低新产品推广的市场风险和成本。例如，一个知名品牌的新车型可以迅速受益于品牌已有的正面形象，加速消费者的认可过程。然而，过于依赖单一品牌可能会限制其市场细分和产品多样化，特别是在不同消费者群体有着不同需求和偏好时。

2. 差异品牌策略

差异品牌策略，也称多品牌策略，允许企业为不同的车型或产品线创建不同的品牌名称。差异品牌策略有助于企业在多个市场细分中建立专业形象，减少品牌之间的直接竞争，同时避免一个产品线的负面消息影响到其他产品线。例如，汽车制造商可能拥有专门的豪华型汽车品牌和经济型汽车品牌，以便明确区分市场定位和目标消费者。差异品牌策略需要更多的资源和成本来维护多个品牌，同时需要确保各品牌之间有足够的差异化以避免自相竞争。

3. 品牌输出策略

品牌输出策略指一个公司将其品牌授权给其他公司使用的策略。在汽车行业，品牌输出一方面表现为与其他非汽车产品（如服装、手表或电子产品）合作，借助这些产品来增强品牌形象和提高品牌识别度；另一方面，品牌输出也可能是在不同的市场环境中，将某一成功的品牌或车型引入新的市场，通过当地的合作伙伴来生产和销售。这样不仅可以利用已建立的品牌价值来提高市场接受度，还能够通过本地化生产来降低成本和风险。品牌输出策略也存在一定的风险，主要体现在品牌形象可能因为合作伙伴的质量控制不严而受损，因此选择信誉良好的合作伙伴并建立严格的质量监控体系至关重要。

4. 品牌输入策略

品牌输入策略指的是企业通过收购或与其他品牌合作，利用已经建立的品牌优势来加强自身市场地位或进入新市场的策略，如收购知名汽车品牌、与其他汽车制造商合作或通过授权引入品牌技术和设计等。品牌输入策略使企业能够迅速获得市场认可和消费者信任，特别是其在进入新市场或推出新产品线时。例如，一个主要生产经济型汽车的制造商可以引入一个豪华汽车品牌，以拓展其在高端市场的业务。品牌输入策略也需要谨慎实施，确保引入的品牌与公司现有的品牌战略和市场定位相协调，避免品牌价值的稀释或冲突。

5. 注册铺路策略

注册铺路策略指在汽车出口之前，将汽车品牌在目标市场国先行注册，从而为产品的国际市场营销铺路搭桥的策略。因为不同国家和地区的商标法律差异较大，且很多国家采用"先申请"原则，即不是基于先使用权而是基于先注册原则授予商标权。通过注册铺路，汽车企业可以有效避免未来在进入新市场时遭遇品牌使用权的法律障碍，防止品牌价值受损，同时避免了因商标纠纷导致的额外成本。

6. 借牌销售策略

借牌销售策略指借用其他汽车企业的知名品牌，销售本企业所生产的汽车的策略。通过这种策略，企业可以在没有建立自己品牌知名度的情况下，借助另一个品牌的声誉和客户基础，快速进入市场并进行销售。这在汽车行业中尤为常见，例如，一些新兴汽车制造商可以与历史悠久、知名度高的汽车品牌合作，将自己的产品在合作品牌之下销售，以此降低市场进入门槛，缩短品牌建立和市场接受的时间。借牌销售是一种双赢策略，该策略为品牌提供了新的收入来源和市场拓展机会，同时为借牌方提供了建立市场信誉的捷径。

7. 品牌专卖策略

品牌专卖策略是通过建立专卖店或经销商网络，专门销售特定品牌汽车的策略。品牌专卖店不仅展示汽车，还提供品牌故事、文化和价值观。这种策略的目的是通过提供专业化和定制化的服务来增强消费者的购买体验，从而提升消费者的品牌忠诚度和产品的市场竞争力。此外，品牌专卖策略还可以帮助企业提供更好的销售环境，确保品牌形象和市场定位的一致性。通过品牌专卖店，企业能够收集更直接的市场反馈和消费者偏好数据，用于指导产品开发。

8. 品牌置换策略

品牌置换策略指汽车制造商在某个市场停止销售某一品牌车型，并引入另一品牌或新品牌来替代原有品牌的策略。这种策略通常在企业重组、市场重新定位或品牌形象更新时采用。品牌置换的目的是刷新市场，通过新品牌引入新的设计理念、技术和市场定位，以提升企业的市场竞争力和品牌形象。品牌置换可以为消费者带来新鲜感，激发市场活力，但同时伴随着风险，如可能导致原有品牌忠诚客户的流失。因此，进行品牌置换时，企业需要深入分析市场和消费者需求，确保新品牌能够有效吸引目标市场，同时采取措施减少对现有消费者的负面影响。

第五章 汽车定价的多元化策略

第一节 汽车定价概述

一、汽车价格的构成

（一）汽车出厂价格

汽车出厂价格指制造商确定的车辆离开工厂时的价格，价格的构成包括生产成本、运输费用、品牌价值以及一定的利润空间。其中，生产成本是主要部分，包括原材料、人工、研发以及生产线的折旧等方面的费用。此外，制造商还会根据品牌定位、市场策略和竞争环境，加上适当的利润。虽然消费者通常不会直接按出厂价格支付，但这一价格是设定最终零售价格的基础。不同品牌和型号的汽车出厂价格差异较大，高端品牌由于其独特的设计、技术和材料，其出厂价格通常远高于经济型车辆。

（二）汽车批发价格

汽车批发价格通常是汽车制造商或进口商向经销商出售汽车的价格，这个价格低于零售价格，但高于出厂价格。批发价格包括出厂价格、制造商对经销商的营销支持费用、运输费用和可能的税费。经销商购买汽车后，会根据市场需求、库存状况和竞争策略，设置零售价格。批发价格在设定时就会考虑市场竞争和经销网络的效率等因素，是汽车从制造商到消费者手中的重要中转价位。经销商通过大量购买汽车来获得更低的批发价格，并通过零售环节获得的利润来覆盖其经营成本并盈利。

（三）汽车直售价格

汽车直售价格是指汽车制造商直接向消费者销售汽车的价格，这种销售方式省去了经销商，可以为消费者提供更为透明的价格。直售模式在互联网发展和电子商务兴起的背景下变得越来越流行，特别是一些新兴的电动汽车品牌厂商，往往会采用这种模式销售。直售的价格构成通常包括汽车的制造成本、运输费用、销售和市场推广费用以及品牌利润。虽然省去了经销商，但制造商需要在直接销售的渠道和服务上投入更多资源。消费者通过直售方式购车，可以获得更为直接的品牌体验和售后服务，在购买和维修环节也可能得到更新的产品信息和更快的响应速度。

二、汽车定价目标

（一）以增加利润为汽车定价目标

1. 利润最大化目标

利润最大化目标是指使汽车总体销售额与成本之间的差额达到最大的目标。为了实现这一目标，企业需要精准分析市场容量、消费者支付意愿和竞争对手的价格策略。利润最大化通常需要企业具备强大的市场分析和价格设置能力，确保所定价格能够在吸引足够顾客的同时，保持较高的单位利润。

2. 目标利润

以目标利润为定价目标的企业，会根据自身的财务规划和战略目标，预先确定一个期望达到的利润额，这个目标反映了企业对自身发展和市场状况的预期。目标利润策略有助于确保企业保持长期财务健康，支持其持续投资和发展，同时平衡风险和回报，确保企业对股东和其他利益相关者的承诺得以履行。

3. 适当利润目标

在剧烈的市场竞争中，有些企业为保全自己，减少经营风险，或因为经营力量不足，把取得适当利润作为定价目标，这样既能够保证一定的销路，又能使企业得到适当的投资回报。

（二）以增加汽车销量为定价目标

1. 保持或扩大汽车市场占有率

当汽车企业采用保持或扩大市场占有率作为定价目标时，其核心目的是通过实施有竞争力的定价策略，维持或增加企业在市场上的份额。这种定价目标通常适用于那些追求行业领导地位或希望在特定细分市场中保持优势的企业。通过设定较低的价格点，企业可以吸引更多的消费者，从而提高销量和市场覆盖率。虽然在短期内，这可能会压缩单件商品的利润空间，但从长期来看，较高的市场占有率有助于企业实现规模经济，增强品牌影响力，并提升企业在市场上的议价能力。

2. 增加汽车销售量

以增加销售量为目标的定价策略，主要通过调整价格来刺激消费者的购买意愿，从而推动销量的增长。追求销量快速增长或需要快速回收投资的企业对这种定价目标更为看重。较低的定价可以吸引更广泛的消费者群体，尤其是对价格敏感度较高的市场或消费者群体。通过提升销量，企业不仅能够增加市场份额，还能因高销量带来的规模效应而达到降低单位成本的效果，进而提升总体利润。此外，增加销售量还能够提高企业在供应链管理、生产计划和库存控制等方面的效率，为企业带来更多的运营和财务上的优势。

（三）以竞争为导向的汽车定价目标

以竞争为导向的汽车定价目标是指汽车企业在定价时主要着眼于在竞争激烈的汽车市场上应付或避免竞争的汽车定价目标。在汽车市场竞争中，大多数竞争对汽车价格都很敏感。在汽车定价以前，企业一般要广泛收集市场信息，把自己所生产汽车的性能、质量和成本与竞争者的汽车进行比较，然后确定本企业的汽车价格。通常采用的方法如下：

（1）与竞争者同价。通常适用于产品差异不大的汽车市场环境，企业可以通过与竞争对手保持价格一致来避免价格战，同时通过其他非价格因素，如服务、品牌信誉等来吸引消费者。

（2）定价高于竞争者。通常适用于那些拥有明显竞争优势或高端市场定位的企业。通过设定高于市场平均水平的价格，企业可以强化其产品的品质感和专属性，吸引对品质有较高要求的消费者群体。

（3）定价低于竞争者。特别适用于那些追求市场渗透或面临激烈竞争压力的企业。低价策略可以增加品牌对新客户的吸引力，促进销量增长，但同时要确保低价不会损害企业的长期利益和品牌价值。

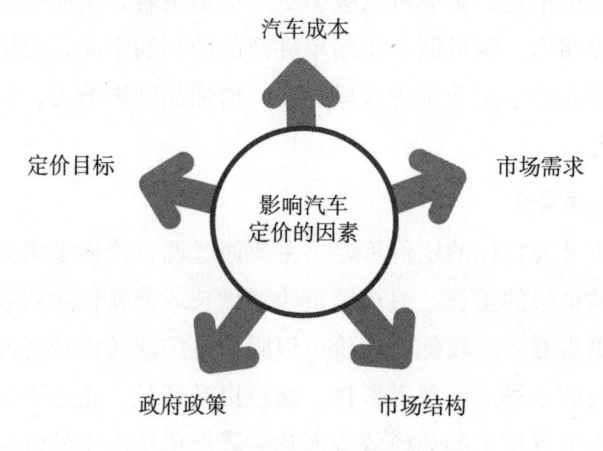

三、影响汽车定价的因素

影响汽车定价的因素主要有以下几方面，如图 5-1 所示。

图 5-1　影响汽车定价的因素

（一）定价目标

定价目标是汽车企业通过价格措施要达到的营销目的，营销目标不同价格策略和定价方法也不尽相同。如果追求的是利润最大化，企业可能会设定较高的售价，以确保每辆汽车销售带来更多的收入。如果定价目标是扩大市场占有率，企业可能会采取低价策略，通过较低的价格吸引更多的消费者，从而增加销量和市场份额。

（二）汽车成本

汽车成本对定价有直接和决定性的影响。汽车成本包括汽车的生产成本、销售成本和储运成本。生产成本包括原材料费用、人工成本、制造和组装成本等，销售成本包括市场营销、品牌推广、经销商管理等方面的费用，储运成本包括物流、仓储和配送的费用，企业必须确保汽车定价能够覆盖这些成本并获得适当的利润。

（三）市场需求

汽车消费者的需求对汽车定价的影响，主要通过汽车消费者的需求能力、需求强度、需求层次反映出来。

需求能力反映了消费者购买汽车的经济实力。制造商在定价时必须考虑目标市场群体的购买力。如果定价超出了消费者的需求能力，即使汽车功能很先进，设计很吸引人，也难以实现销售目标。因此，汽车价格需要与消费者的经济实力相匹配，确保价格既能反映汽车的价值，又能与消费者的消费水平相匹配。需求强度体现在消费者对特定品牌或车型的追求程度上。当消费者对某款汽车有着较高的需求强度时，他们往往对价格较为不敏感，愿意支付更多费用来获取所需的汽车。在这种情况下，企业可以设定较高的价格，以获得更高的利润。相反，如果消费者对某款汽车需求强度不高，企业就需要降低价格以吸引消费者，提升销量。需求层次反映了不同消费者对汽车功能和品质的不同需求。一些消费者可能更注重汽车基本的交通功能和燃油经济性，而另一些消费者则可能有更高层次的需求，如先进的驾驶辅助系统、豪华的内饰设计或是品牌价值。通常，能满足更高层次需求的汽车可以定价更高，因为这些汽车为消费者提供了额外的价值和满足感，消费者愿意为此支付更多。

（四）市场结构

1. 完全竞争

完全竞争市场中，存在大量卖家和买家，单个企业对价格几乎没有影响力，汽车价格主要由市场的供求关系决定。单个汽车制造商需要根据市场价格来设定自己的售价，因为价格过高将导致产品无法卖出，而价格过低则可能导致无法覆盖成本。因此，在完全竞争市场中，汽车定价往往较为接近边际成本，企业利润较低。

2. 垄断竞争

垄断竞争市场中，不同企业生产的产品具有较大的差异性，但彼此之间仍存在一定的产品替代性，汽车厂商可以通过品牌建设、广告、产品特性等手段加深消费者的差异化印象，从而对定价拥有一定的自主权。尽管市场上有许多竞争对手，但每个制造商都能因独有的产品特性而拥有一定程度上的定价权，汽车价格会反映出品牌价值、产品差异化程度和市场营销效果。

3. 寡头垄断竞争

寡头垄断市场指某类汽车的绝大部分销量由少数几家汽车企业垄断的市场，它是介于完全垄断和垄断竞争之间的汽车市场形式。在现实生活中，这种形式比较普遍。在这种汽车市场中，汽车的市场价格不是由市场供求关系决定的，而是由几家大汽车企业通过协议或默契而规定的。

4. 完全垄断竞争

在完全垄断市场中，单一企业控制整个市场，没有任何竞争者，企业在定价时享有极大的自由度，可以根据自己的成本结构和利润目标自主设定价格。由于缺乏竞争，垄断者可能会设定较高的价格以获得利润最大化。然而，价格过高可能会限制需求量，因此，垄断者需要在高利润和销量之间找到平衡点。

（五）政府政策

政府政策是影响汽车定价的重要外部因素，关税、消费税、进口税、环保法规和补贴政策等的政策都会对汽车的成本结构和最终定价产生影响。例如，政府对电动汽车提供补贴可以降低消费者的购买成本，而对某些排放量高的车型设定更高的税率则会增加其售价。因此，汽车企业在制定定价策略时必须考虑当前的政策环境。

第二节 汽车定价的基本方法

一、成本导向定价法

成本导向定价法是指在制定汽车价格时，以成本为中心，先考虑收回企业在生产经营中投入的全部成本，再考虑获取一定的利润。成本导向定价法主要有以下四种：

（一）完全成本加成法

完全成本加成法是成本导向定价法的一种常见形式，是指将所有生产和经营成本计入，然后在总成本基础上加上一个预定的利润率来设定价格。具体公式如式 5-1 所示。

汽车单位产品价格 = 汽车单位产品成本 × (1+ 成本加成率) （式5-1）

例如，某汽车企业生产的汽车单位产品成本为20万元，预期利润为20%，则该汽车单位成本销售价格的计算过程如下。

$$20 × (1+20\%) = 24（万元）$$

完全成本加成法的优势是简便和可控。企业利用内部成本数据，可以相对容易地计算出成本，并在此基础上加上一个预定的利润率来确定产品价格。这种方法使企业能够确保所有成本得到覆盖，同时获得预期的利润。由于成本数据通常容易被获取和计算，因此这种方法减少了定价过程的复杂性，使定价更加直接和透明。此外，由于定价直接关联到成本，因此相对合理，可以避免因定价过高或过低而导致的市场竞争力丧失或利润空间不足的问题。

该方法的局限性在于它不能充分考虑市场竞争因素。这种方法主要关注企业内部的成本结构和利润目标，但容易忽视市场的竞争状况和消费者的支付意愿。当市场竞争激烈时，仅仅用成本加成法而定价可能无法有效吸引消费者，特别是当竞争对手采取更为激进的定价策略时。此外，当市场条件变化导致需要调整价格时，依赖成本加成法定价的企业可能会发现自身反应较同行更为迟缓，难以迅速适应市场变化，这也会影响销量和市场份额。还有，如果实际销售量未能达到预期，企业可能会发现难以通过价格调整来刺激需求，因为这种方法未提供关于如何基于市场反馈调整价格的指导。

（二）目标利润定价法

目标利润定价法是以实现企业财务目标为核心的定价方法，旨在确保企业通过产品销售实现既定的投资回报。应用目标利润定价法时，首先要求企业确定其总成本和预计的销售总量，然后再加上一定的投资收益率作为利润来确定汽车的价格，目标利润率定通常要高于同期的银行利率，以确保投资在企业内的回报高于将资金存入银行的利息。具体公式如式5-2所示。

汽车单位产品价格 = 总成本 × (1+ 目标利润率)/预计的销售总量 （式5-2）

目标利润定价法的优点如下：①能够使企业围绕明确的财务目标制订价格，通过价格覆盖成本并实现额外利润，帮助企业实现其财务规划和长期战略。②激励企业更加注重成本控制和效率提升，有助于改善整体财务状况。③通过设定与企业战略相一致的目标利润率，企业可以根据其品牌定位、产品质量和市场地位来决定价格，从而在目标市场中更有效地对产品进行定位。其局限性在于：①市场敏感度不足。目标利润定价法主要关注成本和企业财务目标，可能不会充分考虑市场需求、消费者支付意愿和竞争对手策略，在市场条件变化或竞争加剧时，这种定价方法可能导致企业价格缺乏竞争力。②对销量预测高度依赖。目标利润定价法的成功实施高度依赖于企业对销售量的准确预测，如果实际销售未能达到预期，可能会影响企业实现目标利润，增加财务风险。③灵活性不足。由于目标利润定价法侧重于实现预设的财务目标，因此当市场环境发生快速变化时，这种定价方法可能缺乏必要的灵活性，使企业难以迅速适应市场变化，错失市场机会。

（三）盈亏平衡定价法

盈亏平衡定价法涉及以下几个步骤：①确定固定成本。固定成本是指不随生产量或销售量变化而变化的成本，如租金、薪资和折旧费用等。②确定变动成本。变动成本随生产量的增加而增加，随生产量的减少而减少，包括原材料成本、直接人工成本等。③计算总成本。将固定成本与总变动成本（变动成本乘以预计销售量）相加，得到总成本。④设定销售价格。根据预计销售量和总成本，计算单位产品的定价，使每单位产品的价格乘该销售量的收入总额等于总成本。

盈亏平衡分析通常涉及盈亏平衡点的计算，即不赚也不亏的销售量值。在这一点上，总收入等于总成本，企业刚好没有盈利也没有亏损。通过盈亏平衡分析，企业可以了解到必须达到的最低销售量和相应的定价水平，以确保至少达到盈亏平衡，为进一步制订市场策略和进行相应价格调整提供基础。

盈亏分析法有以下局限性：①盈亏平衡定价法主要聚焦于成本和销售量，可能不会充分考虑到市场需求、竞争对手的价格策略和消费者的价值感知，这可能导致定价与市场接受度脱节，影响销量和市场份额。②盈亏平衡分析通常是静态的，不考虑市场环境和成本结构随时间而发生的变化。如果市场条件发生变化，原定的盈亏平衡点可能就不再适用，需要进行调整，这要求企业持续监控市场和内部成本的变化。③仅仅达到盈亏平衡可能不足以为企业带来竞争优势，尤其是在高度竞争的市场中，仅仅覆盖成本而不提供额外价值可能难以吸引消费者，也难以支撑企业的长期发展和投资。

(四)边际成本定价法

边际成本是指企业每增加一单位产量所增加的总成本。边际成本定价是一种以变动成本为基础的定价方法。也就是说,企业不用计算固定成本,只需要以预计总收入减去总的变动成本后,得到边际贡献,再用边际贡献去补偿固定成本即可。因此,如果企业这个边际贡献不能完全弥补固定成本,就说明企业亏损,反之企业则盈利。其计算公式如式 5-3、式 5-4 所示。

边际贡献 = 销售总收入 − 总的变动成本　　　　　　（式 5-3）
单位产品的价格 =（边际贡献 + 总的变动成本）/ 预计的销售量（式 5-4）

边际成本定价法在短期内可以帮助企业提高产量和销量,特别是在企业面对产能过剩或竞争压力时。然而,长期来看,企业仍需覆盖其全部成本,并确保可持续运营。这种定价方法适用的情境包括市场竞争价格战、需求疲软时刺激市场的情形,或是用来处理过剩库存,优化产能利用的情况。在实际应用中,企业使用边际成本定价法时,通常还会考虑市场接受程度、竞争者反应以及价格变动对品牌的影响等因素。

二、需求导向定价法

需求导向定价法是一种根据市场需求的变化来设定产品价格的方法,主要有以下三种,如图 5-2 所示。

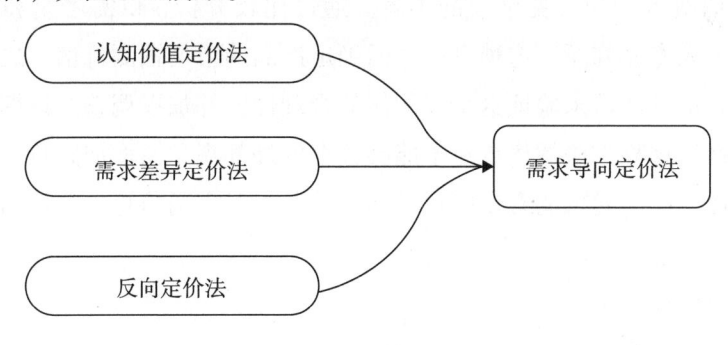

图 5-2　需求导向定价法

(一)认知价值定价法

认知价值定价法,亦称感知价值定价法或理解价值定价法,强调根据消费者对汽车产品价值的主观认知来设定价格。消费者通常会对汽车的性能、品质、服务、品牌等做出评判，进而形成对汽车价值的整体评价。当消费者认为某款汽车的定价与他们所认知的价值大体一致时，他们更倾向于接受这个价格。如果消费者感觉汽车的价格超出了他们对其价值的认知，他们可能不会购买这款汽车。因此，汽车的价格如果能够与消费者对其价值的理解大体一致，消费者就更有可能认为价格是合理的，并进行购买。

对于买方的认知价值的估算方法主要有以下三种：

1. 主观评估法

企业集合来自不同部门，如研发、营销、财务等部门人员的观点和信息，对产品的价格进行综合判断。这种方法的优势在于能够充分利用企业的内部资源和知识积累，反映出企业对自身产品价值的认识。企业内部人员对产品的功能、成本和市场定位等可能有深入的理解，因此他们的评估有助于确保定价能反映产品的内在价值。然而，主观评估法也可能会受企业内部偏见的影响，可能缺乏市场和消费者视角，因此得出的价格不一定能反映市场上消费者实际的价值认知。

2. 客观评估法

客观评估法是通过引入企业外部专家和营销人员的意见来进行价格评估的，旨在获得更广泛和客观的市场信息。这些外部人员可能对行业趋势、竞争环境和消费者行为有更全面的了解。通过比较分析、供需考量和成本评估等，结合个人专业判断，这种方法试图确定产品的市场预测价值。之后，通过实地试销和市场调研来验证这个预测值的合理性，并加以调整，以期确定最终的销售价格。这种方法的优点在于能够整合内外部视角，增加定价的市场适应性和客观性，但同时可能有专家意见不一、各方对市场信息的解读出现差异等问题。

3. 实销评价法

实销评价法通过市场试销和调研来确定产品价格。企业通过在市场上试销一定数量的产品，并通过后续的市场调查，收集消费者对价格的反馈，了解消费者的价值认知和支付意愿。这种方法可以直接测试市场对价格的接受程度，提供实际的市场反馈，帮助企业精确评估消费者对产品认知价值的真实看法。实销评价法可以被视为一种"市场验证"过程，其优点在于能够直接捕捉市场动态，提供基于实际销售数据的价格评估，但这种方法的风险在于试销可能产生一定的成本和潜在的市场影响。

（二）需求差异定价法

不同的消费者对同一产品的价值认知和支付意愿存在差异，同一消费者在不同情境下对同一产品的支付意愿也可能不同。因此，企业可以利用市场内不同消费者群体或消费者群体在不同市场情境下的需求差异对同一款产品设定不同的价格，这就是需求差异定价法。

实行差异定价法必须满足以下条件：

第一，企业对价格具有一定的控制能力。企业必须能够独立设定其产品的价格而不受外部竞争压力的直接影响。这种控制能力通常来源于产品的独特性、品牌的市场地位或企业在特定市场的垄断力量。企业需要有能力对不同市场或消费者群体设定不同的价格，并确保这些价格策略能够被有效实施而不会受市场泄漏（即低价市场的商品流入高价市场）或其他因素的干扰。这种价格控制能力是实施差异定价策略的基础，没有这种能力，企业将无法在不同市场间实行有效的价格区分策略。

第二，企业的产品服务两个或两个以上已被分割的市场，且这些市场之间存在明显的界限。市场分割可以基于地理位置、消费者属性、购买场合等多种因素。只有不同的市场群体对同一产品或服务的需求和支付意愿存在差异，企业才能根据各个细分市场的特点来制定不同的价格策略。例如，企业可能会针对不同国家的消费者采取不同的定价，或者为不同购买频率的用户设置不同价格。只有当市场被有效分割，企业才能根据各市场的特性和需求来优化其定价结构。

第三，不同市场价格弹性需要有所不同。价格弹性反映了价格变动对需求量的影响程度，如果企业面向的各细分市场在价格敏感度上存在明显差异，那么企业便可以利用这些差异来调整各市场的定价。例如，对价格较不敏感的市场可以设定更高的价格，而对价格较敏感的市场则设定更低的价格。通过对不同市场价格弹性的研究和分析，企业可以更有针对性地实施差异定价策略，提高收益。

（三）反向定价法

在实施反向定价法时，企业需要先通过市场调研、消费者访谈、竞品分析等方式，确定目标市场或消费者群体愿意为产品支付的最高价格，进而再将其设置为该产品的销售价格上限，然后从这个价格中扣除预期利润，以此确定产品的最高成本。

反向定价法促使企业从消费者需求出发，进行产品创新和成本控制。在产品的开发阶段，企业要清楚地确定好产品的核心功能和消费者最关心的特点，在不牺牲消费者感知价值的前提下，尽可能地降低成本。反向定价法还要求企业具备灵活的成本控制和价值创造能力，能够在产品设计、原材料采购、生产制造、营销传播等各环节实现成本效率最大化，同时确保产品的市场吸引力。此外，企业还需要不断监控市场反馈和消费者偏好的变化，适时调整产品特性和定价策略，以应对竞争和市场变化。

三、竞争导向定价法

竞争导向定价法是一种依据竞争对手的定价行为来设定自身产品价格的定价方法。在这种方法中，企业将竞争对手的价格作为重要参考，结合自身的市场定位、成本结构和市场目标，决定产品的价格是高于、低于还是与竞争对手的产品大致相等。在实施竞争导向定价法时，企业需要密切关注竞争对手的价格变动及市场反应，以保持自身在价格决策上的相对优势。竞争导向定价法适用于竞争激烈的市场，特别是当产品差异化较小，消费者对价格较为敏感时，通过与竞争者的价格比较，企业可以更有效地定位其产品，吸引目标消费者，实现市场营销目标。竞争导向定价法主要有以下三种：

（一）随行就市定价法

随行就市定价法是一种较为被动的定价方法，指企业不主动设定市场价格，而是使自己的产品价格与行业平均水平或主要竞争对手的价格保持一致。这种方法尤其适用于产品差异化不大、市场信息透明度较高的成熟市场，如常见的消费品市场。采用随行就市定价法能够减少价格竞争的风险，维持行业内的价格稳定，有助于企业保持收入和利润的稳定。然而，这种定价方法也使企业在价格上失去了主动性，难以通过价格策略获得竞争优势，且企业在市场价格下跌时，必须迅速响应，否则可能会失去市场份额。

（二）追随领导企业定价法

在许多市场中，尤其是在那些由少数大企业主导的市场中，领导企业定价法是一种常见的竞争导向定价法。领导企业通常因其市场份额、品牌影响力或成本方面的优势而能够控制价格水平，而小企业会以市场领导者的价格作为参照标准来设定自己的价格。追随领导企业定价法减轻了企业在定价上的不确定性，尤其那些资源有限或市场地位较弱的小企业，跟随行业领导者可以降低错误定价的风险。此外，这种方法还可以帮助企业稳定销售和预测收入。不过，依赖领导企业的定价也就意味着企业在价格策略上缺乏独立性，可能会在领导企业调整价格时被动响应，同时难以通过价格策略在市场上获得差异化优势。

（三）竞争投标定价法

在汽车易主交易中，采用招标、投标的方式，由一个卖主（或买主）对两个以上相互竞争的潜在买主（或卖主）出价（或要价）、择优成交的定价方法，称为竞争投标定价法。其特点是招标方只有一个，处于相对垄断的地位；而投标方有多个，处于相互竞争的地位。能否成交的关键在于投标者的出价能否战胜所有竞争对手而中标，中标者才能与卖方（买方）签约成交。

第三节 汽车定价策略的多元化分析

一、汽车新产品定价策略

（一）高价策略

高价策略，也称价格溢价策略，是指企业以较高的成本利润率为汽车定价的价格策略。当新产品刚刚上市，类似产品还没有出现之前，企业可以实施这一策略以求通过"厚利稳销"来实现利润最大化。很多汽车新产品在上市时通常会采取这一定价策略。实施高价策略时，企业需要仔细地分析目标市场和消费者群体，确保产品的价值被目标客户认可。这通常要求产品具有明显的差异化特点，无论是在性能、技术、设计上，还是在服务上，都能明显区别于竞争对手。同时，高价策略还要求企业在营销和品牌建设上投入相应资源，通过有效的市场传播强化产品的价值感知。

高价策略一般适用于以下几种情况：①汽车企业研制、开发的是技术新颖、研发难度大、开发周期长的新产品。由于这类汽车产品具有独特性和技术领先性，即便定价较高，竞争对手在短时间内也难以模仿或赶超，因此不易受市场竞争的直接威胁，还可以帮助企业回收高昂的研发成本，在市场上树立高端技术形象。②市场对某一新型汽车产品存在较大需求。汽车作为一次购买、多年使用的产品，消费者往往愿意为独特设计、先进技术或卓越性能支付更高的价格。在消费者需求旺盛的时候，高价定位可以帮助企业实现利润最大化。

高价策略具有以下优点：①提高品牌形象。通过高价策略，企业可以塑造高端、优质的品牌形象。消费者往往认为高价格等于高品质，因此高价策略有助于企业建立产品的市场地位，并为品牌增添独特性和吸引力。②提高利润率。高价策略可使企业在每单位产品上获得更高的利润。即使销量不如低价策略那样高，较高的利润率也可以保证企业获得可观的总利润，为研发和市场推广提供资金支持。③创造细分市场。高价策略可以帮助企业针对特定的细分市场实施更合适的定价策略，尤其是由那些对价格不太敏感、更注重产品品质或品牌价值的消费者组成的消费者群体。这样，企业可以更精准地定位其目标市场和客户。④维护价格稳定性。高价策略有助于保持市场价格的稳定性，避免价格战。在价格较高的情况下，企业有更大的空间应对成本波动，从而减少频繁的价格调整。⑤为未来价格调整留出空间。若初始定价水平较高，企业将有更大的灵活性来应对未来的市场变化。在必要时，企业可以通过促销或降低价格等手段来刺激销量，而不必担心价格过低而无法覆盖成本。⑥强化消费者购买体验。消费者往往认为高价格等于高品质，因此愿意为高价产品支付额外费用。高价策略可以增加消费者的购买满意度和忠诚度，因为他们感觉自己在享受更加优质或独特的产品。

（二）低价策略

低价策略是指新汽车产品一投入市场就以低于预期的价格销售，目的是迅速吸引消费者注意，增加市场份额，建立品牌形象。

低价策略一般适用于以下几种情况：①新推出的汽车产品所使用的技术已广为人知或容易复制时，市场门槛较低，竞争对手可以迅速仿效并进入市场。

在这种情况下,采用低价策略可以帮助企业迅速占领市场份额,通过建立早期的市场主导地位,形成规模优势,从而在竞争加剧前排斥潜在的新进入者。②企业具有生产规模效应,能在大规模生产中降低成本。对那些能够实现规模经济的汽车新产品,低价策略可以通过提高销量来分摊固定成本,降低单位成本,提高总体盈利。这种情况下,即使单个产品的利润较低,总利润也能通过增加销量的方式达到较高水平。③该汽车产品在市场中供求基本平衡,消费者对价格较为敏感。当市场上已有同类产品,且市场供求基本平衡时,消费者的购买决策会更多地受价格影响。在这种环境下,采用低价策略可以吸引价格敏感的消费者群体,从而在短时间内增加销量和市场认知度。

低价策略的成功实施与两点有关:一是企业能否在销量上达到并超过保本点,即销售收入能否覆盖所有的固定成本和变动成本。打破保本点是实施低价策略获得经济效益的关键。企业需要进行精确的市场定位、有效的市场推广,并强化生产和供应能力,确保在价格下降时,产品仍能迅速被市场接受,销量快速增长,最终实现规模效益。如果销量增长不足以弥补低利润率所带来的负面影响,企业则可能遭受亏损,长期下去会影响企业的可持续发展。二是企业的技术实力能否支持企业很快推出利润较高的产品。技术实力强大的企业能够更快地推出新产品或升级现有产品,这些新产品往往具有更高的利润空间。在低价策略帮助企业成功吸引市场关注并打下客户基础后,企业可以通过推出利润较高的新产品或增值服务来提升整体盈利能力。这要求企业进行持续的研发投入,缩短产品更新周期,以保持市场竞争力和盈利增长。

低价策略的优点在于:①帮助汽车新产品迅速进入市场,吸引大量消费者。尤其是在价格敏感的细分市场中,低价策略能够迅速提高企业市场份额,为企业建立起初步的客户基础。②提高品牌知名度。低价策略可以有效提升消费者对新品牌或新产品的认知,增加产品的可见性,这有助于企业在消费者心中建立初步的品牌形象。③实现规模经济。通过用低价吸引更多顾客,企业可以提高生产量,降低单位成本,实现规模经济。随着销量的增加,企业有可能通过成本节约来补偿低价带来的利润减少。④阻碍竞争对手。通过设定较低的价格,企业可以为竞争对手设立进入壁垒,尤其是在价格竞争激烈的市场中,低价策略可以成为防御新进入者或打击现有竞争者的有效手段。

低价策略的缺点在于:①利润率低。低价策略往往意味着较低的利润率,这可能会限制企业在其他方面（如研发、营销等）的投资力度，长此以往可能会影响到企业的竞争力和创新能力。②品牌形象负面影响。长期的低价策略可能会导致消费者对品牌质量产生负面认知，认为"便宜没好货"，这种印象一旦形成，将很难改变。③价格战风险。如果竞争对手采取报复性降价措施，企业可能会被卷入价格战，这种竞争方式对所有参与者都是有害的，最终可能导致整个行业利润率的下降。④顾客忠诚度低。用低价吸引来的顾客可能对价格更为敏感，对品牌的忠诚度相对较低。一旦有更便宜的替代品出现，这些顾客可能会迅速转移，导致企业失去市场份额。

（三）中价策略

中价策略是一种介于高价策略和低价策略之间的汽车定价策略，所定的价格比高价策略的价格低，比低价策略的价格高，是一种中间价格。中价策略通常适用于那些既不追求高端市场定位也不打算通过低价吸引消费者的汽车产品，特别是那些在功能、品质和品牌知名度上处于市场中游的汽车产品。

在实施中价策略时，汽车制造商会仔细研究市场竞争格局和目标消费者群体的购买能力，使汽车新产品定价既能体现出产品的价值又不至于过高以至于丧失竞争力，还会关注产品的成本和品质控制，以确保中价位的汽车产品能够满足消费者的期待和需求。此外，通过提供良好的售后服务和维护品牌形象，汽车企业可以增强消费者的信任度和品牌忠诚度，从而促进中价策略的成功实施。

中价策略具有以下优点：①广泛的市场吸引力。通过设置中间价，汽车企业可以吸引广大的中等收入消费者，这部分消费者通常寻求价格合理且品质可靠的产品。中价策略使产品对这一群体更具吸引力，有助于建立稳定的客户基础。②避免价格战。中价策略避免了与低价竞争者的直接价格战，同时不需要与高端品牌竞争过高的利润率，从而在维持利润的同时减少了市场竞争压力。③利润与市场份额的平衡。通过中价策略，企业能够在保持合理利润的同时扩大市场份额。虽然单位利润可能不如高价策略，但总体利润可以通过较大的销售量得到保证。④品牌形象稳定。中价策略有助于企业树立稳定可靠的品牌形象，避免了低价可能带来的质量疑虑，同时为消费者提供了比高价更具性价比的选择。

不过，中价策略也具有以下局限性：①市场定位模糊。中价策略可能导致品牌定位不够明确，既非高端也非低端，有时可能会使企业难以建立独特的品牌卖点或吸引忠实的顾客。②利润压力。虽然中价策略旨在平衡利润和市场份额，但在高端品牌和低价品牌的双重压力下，企业可能会面临利润被挤压的风险，特别是在市场竞争加剧时。③对市场变化敏感。中价策略可能需要企业密切关注市场和消费者需求的变化，以便适时调整策略。如果市场条件变化，中价位产品可能会较快地失去吸引力。④竞争反应不足。采用中价策略的企业可能在面对竞争对手激烈的市场行动时，反应不够迅速或果断，特别是当竞争对手采取价格削减或增值服务时，中价产品可能会显得缺乏竞争力。

二、汽车产品组合定价策略

当汽车产品只是某一产品组合中的一部分时，企业需要重新考虑其定价策略。此时，关键在于制订一套全面的价格体系，以确保整个产品组合的总体收益和利润达到最大化。由于不同产品间可能存在需求关联和成本互补，这些内在联系会在一定程度上引发产品间的竞争效应，使定价过程变得复杂。因此，在设置单个产品价格时，企业必须考虑整个产品线的战略定位和市场表现，确保价格策略既有利于单一产品的销售，又能促进整个产品组合的市场成功。常用的汽车产品组合定价策略有以下几种。

（一）产品线定价策略

产品线定价策略是指为同一品牌或制造商旗下的多个相关汽车产品设定不同价格，以实现企业收益最大化。实施产品线定价策略时，企业先要对市场进行细致的分析，理解不同细分市场和消费者群体对各种车型的需求和价值感知，然后评估每款车型的成本结构，包括直接成本和间接成本，以及与其他车型间的成本关联性，使每款车型的定价不仅覆盖成本，还能贡献利润。之后设置产品之间的价格梯度，确保价格设置反映了产品质量和性能方面的差异。更高端或配备更先进技术的车型设置更高的价格，而入门级车型则相对便宜。这种梯度定价有助于引导消费者根据自己的需求和预算选择合适的车型，同时促进顾客的消费升级。在设定价格后，企业还需要考虑竞争对手的产品线价格和市场变化，定期调整自身的产品线定价策略以保持竞争力。

产品线定价策略具有以下优点：第一，通过对产品线中各个产品的差异化定价，企业可以在整个产品组合上实现利润最大化。第二，产品线定价策略允许企业通过为不同产品设定不同价格细分市场,并针对不同消费者群体的支付能力和需求提供相应的产品选项。第三,企业可以利用产品线内部的价格设置来促进交叉销售,例如,通过较低价格的入门级产品吸引消费者,然后通过营销策略鼓励他们升级到更高端的产品。第四,适当的产品线定价有助于引导消费者对品牌和产品价值的感知,通过高端产品的高价位树立品牌的高价值形象,同时通过更经济的产品选项满足价格敏感的消费者的需求。

产品线定价策略的缺点体现在以下几点:一是一个多层次的产品线定价策略可能相对复杂,需要考虑各个产品之间的成本、需求和竞争关系,以及它们对整体利润的影响。二是产品线内的不同产品可能会相互竞争,特别是如果价格和特性未能被清晰区分时,较低价格的产品可能会侵蚀高端产品的市场份额。三是如果产品线定价未能准确反映出产品间的价值差异,可能会导致品牌市场定位混淆,消费者可能不理解为什么相似产品有不同的价格,从而影响品牌形象和消费者的信任度。四是当引入新产品或淘汰旧产品时,保持产品线价格的连贯性和逻辑性可能具有挑战性,特别是在快速变化的市场中,价格策略需要频繁调整以适应最新的市场状况。

(二)汽车附带产品定价策略

汽车附带产品通常可以分为两类:非必须附带产品和必须附带产品。非必须附带产品是那些与主车型密切相关但不是购车所必需的额外配置或服务,如电子开窗控制器、雷达探测器、防爆隔离膜和感光器等,这类产品增加了消费者个性化和定制化的选择。在对这些非必须附带产品定价时,汽车制造商需权衡哪些附带产品应包含在基础车型价格中,哪些应作为额外选项独立计价。必须附带产品则是指那些必须与主要产品一同使用的部件或服务,如汽车的各种基础零配件,这些产品对汽车的正常运作是必不可少的。对于必须附带产品的定价,常见的做法是采用较高的价格策略,因为这些产品或服务通常是消费者的必需品。通过对这些必需部件或服务设定合理的价格,制造商能确保在覆盖成本的同时获取稳定的利润。

(三)统一品牌定价策略

统一品牌定价策略是指企业对于各类汽车产品使用同一品牌,但在销售过程中,采用不同价格的定价策略。汽车企业在同一品牌中会有不同的类型,但企业可以根据每款车型的设计特点、性能规格、目标消费者群体和预期用途来设定不同的价格。例如，丰田汽车公司旗下包含多种车型，如高端的皇冠、经济型的威驰、越野车型的陆地巡洋舰、商务车柯斯达和环保型的普锐斯等，尽管这些车型共享丰田的品牌价值和市场信誉，但它们针对的细分市场、功能和消费者期望是不同的，因此定价不同。

通过统一品牌定价策略，汽车企业能够最大化地利用其品牌资产，增强品牌影响力，这有利于国际市场的拓展和品牌的国际化。此外，统一品牌定价策略还能促进产品线内部的互补销售，引导消费者在同一品牌内部进行选择，这有助于提升整体品牌的市场占有率和消费者忠诚度，同时实现规模经济，降低品牌推广和市场营销的成本。

三、汽车产品生命周期定价策略

（一）导入期定价策略

在汽车产品的导入期，消费者对新上市的汽车认识尚浅，对产品价格的敏感性相对较低，他们往往将价格视为产品质量和品牌地位的指标。而且这一时期市场上缺乏直接可比的产品，消费者难以评估新汽车的价值，因此高价策略在这一时期尤为适用。

（二）成长期定价策略

在汽车产品的成长期，市场已经对产品有了初步的认识和接受度，产品概念在消费者心中形成，消费者开始基于自身的经验和市场上其他消费者的反馈来评估产品的价值，同时，随着更多竞争者的加入，市场竞争变得更加激烈，汽车产品的定价策略需要适应市场和竞争的变化。

成长期通常可以采用以下两种定价策略：一是成本领先策略。成本领先策略，也称低成本策略，是指通过降低成本来实现低价竞争，从而吸引更多顾客，提高市场占有率的定价策略。这种策略的应用不仅有助于企业在竞争中获得优势，还能为企业在市场上建立难以超越的门槛，抵御新竞争者的入侵。实施低成本策略需要企业持续优化生产流程、降低物料成本、提高运营效率等，确保产品价格的竞争力。二是产品差异化定价策略，即依托于产品的独特性和创新特点来制订价格。在成长期，企业可以通过突出产品的独特价值、优质服务或创新技术，为产品设定相对较高的价格，避免直接的价格竞争。差异化定价策略可以帮助企业在市场上建立独特的产品形象，吸引那些寻求特定功能或性能的消费者，也能为企业带来更高的利润率。

（三）成熟期定价策略

在成熟期，汽车市场增长放缓，新顾客的增加量减少，而重复购买者成为市场的主要部分。此时，竞争变得更加激烈，产品差异化程度降低，企业之间的竞争主要集中在价格和服务上。因此，成熟期的定价策略需要更加注重对市场和消费者行为的分析。企业需要密切监控市场动态和竞争对手的定价策略，以及对消费者价格敏感度的变化做出快速响应。在成熟期，轻微的价格调整可以对销售量和市场份额产生显著影响，因此企业需要采取灵活的定价策略，通过精细的价格管理来优化利润。此阶段，企业也可能采取促销或提供增值服务等策略，来维持顾客忠诚度和市场份额。

（四）衰退期定价策略

进入衰退期后，产品需求量急剧下降，市场进一步饱和，新的消费者越来越少，产品开始逐渐淡出市场。这一时期，价格的弹性大幅降低，需求对价格的变动不再敏感，简单的价格下降可能无法显著提振销量。因此，衰退期的定价策略应更多地集中在如何最大化现金流和回收成本上。企业可以采取降低价格的策略，以清理库存，收回投资，并减少损失。此阶段企业的主要目标是有效管理衰退过程，优化现金流，并为企业的未来转型做准备。

四、地区定价策略

地区定价策略是企业根据不同地区的特点来制订不同价格的定价策略。由于将产品从生产地运至顾客所在地的物流成本不同，这种成本的增加需要通过区域性的价格差异来平衡。因此，地区定价策略要求企业考虑到各个市场的运输费用、税收政策、市场需求状况以及竞争环境等因素，为同一款汽车产品在不同地区设定合理的价格。地区定价策略主要有以下几种。

（一）原产地定价策略

在原产地定价策略下，汽车企业根据汽车生产地的成本来设定价格，而不是根据销售地区的市场条件来设定价格。企业通常将汽车的出厂价格作为所有市场的定价基础，然后根据物流、税费、关税等因素在出厂价格的基础上增加额外费用。这种定价策略在国际贸易中尤为常见，可以帮助汽车企业统一全球定价标准，减少因地区差异而引起的定价混乱，有助于维持品牌形象的一致性。同时，原产地定价策略也有利于制造商更好地控制成本，特别是在越来越多元化的复杂国际市场之中。实施原产地定价策略需要密切关注国际运输成本、汇率变动以及各地区税费的变化，确保定价策略能够适应快速变化的全球市场环境，同时保持价格竞争力和市场吸引力。

（二）统一交货定价策略

统一交货定价策略要求企业采用全国统一价格对产品定价，这样无论顾客离产地远还是近，企业都会按平均价格对产品加价，从而保证全国市场上的顾客都能以相同价格买到同一产品。这种定价策略简化了购买过程，为客户提供了透明和易于理解的价格信息。对制造商来说，统一交货定价有助于销售策略标准化和简化内部定价流程，降低行政管理成本。此外，它还能够消除由于地理位置差异而带来的价格歧视感，有助于建立和维护正面的品牌形象和客户关系。然而，这种策略也可能导致部分地区的客户感觉不公平，特别是那些接近生产地或分销中心的客户，因为他们实际上承担了与远距离客户相同的运输成本。

（三）分区定价策略

分区定价策略是将市场划分为不同的地理区域，根据每个区域的特定成本结构、市场需求和竞争条件设定不同价格的定价策略。汽车企业根据运输成本、当地税收政策、市场竞争程度和客户支付意愿的不同，为不同区域内的相同汽车模型设定不同的价格。分区定价能让企业所设定的价格更为细致地反映出各地区市场条件的差异，从而优化各区域的销售策略和利润率。这种策略提高了价格的灵活性，使企业能够对各地市场动态做出快速响应。然而，分区定价也增加了定价管理的复杂性，可能导致不同区域的客户对价格公平性有不同的看法，特别是在信息畅通的今天，价格差异容易被客户发现，影响品牌信誉。

（四）基点定价策略

基点定价策略是一种在汽车定价中常见的方法，这种定价策略下企业所设定的汽车产品的最终价格是基于特定地点（基点）的价格加上从该基点到买方所在地运输成本的。例如，汽车制造商可以将工厂所在地或主要仓库作为基点，买方所支付的价格则根据从这些基点到达买方位置的运输距离来调整。基点定价提高了价格结构的透明性，买家可以清楚自己所支付运费的具体数额。同时，基点定价策略使卖家能够更公平地分配运输成本，避免因地理位置远近而发生销售不平衡现象。然而，这种策略也可能使远离基点的客户感到不公，因为他们需要支付更高的运输费用。

（五）运费免收定价策略

运费免收定价策略，又称为"包邮"策略，是指制造商或经销商承担运输产品到买方所在地的费用，而消费者不需支付额外的运费的定价策略。这种策略的运用主要是为了快速拓展某个市场，增加产品的销量。实行免收运费定价策略，对企业来说，从局部利益考虑，可能会带来损失，但从理论上讲，如果产品销量增加，其平均成本就会降低，就能够以在一定程度上弥补运费开支。采取运费免收定价也有利于企业在新的目标市场中实现快速渗透。

五、折扣定价策略

折扣定价策略是企业为了在特定市场内实现销售目标，针对不同购买者的独特需求和购买情况提供优惠措施，以激励消费者和销售商加大对其产品的购买力度的策略。在实施过程中，企业会根据市场环境、竞争状况以及消费者的反应来确定折扣的类型和幅度。汽车折扣定价策略通常有以下几种形式。

（一）现金折扣

现金折扣是一种常见的折扣定价策略，汽车制造商或经销商提供直接的价格减免，以鼓励消费者在特定时间内购买汽车。这种策略经常被用于促销活动，特别是在需要清理库存、提升季节性销量或抵御市场竞争压力时。通过提供现金折扣，经销商能够吸引价格敏感的买家，加快销售过程，同时提高顾客满意度和忠诚度。在实施现金折扣时，企业通常会明确指出折扣金额或百分比，以及享受折扣的具体条件，如必须在特定期限内完成购买或符合特定的融资条件。虽然现金折扣可能会降低每辆车的利润，但通过增加销量，企业可以在总体上提高收入，同时减少库存积压和相关成本。

（二）数量折扣

数量折扣是针对大量购买汽车的顾客，如车队运营商或大型企业，而提供的一种折扣。企业通常会设定不同的折扣档次，根据购买的车辆数量提供不同级别的折扣。数量折扣不仅有助于吸引大型买家，还有助于制造商和经销商通过单次交易销售更多汽车，优化库存管理，提高资金周转率。实施数量折扣策略需要企业准确评估批量销售的成本效益，确保即使提供折扣后，也能保持良好的利润水平。

（三）功能折扣

功能折扣是指为了奖励经销商或零售商所提供的某些服务或功能而给予的折扣。在汽车行业，这种折扣通常被提供给那些协助完成销售、提供售后服务、管理库存或进行市场推广的经销商。功能折扣可以鼓励经销商更积极地参与销售过程和提高服务质量，从而增加销量和提升顾客满意度。通过提供此类折扣，制造商能够确保其产品在市场上具有更好的表现和更大的覆盖率，同时帮助经销商提升利润和运营效率。例如，汽车制造商可能会根据经销商提供的不同服务级别给予不同程度的价格减免或回扣，这样可以激励经销商在促销和客户服务上投入更多资源，创造双赢的结果。

（四）季节折扣

季节折扣是根据产品销售的季节性波动来调整价格的策略，目的是在需求较低的季节刺激购买，或在高峰季节清理库存。在汽车行业，季节折扣可以应对那些因季节变化而导致的销售波动，如在春季推出新款车型时提供折扣，或在年末提供折扣以促进年度销售目标的实现。通过在特定季节提供折扣，制造商和经销商可以更有效地管理库存，平衡供需，同时吸引消费者在传统上可能不考虑购车的时间点进行购买。季节折扣还可以作为市场营销策略的一部分，通过限时优惠创造紧迫感，促使消费者做出购买决策，从而在竞争激烈的市场中占据优势。

（五）折让

折让是指让消费者在购买新车时可以用旧车作为部分支付的折扣定价策略。这种策略特别适用于那些想要升级或更换汽车的顾客，同时能帮助经销商销售新车并获取二手车资源。在执行折让策略时，经销商会评估旧车的市场价值，并提供一个相应的折让价，这个价值通常低于市场零售价，但能为顾客提供一种便捷的换车途径。通过折让，顾客可以感受到直接的价值优势，因为它减轻了购买新车的现金负担，而经销商则可以通过回收旧车维持客流和库存销售的动态平衡。此策略不仅促进了新车销售，还提升了顾客对品牌的忠诚度，让顾客因为折让价值而选择同一品牌或经销商进行再次购买。

（六）回扣和津贴

回扣和津贴是制造商提供给经销商的一种价格优惠，目的是激励经销商推广特定车型或达成销售目标。回扣通常是基于经销商从制造商处购买汽车后的汽车销售情况的一种后端折扣，津贴可能是基于销售量、促销活动参与情况或其他市场推广活动参与情况的额外奖励。这些策略使经销商能够在一定时期内以更具竞争力的价格向消费者提供汽车，从而加快销售速度和增加市场份额。同时，制造商通过回扣和津贴策略能够更有效地控制库存，响应市场变化，并促进全国或地区内的产品流通。消费者虽然可能无法直接感受到回扣和津贴的存在，但这些策略可以间接通过更低的零售价格或更多的购车优惠体现出来，提高其购买意愿和顾客满意度。

六、心理定价策略

心理定价策略是汽车经销商常用的一种定价方法，是指汽车制造商针对顾客心理活动而采用的定价策略，旨在通过价格影响顾客的购买决策。心理定价策略主要包括以下几种。

（一）声望定价策略

声望定价策略被广泛用于市场定位为高端、奢侈品或具有特定社会地位象征的品牌或车型，具体是指企业利用消费者仰慕名牌商品或名店的声望所产生的某种心理来制定商品价格的定价策略，在此策略之下，企业通常会把价格定成整数或高价。高价格会在顾客心中创建一种有质量、奢华和独特的感知，即使没有直接的产品比较，顾客也倾向于认为更高价格的汽车具有更好的性能、更高的可靠性或更强的品牌价值。声望定价策略不仅吸引了寻求独特性和排他性的顾客，还能有效地提高企业的利润率。在实施这种策略时，重要的是确保产品质量、服务和顾客体验与高价格相符，以维护品牌的声誉和顾客的忠诚度。

（二）尾数定价策略

尾数定价策略通过在价格末尾添加特定的数字（如9或99）来影响顾客的价格感知和购买决策。将价格尾数定为9或99，可以在心理上给顾客一种价格较低的感觉，因为人们往往会将注意力集中在数字的最左边。尾数定价策略可以增加产品的吸引力，促进销售，但也需要谨慎使用，以确保不会影响品牌形象或被顾客视为不够诚信。

（三）整数定价策略

整数定价策略是将价格设定为一个整数，而不使用任何小数或尾数的定价策略。例如，不定价为999元，而直接将价格定为1 000元。这种定价给人一种简洁、直接和透明的感觉，通常用于塑造高端、简约或诚信的品牌形象。在某些情况下，消费者可能会将整数定价视为产品质量和高标准的象征，特别是在高端汽车市场，整数定价策略有助于强化品牌的高级感和专业形象。此策略也有可能减少消费者在价格上犹豫的时间，因为它提供了一种明确无误的价值声明。使用整数定价策略时，重要的是确保其他品牌元素，如产品质量、服务和消费者体验，与高端定价相匹配，以免引起消费者的失望或不信任情绪。

（四）招徕定价策略

招徕定价策略是一种通过故意将部分汽车产品或服务的价格定得较低来吸引顾客到经销店或展示厅购车的定价方法。该策略的核心在于创造一种所有产品都在优惠或降价的印象，从而吸引更多潜在顾客进入销售环境。尽管只有少数产品的价格被降低，但顾客一旦被吸引进店后，销售人员就有机会向他们推销其他未降价的产品或服务。这种策略经常在新车型推广或销售低迷时期被采用，目的是增加顾客流量，提升总体销售额。然而，这种策略需要谨慎执行，以避免损害品牌形象或引发顾客对价格公正性的质疑。

（五）习惯性定价策略

习惯性定价策略是基于消费者对价格的记忆和习惯而进行的定价。如果一个品牌的车型历来被定价在特定的价格范围内，消费者就会对这个价格范围产生习惯性认知。改变这一认知可能会影响消费者的购买意愿。因此，在调整价格时，企业会考虑到消费者的价格习惯，避免做出太大的调整，以免破坏消费者的价格预期和购买习惯。维持一定的价格稳定性可以帮助品牌保持顾客忠诚度和市场份额。如果新推出的车型，其定价与消费者对品牌或相似车型的价格记忆一致，就更容易被市场接受。习惯性定价策略要求企业深入了解目标群体的价格敏感度和消费者的价格预期，以制订符合消费者习惯的价格策略。

第六章 汽车分销渠道策略与分销体系建设

第一节 汽车分销渠道概述

一、汽车分销渠道的概念

分销渠道又称销售渠道，是指某种商品和服务从生产者向消费者转移的过程中，取得这种商品和服务的所有权或帮助所有权人转移的所有企业和个人，即产品从生产者到用户的流通过程中将各个环节连接起来的通道。分销渠道的起点是生产者，终点是消费者或用户，中间环节为中间商，包括批发商、零售商、代理商和经纪人。

分销渠道具有以下特征：

（一）分销渠道的完整流通路径特征

分销渠道反映某一特定产品在价值实现全过程中所经由的通道。其一端连接生产者，另一端连接消费者，帮助实现该产品从生产者到消费者的完整的流通过程。

（二）分销渠道主体的多元性和复杂性特征

分销渠道的运作依赖于各类市场营销中介机构，如批发商、零售商、代理商和辅助服务提供商等。这些中介机构共同构成了产品的分销网络，他们协作推动产品流通，同时在分配利益、资源和信息时可能产生矛盾和冲突。

（三）所有权转移是分销渠道的核心特征

分销渠道的存在意义是推动产品所有权的转移。产品所有权在渠道中的转移可以是一次性的直接转移，也可以是经过多个环节的多次转移。

（四）分销渠道的辅助流动特征

除了商品所有权的转移，分销渠道还涉及与物流、信息流和资金流相关的多种流通辅助组织。物流保证了商品的有效配送，信息流可以为市场情报的收集和消费者需求的理解提供支持，资金流则涉及支付结算和融资服务。对流通辅助组织的高效管理是保证分销渠道整体效率的关键。

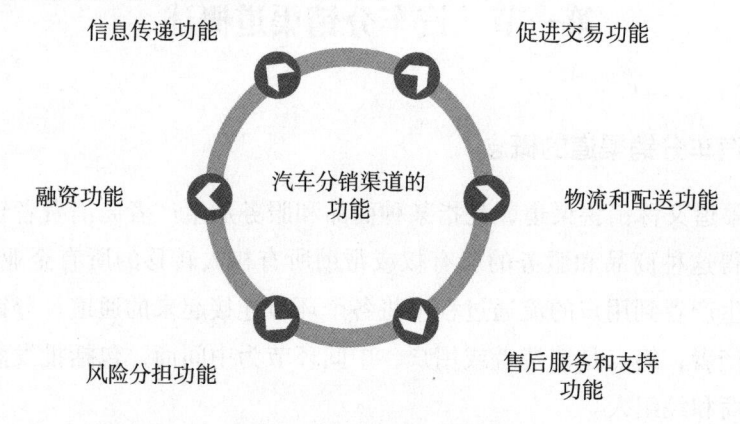

二、汽车分销渠道的功能

汽车分销渠道的功能如图 6-1 所示。

图 6-1　汽车分销渠道的功能

（信息传递功能、促进交易功能、物流和配送功能、售后服务和支持功能、风险分担功能、融资功能）

（一）信息传递功能

汽车分销渠道在信息传递方面起着至关重要的作用，它是汽车制造商与消费者之间进行信息交流的桥梁。对制造商而言，分销渠道提供关于市场趋势、消费者偏好、竞争对手动态以及法规变化的关键信息，帮助他们做出准确的生产和营销决策。这种信息反馈机制使制造商能够及时调整产品特性、优化库存水平、制订合理的价格策略以及改进服务。对消费者而言，分销渠道为其提供详细的产品信息，如车辆性能、安全特性、燃效、价格以及购车优惠活动等，帮助他们做出明智的购车选择。有效的信息传递能够提高市场透明度，增强消费者信心，从而刺激需求和促进市场健康发展。

（二）促进交易功能

经销商通过分销渠道展示车辆、提供试驾服务、解答咨询、提供协助金融服务和完成交易手续等，极大地提升了消费者的购车体验。经销商还可提供定制化服务，满足消费者的个性化需求，如车辆颜色、内饰选择、额外配件安装等方面，进一步促进交易的达成。分销渠道还能通过提供各种融资租赁选项，帮助消费者解决资金问题，促成交易。

（三）物流和配送功能

汽车分销渠道的物流和配送功能是确保汽车及其相关零部件能从生产点有效、安全、及时地到达消费者手中的关键。这一功能包含了一系列复杂的物流管理活动，包括库存管理、运输协调、配送规划和车辆交付。对汽车制造商而言，有效的物流和配送策略能够使库存成本最小化，加快市场响应速度，提高配送效率，确保汽车和零部件按照预定计划安全送达，避免交货延误或产品损坏。对消费者而言，及时、准确的汽车配送服务提升了购车体验和购车满意度。

（四）售后服务和支持功能

售后服务和支持功能包括保修服务、维修和保养服务、零部件更换服务、技术支持和客户咨询等内容。通过提供全面、高质量的售后服务，分销渠道可以帮助消费者解决使用过程中发生的问题，延长汽车使用寿命，增强产品价值。高效的售后服务体系可以增加消费者的信任度，建立良好的品牌形象，借助口碑传播提升品牌影响力。经销商和服务商通过定期培训，可以提升服务人员的技术知识和技能水平，从而为消费者提供专业的服务。此外，售后服务也为企业提供了额外的收入来源。随着汽车行业竞争的加剧，优质的售后服务已成为提升品牌差异化程度的重要因素，直接影响消费者的重复购买和推荐行为，对企业的长期成功至关重要。

（五）风险分担功能

汽车分销渠道的风险分担功能体现为产品从生产者移向消费者的过程中，各个渠道成员共同承担市场风险。在没有分销渠道的情况下，生产商将不得不独自承担所有这些风险，这大大增加了运营的不确定性和复杂性。通过与分销商合作，生产商可以将一部分风险转移给分销商，如库存风险和销售波动风险。分销商通过多样化的产品组合、不同地域的销售网络以及灵活的销售策略，能够有效分散和缓解这些风险。同时，企业可以在分销渠道上通过专业的市场分析、有效的库存管理和适时举办的促销活动等策略的落实，减少风险发生的概率，实现风险的共担和分散。

（六）融资功能

汽车分销渠道的融资功能体现为渠道成员能够为汽车生产商和消费者提供必要的资金支持和融资服务。对生产商而言，分销商的订单预付款可以提供资金流，帮助缓解生产过程中的资金压力。此外，分销商在采购大量库存时，其资金投入也相应地减轻了生产商的财务负担。对消费者，尤其是购买高价值商品的消费者而言，经销商提供的分期付款、贷款及融资租赁等服务可以降低购买门槛。通过提供这些融资服务，分销渠道成员能够增加自身的附加值，提升与生产商和消费者的合作关系，同时能够通过融资服务获得额外的收益，如利息或融资手续费等。

三、汽车分销渠道的类型

（一）按分销渠道的长度划分

分销渠道的长度主要指的是产品从生产者到消费者的过程，其中间环节的数量。根据分销渠道的长度，汽车分销渠道可以分为以下几种主要类型：

1. 零级渠道

零级渠道也称直接渠道，是指生产者直接向消费者销售汽车，中间不经过任何中介商的分销渠道。这种分销渠道常见于制造商直营的品牌店、官方网站或是直销展览会。直接分销渠道使制造商能够完全控制销售过程、客户服务和品牌形象，同时可以节省因中介环节而可能产生的额外成本。对消费者而言，直接从制造商处购买产品可以获得更全面的产品信息、更好的购买体验和更直接的售后服务。然而，建立和维护直接分销渠道需要较大的投资和管理成本，制造商需要有足够的资源来支撑这种销售模式。

2. 一级渠道

一级渠道是指生产者和消费者之间有一个中间商（通常是经销商）的分销渠道，制造商将汽车销售给经销商，经销商再销售给最终用户。这种分销渠道能帮助制造商扩大市场覆盖范围，利用经销商的地理优势和市场接触能力来增加销量。经销商通常负责在本地市场销售、推广，提供客户服务和售后支持，而制造商则可以将资源集中于产品开发和品牌建设。不过，制造商需与经销商共享部分利润，并且销量在一定程度上依赖经销商的销售能力和服务质量，因此双方需要订立合同和协议来确保利益一致。

3. 二级渠道

二级渠道是指生产者和消费者之间有两个中间商的分销渠道，通常为批发商（或地区代理商）和零售商（经销商），制造商将汽车销售给批发商，批发商再将汽车分销给零售商，最后由零售商销售给终端用户。这种分销模式适用于覆盖范围更广、市场层次更多的情况，能够进一步扩大销售网络和市场深度。批发商或地区代理商作为中间层，能够管理和协调较大范围内的分销活动，而零售商则负责面向最终用户的销售和服务。这种分销结构虽然可以提高市场渗透率，但也增加了产品流通的环节，可能导致成本的增加和市场响应时间的延长。

4. 三级渠道

三级渠道是指生产者和消费者之间有三个中间商的分销渠道，通常为总代理（或全国性批发商）、地区代理（或区域批发商）、零售商（经销商）。在这种分销渠道中，汽车从制造商处经过总代理和地区代理，最后到达零售商，然后由零售商销售给消费者。这种分销方式通常适用于大型的国际汽车品牌推销或在广阔地域内分销汽车产品的情况，能够更有效地管理和监控复杂的市场环境。每个层级的代理商和经销商都负责特定区域或市场段的销售和服务，有助于实现更精细的市场覆盖。然而，随着分销链条的延长，管理难度也在增大。

（二）按分销渠道的宽度划分

根据分销渠道的宽度，汽车分销渠道可以分为以下几种主要类型：

1. 独家分销渠道

独家分销渠道是汽车制造商选择一个特定的经销商作为其在某个区域或市场内唯一销售代表的渠道类型。独家分销为经销商提供了销售特定品牌汽车的独家权利，从而减少了直接竞争，使经销商更愿意投资于相关的营销活动和服务设施。对制造商而言，独家分销渠道有助于确保品牌形象的一致性和控制销售环境，同时有利于更有效地进行市场监控和管理。然而，这种分销渠道限制了市场覆盖的广度，如果选定的经销商无法达到预期的销售业绩，就可能会影响制造商在特定市场的业绩表现。

2. 选择性分销渠道

选择性分销渠道是指汽车制造商选择多个但不是所有的经销商来分销其产品的渠道类型。通过选择具有特定市场影响力或销售能力的经销商，制造商可以确保其产品在关键市场或区域内得到有效推广。选择性分销有助于制造商建立稳固的经销网络，优化资源分配，并通过与优质经销商合作提高市场竞争力。经销商虽然面临来自同品牌其他经销商的竞争，但比起广泛型分销渠道，选择性分销提供了更稳定的市场份额和利润空间。汽车制造商在经销商选择和评估时应投入较多精力，确保渠道合作伙伴能够符合品牌标准并有效执行市场策略。

3. 广泛型分销渠道

广泛型分销渠道是指汽车制造商让尽可能多的经销商参与分销，以实现最广泛的市场覆盖的渠道类型。这种分销渠道适用于那些追求高市场渗透率和高覆盖范围的汽车品牌，特别是那些定位于大众市场的品牌。通过广泛型分销渠道，制造商能够将产品快速推向市场，满足各地消费者的需求，加快库存周转。然而，广泛型分销渠道可能会导致制造商对销售点的控制力的减弱，难以保证各经销商的服务质量和品牌形象的一致性。同时，广泛型分销渠道可能会引发经销商之间的激烈竞争，可能会引发价格战或导致利润率下降。因此，虽然广泛型分销可以提高市场覆盖率，但制造商需要仔细管理经销商网络，确保渠道的整体健康和长期的可持续性。

（三）按分销渠道成员联系的紧密程度划分

1. 传统渠道系统

传统渠道系统由各自独立运作的生产企业、批发商、零售商和消费者构成。在这种系统中，每个渠道成员作为独立实体追求各自利益的最大化，他们之间的合作往往是基于短期交易，并缺乏长期稳定合作关系的。这种渠道结构的特点是灵活性较高，每个成员可以自主决定自己的营销策略、库存管理和价格政策。然而，正因为成员间缺乏紧密的联系和协调，所以可能出现资源重复浪费、信息传递不畅和利益冲突等问题,从而降低整个渠道系统的效率和效果。传统渠道系统难以形成统一的市场推广策略,也不易对消费者行为进行有效的控制和管理。

2. 整合渠道系统

相比于传统渠道系统,整合渠道系统中的成员通过各种形式的整合更紧密地合作,共同追求整个渠道系统的利益最大化,主要包括垂直渠道系统、水平渠道系统和多渠道营销系统。垂直渠道系统通过生产企业与批发商、零售商之间的合作或合并实现渠道成员的一体化管理。这样的系统可以是制造商主导、批发商主导或零售商主导。垂直整合有助于提高渠道效率,减少冲突,统一市场营销策略,更好地控制市场和消费者。水平渠道系统则涉及同一层级内不同渠道成员的合作或整合,能使成员共同扩大市场覆盖或提高竞争力。多渠道营销系统是企业同时利用多个渠道来达到市场覆盖更广泛的目标的渠道系统,虽然管理更为复杂,但可以更有效地满足不同消费者群体的需求。整合渠道系统能够提供更加一致和高效的客户体验,提升品牌形象,提高企业的市场反应速度和渠道控制力。

第二节 汽车分销渠道的设计与管理策略

一、汽车分销渠道的设计

(一)影响汽车分销渠道设计的因素

1. 企业特征

企业的特征,包括经济实力、规模、品牌声誉、市场地位等方面,并对分销渠道的设计有决定性影响。经济实力较强的企业能够在分销渠道中投入更多资源,建立自有销售网络、提供更优厚的经销商激励或投资高端的展厅。企业的规模能直接影响到分销渠道的广度和深度,大型企业可以追求广泛分销以覆盖更大的市场,而小型企业可能会专注于利用专业渠道或地域性分销渠道,深耕细分市场。企业的品牌声誉和市场地位会直接影响其吸引优秀中间商的能力，品牌声誉好、市场评价高的企业更容易与有实力的经销商建立合作关系。因此，企业在设计分销渠道时必须全面考量自身特征，使分销渠道设计与市场战略和长期目标相匹配。

2. 产品特性

汽车产品的特性，如技术复杂性、价格水平、购买频率、服务需求等，对分销渠道的选择有重要影响。技术复杂或高价值的汽车产品可能需要更专业的销售和服务支持，这就要求分销渠道中的中间商具备相应的专业知识和设施基础。产品的购买频率和使用寿命也会影响渠道选择，消费品类的汽车可能更侧重于应用覆盖面广泛的零售网络，而专业或商用车辆则可能更依赖对特定行业或应用有针对性的分销渠道。产品对售后服务的要求同样影响渠道设计，高需求的服务支持要求渠道中存在稳定可靠的服务提供者。因此，企业需要根据产品特性细分市场，选择最适合的分销渠道策略。

3. 市场特性

市场特性是指目标市场的地理分布、消费者偏好、购买力、竞争程度，以及市场成熟度等方面的特点。对于分布广泛、需求量大的轿车市场而言，分销渠道需要有足够的宽度，以便涵盖广大的地理区域和消费群体，确保产品可以覆盖全国各大城市及乡镇。相比之下，专用汽车和特种燃料汽车等细分市场的客户群体更为集中，购买决策也更专业和复杂，因此，对应的分销渠道可以相对窄一些，更加专注于特定的市场或客户群体。

4. 生产特性

由于汽车是大宗商品且价值较高，其生产过程需要高度专业化的设备和技术，通常集中在少数几个地点。而汽车的消费者遍布各地，这就要求分销渠道能够有效地将汽车从几个生产中心分发到众多销售终点。直销渠道虽然能够减少中间环节，提高效率，但鉴于汽车产品的特点和市场需求的分散性，完全依靠直销往往难以实现广泛的市场覆盖。因此，采用包含少数中间环节的分销渠道更为适宜，它可以利用地域经销商在市场知识和客户关系上的优势，实现快速有效的市场拓展。

5. 竞争特性

了解竞争对手如何构建和管理分销网络，包括他们选择的渠道类型、渠道的深度和宽度，以及渠道管理的有效性，对企业制订或调整自己的渠道策略十分重要。企业需要评估自己的分销渠道是否提供了足够的市场覆盖率，是否能够有效触达目标客户群，以及是否具有足够的灵活性和适应性来应对市场变化。如果发现自己的渠道在某些方面不如竞争对手，或者无法提供预期的市场渗透率和顾客接触服务，就必须及时进行调整，确保企业能够在竞争激烈的市场中保持优势。

6.政策特性

国家和地方的政策法规对渠道结构的选择、中间商的资质要求、产品销售的方式和地点以及促销活动管理等方面有具体规定。政策变动可能会对现有的渠道结构产生重大影响，企业需要具备灵活应对政策变化的能力，及时调整分销策略，确保分销渠道的合法性、有效性和持续性。

（二）汽车分销渠道的设计原则

设计汽车分销渠道时应遵循以下四个基本原则，如图6-2所示，以确保渠道的有效性和效率。

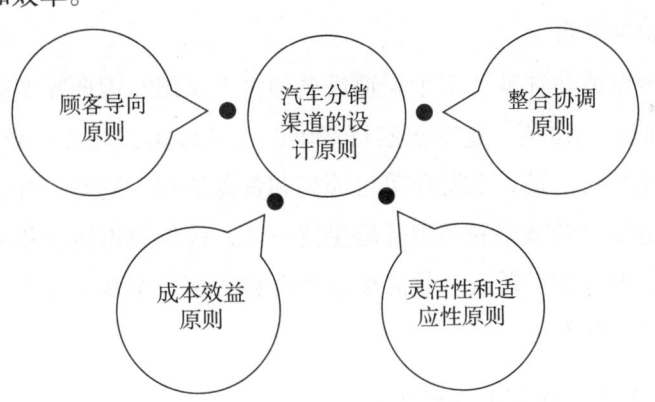

图6-2 汽车分销渠道的设计原则

1.顾客导向原则

汽车分销渠道的设计应始终以顾客为中心，深入了解目标市场和顾客需求，确保渠道能够在正确的时间和地点以适宜的方式为顾客提供所需的汽车产品和服务。这意味着企业需要考虑顾客的购买习惯、偏好和服务期望，设计能够提供便捷购买、优质服务和良好购车体验的渠道。顾客导向的渠道设计有助于提升顾客满意度,在顾客群体中建立品牌忠诚度,从而推动销售增长和市场份额的提升。

2. 成本效益原则

在设计分销渠道时,企业需要评估不同渠道选项的成本和预期收益,选择成本效益最优的渠道结构。这包括考虑建设和维护渠道的直接成本、渠道运营的间接成本以及渠道能够带来的销售收入和利润。企业应寻求在达到广泛市场覆盖和高顾客满意度的同时,尽可能地降低渠道成本,提高渠道整体的经济效益和投资回报率。

3. 灵活性和适应性原则

市场环境和消费者需求是不断变化的,因此,汽车分销渠道的设计需要具有一定的灵活性和适应性,以便快速响应市场变化。这包括渠道结构的可调整性、渠道策略的灵活性以及与渠道成员的合作方式的适应性。设计时应考虑未来市场趋势、潜在风险以及出现新兴渠道的可能性,确保渠道能够在新的市场条件下继续有效运作。

4. 整合协调原则

汽车分销渠道往往涉及多个渠道成员和多个层级,因此需要确保渠道内各方面的有效整合和协调。这要求制订清晰的渠道政策,建立有效的沟通机制,协调各渠道成员的活动,以避免渠道冲突和资源浪费。同时,分销渠道的设计应与企业的整体营销策略和品牌战略保持一致,确保渠道活动能够支持企业的长期目标和品牌价值。通过有效的渠道整合和协调,企业可以提升渠道的运作效率,增强市场竞争力。

(三)汽车分销渠道的设计步骤

1. 市场研究与分析

市场研究与分析为汽车分销渠道的设计提供了关键信息和数据支持。深入的市场研究应包括市场规模、增长趋势、消费者偏好、购买行为、分销渠道偏好、市场细分,以及竞争对手分析等多个维度。特别是对于竞争对手渠道策略的详细分析,它可以揭示他们的成功要素和可能的弱点,为企业设计自身的渠道策略提供借鉴和对照。市场细分的分析可以帮助企业识别不同细分市场的特定需求和特征，并设计定制化渠道策略来满足这些需求，实现更有效的市场覆盖。市场研究应评估不同渠道选项的可行性、成本效益和潜在的市场反应，确保渠道设计决策是基于充分的市场理解和客观分析而做出的。

2. 确定分销渠道目标

分销渠道的目标应与企业的总体业务目标和市场定位保持一致，同时考虑市场研究和分析中识别出的市场机遇和挑战。目标的设定应具体并可量化，如明确提升市场覆盖率的百分比、实现销售增长的具体数值或达到特定的顾客满意度水平。同时，分销渠道目标的设定需要考虑实际的执行能力和资源状况，确保目标有可实现性。明确的渠道目标不仅指导着渠道策略的制订和实施，还为日后的渠道管理和评估提供了评价标准，帮助企业持续优化渠道策略，实现长期的市场营销成功。

3. 设计分销渠道结构方案

分销渠道结构方案涉及三种要素：中间商类型、中间商数量和渠道成员的交易条件及责任。

（1）确定中间商类型。不同类型的中间商能提供不同级别的市场覆盖量和服务，企业需要根据目标市场的特征、产品的特性以及销售和服务的需求来确定适合其渠道任务的中间商类型。例如，如果产品需要专业解释或演示，选择专业经销商或专卖店可能更为合适；若产品需要广泛的市场覆盖，那么选择大型分销商或零售连锁组织可能更有效果。如果市场上现有的中间商无法满足企业的需求，企业可以考虑建立直销渠道或采用直复营销渠道，尽管这可能需要更大力度的投资和管理，但它能够提供更直接的客户反馈和品牌控制。

（2）确定中间商数量。中间商数量直接影响着企业产品的市场覆盖率和客户接触点的数量。汽车生产企业必须确定在每一渠道层次的中间商数目，由此形成分销渠道的宽度类型（密集式分销、选择性分销或独家经销）。密集式分销多为维修市场汽车配件和汽车用品生产企业所采用。选择性分销多为信誉良好的企业和希望以某些承诺来吸引经销商的新企业所采用。独家经销多用于有特色品牌产品的分销。

（3）规定渠道成员的交易条件及责任。汽车生产企业必须确定渠道成员的交易条件和应负责任。在交易关系组合中，这种责任条件主要有以下内容。

①价格政策。企业制订的价格目录和折扣标准必须对所有渠道成员公开，使中间商能够从中获得合理利润。价格政策的公平性不仅有助于维护制造商与中间商的良好关系，还可以提高产品在市场上的竞争力。合理的价格结构能够激励中间商更积极地销售产品，同时避免市场混乱和价格战的发生，确保企业与渠道成员之间保持长期合作关系。

②销售条件。销售条件包括付款方式、交货时间和进货政策等因素，对确保渠道运作的顺畅至关重要。企业应设计灵活的销售条件来适应不同中间商的需求，如提供竞争性的付款条款和合理的信贷政策，以降低中间商的经营风险和资金压力。此外，生产企业还应承诺支持中间商的销售活动，如提供市场推广支持、产品培训等，帮助他们增加销量，从而实现双方的共赢。

③经销商的区域权利。企业应明确规定每个经销商的独占或非独占区域，避免不同经销商之间发生直接竞争，减少渠道冲突。区域权利的明确划分有助于经销商专注于其负责区域内的市场开发和服务提升，同时能为企业带来更加稳定和预测性更强的销售业绩。

④各方应承担的责任。企业应与渠道成员共同商定责任分担机制，确保风险和利益在渠道中公平分配，包括产品质量保证、售后服务责任、市场开发责任等。通过明确的责任分配和风险共担条款，企业和渠道成员可以建立起基于信任和互利的长期合作关系，共同应对市场变化和挑战。

4.评估分销渠道设计方案

（1）经济性标准评估。分析渠道设计方案的成本效益，包括潜在的销售额和相关的销售成本。选择能够在保证销售额的同时，最大程度降低成本的渠道设计。

（2）可控性标准评估。渠道的可控性直接影响到企业对市场的反应速度和渠道管理的效率。短渠道通常能提供更高的可控性，但可能会牺牲市场覆盖率。长渠道能提供更广泛的市场覆盖，但管理更为复杂。企业需要根据自身能力和市场需求，权衡不同方案的可控性和效益。

（3）承担义务与经营灵活性的关系评估。企业在渠道设计中承担的义务可能会影响其未来的经营灵活性。在市场环境迅速变化的当下，设计方案具备灵活性尤为重要。企业需要评估不同渠道设计方案中所划定的义务程度，特别是长期承诺，确保这些承诺不会限制企业未来的战略调整和市场适应。

二、汽车分销渠道的管理

(一) 选择渠道成员

企业应评估潜在渠道成员的财务稳定性、市场声誉、业务能力和地理位置等关键因素。合适的渠道成员应能够达成企业设定的销售目标，提供优质的客户服务，并与企业的品牌形象和价值观保持一致。在选择过程中，企业需要进行详细的背景调查，了解潜在成员的业务历史、市场表现和客户反馈。此外，企业还应评估潜在渠道成员的合作意愿和能力，包括他们的市场网络、销售团队、服务设施和技术支持情况等。

(二) 激励渠道成员

中间商作为独立运营的实体，在与供应商和顾客互动的过程中往往会优先考虑自己和顾客的利益。他们视自己为顾客的代理人，在与制造商的交易中争取对顾客而言最佳的条件，而把供应商的需求和期望放在次要位置。因此，为了确保中间商能够积极地参与分销活动并实现销售目标，制造商需要实施持续有效的激励措施。激励中间商主要有以下三种方式：

1. 合作激励

合作激励是一种通过建立密切的合作关系来激发中间商积极性的方法。制造商与中间商共同设定销售目标、分享市场信息、协同进行市场开发和推广活动。通过合作，双方能够实现资源共享和优势互补，进而提升市场反应速度和服务质量。例如，制造商可以提供产品培训、销售支持和市场分析报告，帮助中间商更好地理解产品和市场状况，提高销售效率。同时，中间商的市场反馈能帮助制造商更快地调整产品策略，优化服务。此外，通过设定共享目标和奖励机制，双方的利益可以更加一致，这也能增强中间商的忠诚度和长期合作的意愿。

2. 合伙激励

合伙激励是一种将中间商视为合伙人的激励模式，强调中间商在分销渠道中的主体地位和创造价值的能力。在合伙激励下，中间商不仅是销售产品的渠道，更是与制造商共同承担风险和分享收益的伙伴。制造商可以通过提供股权参与、利润分享或业绩提成等方式，使中间商在经济上与企业相绑定，从而激发其主动性和创造性。例如，制造商可以根据中间商的销售业绩或市场开拓成果给予相应的奖励或分红，使中间商更加积极地参与市场活动，共同面对市场竞争和挑战。这种激励方式有助于建立稳定而长久的合作关系，促进双方共同成长。

3. 经销规划激励

经销规划激励是指制造商帮助中间商制订详细的经销计划并提供相应支持的激励方式。通过共同规划市场开拓、销售策略、库存管理等关键业务活动，制造商可以帮助中间商更有效地管理经营风险，提升业务绩效。制造商通常会提供必要的资源和工具，如市场数据分析、营销策略建议、销售培训，以及物流支持等，帮助中间商提升销售过程和客户服务的质量。此外，通过定期的业绩评估和反馈，制造商和中间商可以共同监控经销计划的执行情况，及时调整策略以应对市场变化。经销规划激励有助于提高中间商的业务管理能力，增强其市场竞争力，同时加深了制造商与中间商之间的合作关系。

（三）评估渠道成员

对中间商的绩效进行定期评估是渠道管理的重要内容，旨在及时掌握中间商的工作表现和市场动态，识别存在的问题或挑战，从而采取有针对性的激励措施或改进策略。通过这种系统性的评估，企业可以有效地激发中间商的积极性，提高其销售效率和市场响应速度。此外，评估结果也为企业提供了决策依据，帮助其对不同表现的中间商进行区分，给予优秀者更多支持，同时对持续表现不佳的中间商采取相应的管理措施，如调整合作模式，甚至终止合作关系等。这种评估对确保分销渠道的健康运作具有重要作用。

1. 评估标准

（1）汽车销售定额完成情况。这是衡量中间商绩效的主要标准之一。通过比较中间商实际的汽车销售额与其销售定额，企业可以评估中间商的销售能力和市场表现。高于或达到销售目标的中间商具有较强的市场竞争力和客户影响力，而未能达到销售目标的中间商可能需要额外的支持或改进。

（2）平均存货水平。存货水平反映了中间商的库存管理能力以及存货情况和市场需求的匹配度。过高的存货水平可能意味着销售放缓或市场预测不准确，而过低的存货可能导致缺货和销售机会的损失。适当的存货水平能够确保中间商能快速响应市场需求的同时，避免资金过多地被囤积在存货中。

（3）促销和培训计划的合作情况。包括中间商执行企业制订的促销活动的执行力度、参与培训的积极性以及这些活动对销售的实际影响。合作态度好且能有效执行这些计划的中间商更能提升品牌价值和销售业绩。

（4）货款回收状况。及时回收货款的能力反映了中间商的财务健康状况和风险管理能力。良好的货款回收状态不仅能确保企业资金流的稳定，还能减少财务风险。

（5）对顾客提供的服务。中间商提供给顾客的服务质量直接影响着顾客满意度和品牌形象。服务评估可以包括对顾客满意度、服务响应时间、售后服务质量和客户投诉处理情况等方面的评估。优质的客户服务有助于建立顾客忠诚度，提高重复购买率。

2. 评估方法

（1）横向比较。横向比较方法是对同一时期内各中间商的销售业绩进行排名的方法，这种比较可以直观地展现出各中间商之间的业绩差异，激励业绩不佳的中间商加强努力，同时鼓励表现优秀的中间商继续保持其领先地位。此外，横向比较还可以揭示行业趋势和市场潜力，帮助制造商和中间商更好地理解市场环境和自身的竞争地位。然而，横向比较也存在局限性，如若未能充分考虑到不同市场条件、区域特性和中间商规模等因素，可能导致评估结果缺乏客观性和公平性。因此，横向比较应结合其他评估方法和定性分析，以获得更全面和准确的绩效评估。

（2）纵向比较。纵向比较方法是将中间商当前的销售业绩与其历史业绩进行对比，以评估其业绩变化和成长趋势。这种方法有助于衡量中间商业绩的稳定性，了解其业务发展的长期趋势。通过纵向比较，制造商可以评估中间商的成长潜力和业务可持续性，识别业绩提升或下滑的原因，从而更有效地指导和支持中间商的发展。此外，纵向比较还可以帮助中间商进行自我审视和销售策略、运营管理的优化。不过，这种方法需考虑市场环境和行业变化的影响，以确保评估结果的准确性和有用性。

（3）定额比较。定额比较方法是根据每个中间商的市场环境和销售实力制订个性化的销售定额，然后将实际销售业绩与这些定额进行比较的方法。这种方法更加个性化和目标导向，可以为不同条件和能力的中间商设定合理的业绩预期，既能激发其潜力，又能保持评估的公平性。定额比较有助于让制造商和中间商共同确定达成目标的策略和措施，同时，不断调整和优化销售定额，可以促使中间商不断提升自身的市场表现和竞争能力。然而，定额的设定需要充分考虑市场潜力、竞争状况和中间商的资源能力等因素，以确保定额的合理性和激励效果。

（四）调整分销渠道

随着汽车消费市场的演变，如消费者购买习惯的变化、市场规模的扩张或收缩以及新的销售渠道的出现等，现有的分销渠道结构可能不能再高效地满足市场需求或提供最优服务。为了保持与市场环境的同步并提高服务效率，企业必须定期审视并根据实际运作情况对分销渠道进行必要的修改和调整。调整分销渠道主要有以下几种方式：

1. 增减某一渠道成员

这种调整通常是基于对渠道成员绩效的评估的。增加表现优秀的渠道成员可以扩大市场覆盖率，增强市场竞争力，或填补特定市场区域的空缺。相反，减少或替换表现不佳的渠道成员可以提高渠道效率，减少成本和提升服务品质。这种调整策略要求企业持续监控渠道成员的表现，并基于明确的评估标准做出决策。同时，在增减渠道成员的过程中，企业需要考虑到可能引起的市场动荡、客户关系转移以及品牌形象受损等问题，确保过渡顺利且不影响客户体验。

2. 增减某一分销渠道

企业可以根据市场变化、消费者行为的演进或新渠道的出现情况来增加或减少某一分销渠道。例如，随着在线购物的普及，企业可能要增加电商平台作为新的销售渠道，以适应消费者的购买习惯。反之，如果某一渠道不再有效或成本过高，企业可以选择减少或关闭该渠道。增减分销渠道是一项重大的战略决策，需要企业对市场趋势、渠道效率和客户偏好有深入的理解。同时，这种调整可能会对企业的销售结构、营销策略和供应链管理带来重大影响，需要仔细规划和执行。

3. 调整改进整个渠道

有时企业需要对整个分销渠道进行系统性的调整和改进，以提高渠道的整体效能和适应新的市场环境，如重新定义渠道目标、优化渠道结构、改善渠道管理流程、增强渠道沟通和合作等。这种全面的调整要求企业有清晰的渠道战略，能够整合内外部资源，确保渠道的调整与企业的整体战略和市场目标保持一致。改进整个渠道是一个复杂的过程，涉及多方利益的协调，企业需要确保变革过程中渠道成员的稳定性和合作性，最终实现渠道效率的提升。

（五）协调渠道成员间的矛盾冲突

1. 渠道成员间的冲突类型

（1）垂直渠道冲突。垂直渠道冲突发生在渠道中不同层级的成员之间，如制造商与批发商之间、批发商与零售商之间。这类冲突通常源于各方在业务目标、利润分配、合作条款等方面存在差异或不相匹配。例如，制造商可能会推行统一的价格政策以维护品牌形象，而经销商可能更关注本地市场的价格弹性，希望调整价格以提高销量或利润。此外，服务要求、促销活动的支持程度以及产品供给的稳定性等也常常成为垂直渠道冲突的焦点。

（2）水平渠道冲突。水平渠道冲突是指发生在渠道同一层级内成员之间的冲突，如同属一渠道层级的两个经销商之间的竞争。这类冲突可能是因为市场覆盖重叠、价格竞争、争夺顾客等原因而产生。在特许经销网络中，如果两个经销商的业务区域有重叠，或者他们在促销活动和定价策略上存在差异，就可能导致水平冲突。水平渠道冲突不仅会损害渠道成员间的关系，还可能对品牌形象和顾客满意度产生负面影响。

（3）多渠道冲突。多渠道冲突发生在同一制造商建立的不同渠道之间，当这些渠道在同一市场中销售相同的产品时就可能发生冲突。例如，汽车制造商可能同时通过经销商网络、品牌专卖店和直营店在同一地区销售车辆，这种渠道策略虽然能扩大市场覆盖率和销售渠道，但也可能引发不同渠道间的价格竞争、市场争夺，甚至导致品牌价值被稀释。

2. 解决渠道成员间冲突的措施

（1）加强沟通与协商。汽车制造商需要定期与渠道成员沟通，了解他们的需求和期望，同时传达自己的策略和目标。通过开放和诚实的沟通，双方可以增进理解，化解误会。在协商过程中，双方应寻求共赢的解决方案，调整或重建合作条款，以满足各自的核心需求。

（2）角色与区域界定。确定渠道成员的角色和责任，特别是在水平渠道冲突中，明确各自的业务范围和市场区域至关重要。汽车制造商可以通过订立合同或协议明确划分经销商的独家区域，减少直接竞争，限制价格战或市场侵蚀的发生。在垂直渠道冲突中，制造商应确保渠道策略一致性，平衡好不同层级成员的利益和贡献。

（3）完善监督与冲突解决机制。汽车制造商需要建立一套有效的监督和冲突解决机制，包括定期评估渠道成员的绩效，监控市场动态以及收集消费者反馈。一旦发现冲突，应迅速介入，采取调解措施，必要时进行调整或渠道重组。此外，制造商也可以设立独立的渠道冲突解决小组或聘请第三方来调解，以保证解决过程的客观性和公正性。通过有效的监督和及时的冲突解决行动，制造商可以保持渠道的健康运作，提升整体的销售效率和品牌声誉。

（4）发挥行业组织的作用。行业组织，如商会或工商联合会，可以作为一个平台，促进渠道成员之间的沟通与协作。这些组织可以通过举办专题研讨会、论坛和会议，为渠道成员提供交流经验、讨论问题和分享最佳实践的场所。在这些活动中，渠道成员可以就共同关心的问题进行深入讨论，相互学习，寻找解决方案。例如，关于如何处理价格竞争、如何提升服务质量、如何应对市场变化等热点问题，渠道成员可以在行业组织的协调下进行广泛交流。此外，行业组织还可以提供中立的调解服务，帮助解决成员之间的纠纷。

（5）根据法律程序解决冲突。当渠道成员间的冲突无法通过常规沟通和协商来解决时，启动法律程序就是必要的选择。谈判、调解和仲裁是解决商业冲突的三种常见法律手段。谈判是最直接的解决方式，双方可以直接对话，尝试找到双赢的解决方案。如果谈判无果，可以进一步通过调解，即引入第三方中介机构或个人来帮助双方达成协议。当上述两种方法均不能解决问题时，可以采用仲裁或诉讼的方式，由法律机构作出最终裁决。虽然法律程序可能耗时较长且成本较高，但它是一种权威的冲突解决方式，确保了解决方案的法律效力，有助于保护各方的合法权益，避免冲突的进一步升级。使用法律手段时，应确保流程的公正性和透明度，以维护长期的商业关系和行业声誉。

第三节　汽车分销体系的建设策略

一、汽车分销体系的含义

（一）汽车分销体系的概念

汽车分销体系是指生产企业为了给消费者提供产品和服务，实现企业总体战略规划的理念和目标而构建的组织体系及其运行规则。[①]

（二）汽车分销体系的组成

汽车分销体系由网络组织和运行规则两部分组成。

1. 网络组织

汽车分销体系的网络组织具体包括以下几部分：

（1）网络组织成员。网络组织成员可以是制造商、各级经销商、零售商等，他们通过订立明确的规则和合作协议相互联系，共同构成一个复杂的分销网络。每个成员都承担着特定的角色和责任，制造商负责生产高质量的汽车，经销商则负责将这些汽车销售给最终消费者。

（2）分销渠道是连接汽车制造商和消费者的通道，它决定了汽车产品的流通方式和速度。不同的渠道可以覆盖不同的市场和客户群体，分销渠道的多样化对扩大市场份额和满足消费者的多样化需求至关重要。

（3）分销网点。分销网点是指在分销网络中直接面向消费者提供销售和服务的地点，通常是指汽车经销商的展厅和服务中心。这些网点是消费者接触品牌、试驾、购买汽车以及获得售后服务的重要场所。优质的分销网点能够提升客户满意度，增强品牌忠诚度，对维护品牌形象和提升销量至关重要。

（4）分销网络规划。分销网络规划是指汽车生产企业为有效建设和管理分销体系而制订的策略和计划，包括对分销网络整体结构的设计、对网点的数量和位置的确定、针对网点的服务标准和功能目标而制订的具体实施步骤和时间

[①] 王国安：《汽车营销实务》，重庆大学出版社，2020，第154页。

表等。良好的规划能够确保分销网络的每个组成部分协调一致，有效支持企业的市场扩张和品牌建设行动。

2.运行规则

汽车分销体系的运行规则详细规定了生产企业和经销商之间的权利与义务，以及分销体系内所有成员的行为准则。这些规则在合同契约条款中被加以明确，并能对整个分销过程进行规范和指导。主要包括以下几部分：

（1）技术和服务标准。技术和服务标准是指对汽车分销体系每一成员组织或个人所规定的必须达到的涉及各项工作任务的技术服务最低目标要求，包括国家标准、行业标准以及企业自定标准。具体来说，技术包括汽车的维修、保养规范等，服务包括顾客服务、投诉处理等。遵守这些标准有助于提升消费者满意度，加强品牌忠诚度，同时是维护整个分销网络信誉的关键。

（2）品牌经营规则。品牌经营规则明确了经销商在市场上销售和推广产品时所必须遵循的规范，旨在保护企业品牌形象，确保所有分销活动均符合品牌的定位和价值主张。品牌经营规则包括品牌使用指南、广告宣传标准、产品展示要求等，通过这些规则，制造商可以确保其品牌在不同地区和销售渠道中保持形象的一致性和专业性。

（3）区域市场划分规则。区域市场划分规则是对经销商的销售活动范围进行界定的规定，旨在防止市场混乱和不公平竞争的出现。通过明确划分每个经销商的业务区域，制造商可以有效管理市场分布，避免经销商之间发生直接冲突。这不仅有助于维护市场秩序，还能确保经销商能够集中资源服务特定区域内的客户，从而提高效率和客户满意度。

（4）信息交流规则。信息交流规则是指定分销网络中各个成员应如何共享和传递信息的规定。这些规则确保了信息在制造商和经销商之间流通时具有及时性、准确性和安全性。有效的信息交流对市场分析、库存管理、销售策略调整等至关重要。通过确立统一的信息交流标准和流程，汽车分销体系能够迅速响应市场变化，优化资源配置，加强整个网络的协调性和响应能力。

二、汽车分销体系建设的策略

（一）网络系统化

网络系统化是指将分散的分销活动整合成一个协调一致、高效运作的系统，强调以生产企业为主体，给总经销/总代理商授权，进行网络规划的实施。

1. 明确生产企业为主体

在汽车分销体系中，生产企业的角色至关重要。首先，作为产品质量的责任主体，生产企业应确保其制造的汽车符合各项质量标准，保障消费者的利益和安全。其次，作为产品或企业品牌的所有者和经营主体，生产企业负责塑造和维护品牌形象，通过高标准的产品质量和服务来提升品牌价值。此外，作为提高品牌经营的重要手段，生产企业应通过建立有效的分销网络，扩大市场覆盖率，提高品牌影响力，从而促进企业的长期发展。

2. 授权总经销/总代理商

总经销商或总代理商是生产企业的授权代表，其形象和服务能够体现和传达生产企业的经营理念和品牌价值。总经销商或总代理商在其负责的区域内必须是唯一的，以避免品牌信息的混乱和内部市场竞争的出现。对进口汽车而言，设置唯一的总代理商在国内尤为重要，这不仅有助于确保品牌形象和服务标准的统一，还能保护国内消费者的权益，确保他们获得一致的产品体验和售后服务。

3. 进行网络规划实施

网络规划内容应包括网点的数量、各网点在区域内的分布、每个网点的规模以及网络建设的实施进度等，需考虑市场需求、区域特性、竞争环境等多方面因素。进行网络规划的目标是建立一个既高效又有弹性的分销网络。网点数量和规模规划要能够确保市场覆盖的全面性和服务的便利性，而网络建设的实施进度则需要与企业的市场扩张策略和资源配置状况相协调，确保分销网络能及时投入运营，满足市场需求。

（二）经营品牌化

经营品牌化是为了通过品牌建设来提升企业的市场竞争力和客户忠诚度，具体包括以下三方面。

1. 服务品牌

在当前竞争激烈的汽车市场中，品牌不仅仅是一个标志或名称，更是企业文化、产品质量和客户服务质量的综合体现。建立服务品牌，意味着企业需要超越传统的产品销售，向客户提供附加值更高的服务和体验。品牌经营的核心在于不断地向用户提供优质产品，并长期提供稳定的服务。这不仅能增强消费者对品牌的认同感和信任度，还能有效地将企业的品牌价值和市场定位植入人心。为此，汽车生产企业需要进行质量控制、客户关系管理、售后服务等多方面工作，系统地构建和强化其服务品牌的形象，从而在激烈的市场竞争中脱颖而出。

2. 特许经营

品牌经营的法律依据是与特许经营相关的法律法规。特许经营允许企业将其商标、商业模式和技术等授权给经销商使用，并以此来扩大品牌影响力和市场覆盖面。在汽车分销体系中，通过特许经营方式，生产企业能够与品牌销售商建立密切合作关系，共同维护品牌形象，提升服务质量。授权内容通常包括服务商标的使用权、产品销售权和技术培训权等，可使所有授权经营者在外观标志、服务质量、技术支持和管理模式等方面保持一致性。这种统一性是维护品牌形象、提高客户满意度、构建长期竞争优势的关键。

3. 排他性

品牌的排他性是其价值和吸引力的重要来源之一。无论是以企业为单元还是以产品为单元，品牌的排他性都能够为企业提供一定的市场保护，避免品牌被稀释或侵权现象的出现，保障企业和产品的市场地位。在汽车分销体系中，保障品牌排他性意味着对品牌形象、产品质量和服务标准的严格控制，同时意味着对经销商的选择和管理要求会更为严格。通过建立排他性品牌，企业可以更有效地实现品牌经营，创造差异化的市场竞争优势，从而在复杂多变的市场环境中稳固和扩大自身的市场份额。

（三）功能多样性

功能多样性强调在分销网点实现销售功能与服务功能的一体化，以达到降低成本和提升效率的目的。具体来说，分销网点应具备以下功能：①新车销售。分销网点应提供多种车型和详尽的产品信息，以满足消费者个性化的购车需求。通过有效的销售策略和优质的客户服务，网点可以增强消费者的购买体验，提升其品牌忠诚度，并提升自身的销售业绩。②二手车交易。通过提供专业的二手车评估、认证和销售服务，分销网点可以吸引更广泛的客户群体，实现新旧车交易的互补，增加收益来源。③售后服务。高质量的售后服务是提升客户满意度和维系长期客户关系的关键，包括常规保养、维修服务、紧急救援等，售后服务的优劣直接影响着品牌形象和消费者忠诚度。[1]④零配件供应。为确保服务的质量和便捷性，分销网点需要提供全面的零配件供应服务，这不仅能方便满足消费者的维修和保养需求，还能为分销网点带来额外的经营收入。⑤信息反馈。分销网点作为汽车厂商和消费者之间的桥梁，应能有效收集和反馈市场信息及客户意见，这些信息对厂商调整产品策略、优化服务质量及响应市场变化具有重要价值。

（四）分销渠道扁平化

分销渠道扁平化是指简化分销渠道的层级结构，使产品更直接地从生产者传递到消费者手中的分销体系建设思路。传统的汽车分销渠道存在多个层级的经销商和分销商，这不仅延长了商品从生产到最终销售的时间，还增加了商品价格，因为每个层级都需要获得利润。此外，过多的层级会导致信息传递效率低下，降低企业的市场反应速度，降低消费者的购买体验质量。扁平化的分销渠道通过减少这些层级，使生产企业与消费者之间的联系更加直接，不仅加快了物流速度，减少了交易成本，还使企业能更快响应市场变化，快速调整营销策略。对消费者而言，扁平化的渠道能提供更加透明的价格信息和更高效的服务，提高购买体验和满意度。因此，分销渠道扁平化不仅是汽车销售行业的发展趋势，还是提升竞争力、增强消费者满意度的有效策略。改善后的分销渠道，如图6-3所示。

---

[1] 李允强、武少玲：《重卡企业大客户价值管理流程的优化探索：以福田戴姆勒大客户价值管理为例》，《投资与创业》2023年第6期。

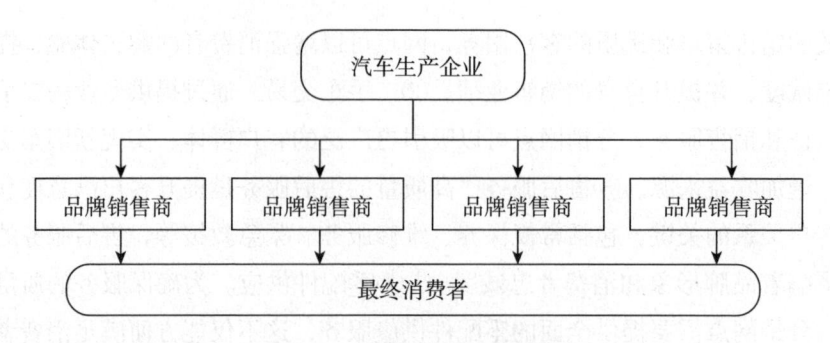

```
            汽车生产企业
    ┌────────┬────────┬────────┐
 品牌销售商  品牌销售商  品牌销售商  品牌销售商
    └────────┴────┬───┴────────┘
              最终消费者
```

图 6-3　改善后的分销渠道

（五）管理规范化

管理规范化是确保汽车分销体系高效、有序运作的基础，旨在提升整个分销渠道的透明度、公正性和专业性。具体包括以下内容：

1. 总经销商/总代理商准入制度

总经销商或总代理商必须获得生产企业的授权，并经政府部门核准，才能获得网络规划和经营的权利。这一制度确保了分销网络中关键节点的合法性和合规性，防止市场混乱和不正当竞争，同时保障了消费者的利益。这种准入制度可以确保分销网络中的每一环节，都能够符合行业标准和政策要求，从而提升整个分销体系的稳定性和可靠性。

2. 品牌经销商准入制度

所有希望成为品牌销售商的经销商必须通过总经销商的统一申请，并经相关政府部门备案。这样的规定不仅确保了品牌形象和服务质量的一致性，还提高了品牌销售网络的专业化水平和市场竞争力。实施规范化的品牌经销商准入制度，可以有效避免市场上出现无序竞争和不规范经营行为，确保消费者能够体验到高标准的服务。

3. 中介评估机制

中介机构，如行业协会等，可以协助政府部门对总经销商和品牌销售商进行定期评估，确保它们的经营活动符合国家法律法规和行业标准。这些评估报告可以作为监管部门监督管理的依据，也可以为消费者选择服务提供透明的信息。有效的中介评估机制，可以增强汽车分销体系的整体透明度和公信力，促进行业健康有序发展。

（六）信息电子化

实现汽车分销过程中车辆交付、用户信息反馈的电子化，逐步建立完善的用户信息库，并为汽车召回、二手车交易等其他服务提供信息。

第一，在分销管理中创建一个综合的"数字神经系统"，包括企业资源计划系统（ERP）、客户关系管理（CRM）系统、呼叫中心以及自动化仓储和物流配送系统。这些系统的集成使用可以大幅度提升汽车分销管理的效率和准确性。ERP系统可以优化资源配置和内部管理，CRM系统与呼叫中心的结合则能够提升客户服务质量和响应速度，而自动化仓储和物流系统则直接提高了商品流转的效率。通过这样的"数字神经系统"，企业能够实现信息流、物流和资金流的高效协同，大大提升分销网络的整体运作效率。

第二，企业信息系统在明确分销网点中各机构的权责上起着至关重要的作用。通过对业务流程的重组和优化，企业信息系统可以帮助企业建立一个权责清晰、流程可控的分销网络。这种系统化的管理不仅减少了内部管理的混乱，还提升了业务执行的效率和准确性。当每个节点的职责足够明确，且流程得到优化时，整个分销网络的协调性和适应性都会得到加强，从而能更好地满足市场需求和应对市场变化。

第三，应用电子商务手段促进渠道成员间的合作，提供高效率、低成本的信息收集、处理、发布和指令传递方式。通过电子商务平台，渠道成员可以实时共享市场动态、库存信息、销售数据等，提高整个分销网络的透明度和协同效率，提高渠道对市场变化的反应能力和速度，使企业能够更快速地做出决策和调整，提升企业的市场竞争力。

第七章 汽车促销的多元化策略

第一节 汽车人员推销策略

一、人员推销的任务与特点

（一）人员推销的任务

人员推销又称为直接促销，是指汽车企业销售人员在一定的推销环境里，运用各种推销技巧和手段，说服用户接受企业的商品，从而既能满足用户需要，又能扩大企业销售的活动。[1]人员推销的任务主要有以下几项，如图 7-1 所示。

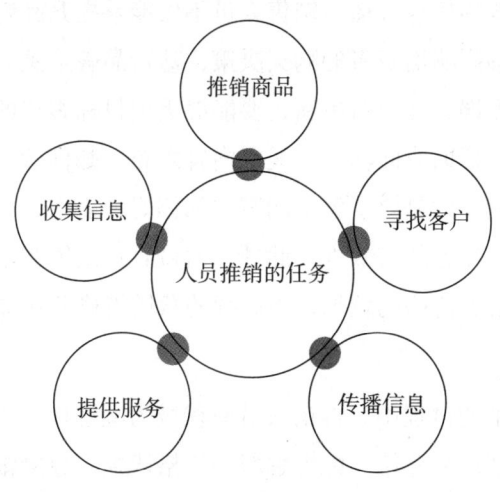

图 7-1 人员推销的任务

---

[1] 田晟：《汽车服务工程》，华南理工大学出版社，2014，第 45 页。

1. 推销商品

汽车推销人员的首要任务是推销商品，即通过直接与消费者沟通的方式，介绍和销售汽车产品。销售人员需要深入了解所销售汽车的各种特点、优势以及适用场景，以便在面对客户时能够准确传达这些信息，并根据客户的具体需求推荐最合适的车型。推销过程中，销售人员的专业知识、沟通技巧和服务态度都能直接影响到消费者的购买决定。因此，销售人员不仅要具备丰富的产品知识，还要掌握良好的沟通与说服技巧，以提高销售效率和顾客满意度。

2. 寻找客户

寻找客户是汽车推销人员的重要任务之一，销售人员需要通过各种渠道和方法来识别并接触潜在的汽车购买者，如利用在线平台、社交媒体、展会活动、人际推荐以及传统的广告等方式来吸引和发现潜在客户。有效的客户寻找策略能够为销售人员提供更多的销售机会，并且有助于提高销售效率。在此过程中，销售人员还需分析客户数据，理解不同客户群体的购车偏好和需求，从而更精准地进行目标客户定位并与之进行接触。

3. 传播信息

汽车销售人员应及时将产品信息、品牌价值、促销活动和市场动态等信息传播给客户。通过有效的信息传播，销售人员不仅能够提升品牌知名度和消费者的产品认知度，还能够影响消费者的购买决策，塑造品牌形象。销售人员需要确保所传递的信息准确无误，并及时更新，要能够吸引目标客户的关注。信息传播的方式可以有多种，包括面对面沟通、线上内容发布、邮件营销、短信通知等。在信息传播过程中，重要的是要了解不同客户的偏好和需求，以便有针对性地传递相关信息，增强信息传递的有效性。此外，通过收集反馈和市场调研，销售人员还可以更好地了解信息传播的效果，为后续的营销策略调整提供依据。

4. 提供服务

在汽车人员推销的过程中，推销人员应积极为顾客提供各种售前、售中、售后环节的服务，包括产品介绍、配置解释、价格谈判、金融服务协助、售后维护和保养等。优质的服务能够显著提升客户的购买体验，提升客户满意度和忠诚度，从而促进品牌口碑的传播。销售人员在提供服务时应注重细节，倾听并理解客户需求，提供个性化和差异化的服务方案，解决客户的疑虑和问题。

5. 收集信息

汽车销售人员直接面对消费者，能够第一时间捕捉到客户的反馈、偏好变化、市场趋势以及竞争对手的动态。销售人员通过与客户的互动，可以收集到关于汽车性能、设计、消费者价格敏感度等的宝贵信息。此外，他们也能观察到消费者对营销活动的反应和接受度，从而为企业提供实时的市场反馈。有效的信息收集不仅能帮助企业及时调整市场策略，优化产品定位，还能促进产品的创意开发和创新。因此，销售人员在信息收集过程中应保持高度的敏感性和主动性，确保所获得的信息能被准确、全面并及时地反馈给企业，为企业的决策提供一定的数据支持。

（二）人员推销的特点

1. 弹性大，较灵活

在人员推销过程中，销售人员可以根据客户的具体需求、反应以及购买行为的变化灵活调整自己的销售策略和沟通方式。面对不同的客户，销售人员可以采用不同的说服技巧，如对理性客户，销售人员可以提供更多的产品数据和逻辑论证；而对感性客户，销售人员则可以强调产品带来的情感价值和使用体验。此外，人员推销不受时间和地点的限制，销售人员可以选择在客户最方便的时间和地点进行沟通，从而提高沟通效率和成交概率。这种灵活性使人员推销能够更加贴近市场和客户，迅速响应市场变化，有效提升销售效果。

2. 即时互动

在人员推销过程中，销售人员能够即时地回应客户的询问、疑虑或反馈，为客户提供即时的信息解答和问题解决。这种实时的双向沟通能够有效提升客户的参与感和满意度，并与之建立信任，提升亲密度，从而增加销售的成功率。即时互动还能够使销售人员快速捕捉和利用销售机会，例如，在客户表示购买兴趣时，销售人员可以立即提供购买建议、促销信息或购买方案，加快成交进程。即时互动也为销售人员提供了即时获取市场反馈和客户意见的途径，有助于企业及时调整市场策略和产品改进方案。

3. 针对性强

在人员推销中，销售人员通过与客户的面对面沟通，可以深入了解客户的具体需求、偏好、购买动机以及决策过程，从而提供更加贴合客户需求的产品信息和购买建议。这种针对性不仅能够提高客户的购买满意度，还能增强客户的品牌忠诚度。此外，销售人员可以根据市场细分情况和客户分类采取不同的销售策略和沟通方式，如针对企业客户可以强调产品的性价比和服务支持，而对个人消费者则可以强调产品的设计感和个性化特点。这种针对性能够更有效地吸引并满足不同客户群体的需求，提升销售业绩。

二、人员推销的方法与策略

(一) 人员推销的方法

1. 直接推销法

直接推销法是指直接与潜在客户进行沟通，以期实现销售目标的推销方法。在汽车销售中，直接推销法要求销售人员向潜在买家展示汽车的特点、性能和优势，同时解答客户可能提出的问题，以促使他们做出购买决定。直接推销法有两种形式：一是销售人员选择某一地区，挨家挨户进行访问推销；二是销售人员对完全不熟悉的对象，进行询问式的随意推销。销售人员需要具备出色的产品知识、沟通技巧和顾客服务意识，才能有效实施直接推销法，促成销售并建立良好的客户关系。

2. 应用推销法

应用推销法在汽车销售中是指销售人员通过展示汽车在实际应用中的效益和优势来吸引客户，使其产生购买兴趣的销售方法。这种方法侧重于向潜在买家展示如何通过购买汽车来解决其实际问题或满足特定需求，而非仅仅强调汽车的功能和技术规格。例如，销售人员可能会介绍一款家用汽车能如何提供足够的空间和安全性，满足一个家庭的出行需求，或者展示一款商务车能如何通过舒适的乘坐体验和高效的燃油经济性来提高商务人士的出行效率。应用推销法要求销售人员不仅对产品有深入的了解，还要能够洞察客户的生活方式和产品使用场景，以及掌握通过产品的特定应用来为客户提供各种价值的方法。

3. 关系推销法

关系推销法强调通过建立和维护与客户之间的长期关系实现销售目标。这种方法不仅仅关注单次销售的成交，还注重与客户建立信任和理解的深度连接，从而在未来创造更多销售机会。在关系推销法中，销售人员会投入时间和努力去了解客户的个人喜好、需求、生活背景及购买动机，并以此为基础提供更加个性化的服务。例如，在售后服务中，销售人员可能会定期联系客户，询问汽车使用情况，提供必要的维护建议或者提醒客户进行定期检查。通过这种方式，销售人员能够逐渐建立起客户的忠诚度，并将客户转变为品牌的倡导者。关系推销法要求销售人员具备较高的人际交往技巧、同理心以及耐心，这样才能在长期的交往过程中赢得客户的信任和好感。

4. 连锁推销法

连锁推销法指的是通过现有客户来发展新客户的方法，即利用满意客户的推荐来吸引他们的亲朋好友或业务联系人等潜在买家。这种推销方法的效果往往非常明显，因为人们倾向于信任他们所熟悉的人的推荐。在连锁推销法中，销售人员需要鼓励和激励现有客户分享他们的购车经验和对品牌的满意度，可以通过提供一定的奖励机制，如提供折扣、礼品或升级服务等，来实现客户参与度的增加。同时，销售人员应该维持与原客户的良好关系，并确保他们的购车体验是积极的，因为只有满意的客户才会愿意将产品或品牌再推荐给他人。连锁推销法依赖人际网络和口碑效应，能够有效降低客户获取成本，并增强品牌的市场渗透力。这种方法要求销售人员具备良好的客户关系管理能力和跟进能力，能够有效利用每一次推荐机会。

5. 优惠推销法

优惠推销法主要通过提供有吸引力的优惠条件来激发客户的购买欲望，包括提供折扣、赠品、优惠券、低利率金融方案或额外的服务等。在汽车销售中，优惠推销法在促销期间或推销某些特定车型时非常有效。销售人员在实施优惠推销时需要确保优惠信息清晰明了，易于被客户理解，并要能明确地展示出购买的价值。有效的优惠推销能够在短时间内显著提升销售量，同时有助于清理库存、提高品牌的市场占有率。然而，这种方法需要谨慎使用，以免损害品牌形象或造成利润下滑，同时确保优惠活动能够实现可持续的销售增长。

6. 互换推销法

互换推销法指的是通过接受客户的旧车作为部分支付手段，来促进新车销售的销售方法。在实施互换推销时，销售人员需要对客户的旧车进行评估，确定其交换价值，并将这一价值计入购买新车的总成本中。这种推销方式对那些希望升级车辆但又有旧车处理问题的客户来说是非常有吸引力的。互换推销法可以促进销售循环,为销售人员带来双重机会——销售新车和回收旧车。旧车回收后,经过适当的翻新和修理,可以被再次销售或作为二手车出售,从而创造额外的收益。这种方法要求销售人员具备一定的评估和谈判技巧,确保旧车的交换价值公平合理,同时要确保客户对新旧车交换的过程感到满意和公正。

(二)人员推销的策略

人员推销策略是指在人员推销的过程中运用的各种方法和技巧。推销人员应根据不同的推销气氛和推销对象采用不同的策略,吸引用户,促使其做出购买决定,达成交易。推销人员必须掌握的基本推销策略有以下几种:

1. 试探式策略

试探式策略是一种通过提出问题和观察客户反应来确定其需求和兴趣点的策略。推销人员使用这种策略时,不会直接进行销售陈述,而是通过一系列有针对性的问题,逐步了解客户的真实需求和购买意向。例如,在汽车销售过程中,销售人员可能会询问客户对汽车性能的期望、使用场景、预算范围或对品牌的偏好等。根据客户的回答,销售人员可以逐步细化推销策略,针对客户的具体需求提供相应的车型建议和购买方案。试探式策略的优势在于能够使销售过程更有客户导向,帮助其建立起基于理解和信任的销售关系。同时,这种策略为销售人员提供了调整销售技巧和策略的机会,使其根据客户的反馈进行灵活应变,从而提高销售效率和成功率。

2. 针对式策略

针对式策略是推销人员根据已知的客户信息或通过初步交流所获取的客户需求,采用针对性较强的说服方法,促使客户做出购买行为的一种推销策略。例如,如果一个客户表达了对燃油效率高的汽车的偏好,销售人员可以着重介绍公司在燃油效率方面表现优异的车型,突出其经济性和环保特点,甚至提供比较数据来显示该车型相比于竞争对手的优势。针对式策略要求销售人员具有敏锐的洞察力和丰富的产品知识,能够迅速识别客户的关键需求点,并提供切中要害的信息和解决方案。实施这种策略,可以有效提升客户的购买兴趣,缩短销售周期,同时展示出销售人员的专业性和其对客户需求的重视,从而提高客户的信任感和满意度。

3. 诱导式策略

诱导式策略是推销人员通过巧妙引导，使潜在客户逐步认同销售人员的观点，并最终做出购买决定的策略。销售人员可能会先与客户建立起良好的沟通关系，了解其背景、需求和喜好，然后根据这些信息设计引导性的问题或情境。例如，如果客户关心汽车的安全性，销售人员可以分享一些关于汽车安全技术如何保护了家庭的故事，引发客户对家人安全的情感共鸣，从而提高其对安全功能较强的汽车的购买意愿。销售人员还可以通过展示客户认可的权威证据或比较数据来增强说服力。例如，销售人员可以提供第三方安全评级机构对汽车安全性的高评价，或是展示该汽车型号在事故中优于其他竞争对手的表现，来增强客户的信心。诱导式策略要求销售人员具备出色的洞察力、沟通技巧和情境创设能力，以便在与客户的互动中灵活运用各种技巧，有效引导客户的思考和感受，最终实现销售目标。

三、汽车推销人员的管理策略

汽车推销人员的管理可以从以下几个方面入手，如图 7-2 所示。

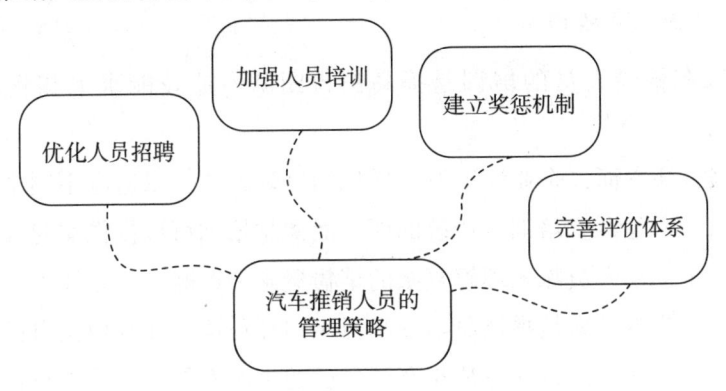

图 7-2 汽车推销人员的管理策略

（一）优化人员招聘

1. 制订招聘标准

汽车推销人员招聘标准的制订应综合考虑公司的品牌定位、市场需求以及销售环境，明确指出对所需人员的基本素质、技能和经验的要求。在招聘汽车推销人员时，企业需要考虑应聘者人的沟通能力、说服力、专业知识水平、客户服务意识以及适应变化的能力等。根据不同的市场和客户群体，企业还需要考虑应聘者是否具备特定的技能或经验，如高端汽车销售更注重人员的品牌理解和高端服务能力。制订明确、具体的招聘标准不仅有助于企业吸引合适的人才，还能提高招聘效率，确保新加入的销售人员能够迅速融入团队、理解产品并有效地进行销售工作。

2.扩展招聘途径

传统的招聘途径，如报纸广告、人才市场或行业招聘会，虽然依然有效，但在数字化时代，扩展招聘渠道可以使选择范围更为广泛。例如，在线职业平台、社交媒体、行业论坛，以及员工推荐等招聘方式，可以帮助企业接触到更多潜在的候选人。在线平台和社交媒体特别适合吸引年轻的、对新兴技术敏感的销售人才，而这部分人才往往具有较强的学习能力和创新意识，能够为汽车销售注入新的活力。通过多样化的招聘途径，企业可以更全面地了解市场上的人才资源状况，根据不同职位的特点和要求，实施更为精准的招聘策略，从而提高招聘的质量和效率。

（二）加强人员培训

加强汽车推销人员的培训是提高销售团队专业技能水平和整体业绩的关键。

在培训方法方面，企业应采取多样化的培训方式，以适应不同个体的学习偏好和需求。一是课堂培训。传统的面对面课堂培训可以提供实时互动和即时反馈，有助于推销人员深入理解复杂的销售概念和策略。二是线上培训。线上学习平台能够为推销人员提供灵活的学习时间和环境，让其根据自己的进度进行学习，并通过在线测试和评估来测试自己的学习效果。三是进行模拟销售环境的角色扮演或案例研究，帮助推销人员在实践中运用所学知识，提高适应现实销售情境的能力。四是组织销售人员参与研讨会、行业会议，或邀请业界专家进行专题讲座，提高团队的市场洞察力和行业知识水平。

在培训内容方面，应对汽车推销人员加强以下内容的培训：①公司的历史、经营目标、组织机构设置、财务状况等公司各方面的情况。了解公司的背景能帮助促销人员更好地理解企业文化和价值观，增强他们对公司的归属感和忠诚度。熟悉公司的经营目标和组织结构有助于他们明确自己在公司中的角色和作用，并学会更好地与同事协作。了解公司的财务状况和市场地位可以使促销人员对公司的稳定性和成长潜力有一个清晰的认识，增强他们的工作信心。②公司汽车产品的型号性能、制造过程、技术工艺特点、产品配置等汽车产品情况。促销人员应熟悉公司汽车的各个型号，包括它们的性能、制造工艺、技术特点和配置等，这样才能在销售过程中准确回答客户的问题，有效展示产品优势。③各种类型的消费者的购买动机、购买习惯和购买行为特点等目标消费者情况。了解不同类型消费者的需求和行为模式可以帮助促销人员更有效地沟通和推销。通过分析消费者的购买动机和行为，促销人员可以为其设计定制化的推销策略，更好地满足消费者需求。④竞争对手的战略、政策、实力等竞争对手情况。了解市场竞争对手的情况能够帮助促销人员把握市场动态，识别公司产品的相对优势和劣势，制订有效的销售策略。⑤促销要点、促销说明、促销术的基本原理。掌握促销的基本要点和方法对促销人员来说至关重要。这包括了解促销的目的，学习设计有效的促销活动、运用不同的促销技巧以及如何衡量促销效果等内容。⑥促销的工作程序和职责。清晰的工作流程和明确的职责分配有助于促销人员了解自己的任务和责任，确保促销活动的有效实施。⑦促销人员的气质、风度、礼仪、社交能力等综合素质的培训。促销人员不仅是产品的推销者，还是公司形象的代表。因此，提升他们的个人素养，如使其具备专业的着装方式、得体的言行举止、良好的沟通技巧等，对建立客户信任和促成销售都至关重要。

（三）建立奖惩机制

奖励制度应当具有吸引力，能够激发推销人员的积极性和创造性，奖励的形式可以有多种，包括金钱奖励、晋升机会、旅游奖励、公开表彰等。关键是要确保奖励与员工的绩效直接挂钩，并以公平、透明的方式落实奖励制度，确保优秀的推销人员得到合理的奖励，从而鼓励团队成员持续努力，追求卓越。同时，必须建立一套公正的惩罚机制，对未能达到业绩目标或违反公司规定的行为进行适当的惩处。惩罚应当是标准明确的，旨在纠正不良行为，防止其再次发生，而不是仅仅为了惩罚而惩罚。通过实施有效的奖惩机制，企业可以建立起一个正向激励和自我改进的文化，有利于提高销售团队的整体表现和公司目标的实现。

(四)完善评价体系

评价体系应该全面、客观,能够准确反映推销人员的工作表现和贡献情况。它应包括量化指标和定性评价,如销售额、客户满意度、产品知识、团队合作和创新能力等。量化指标容易被测量和比较,但同时需要定性评价来补充,以获得更全面的员工表现方面的信息。评价过程应该透明公正,使每位员工都清楚评价的标准和结果,并能基于评价结果进行有效的反馈和发展规划。此外,企业应根据市场变化和公司战略调整相应的评价指标和标准。通过定期的评估和反馈,推销人员可以了解自己的强项和待改进的领域,从而持续提升个人能力和业绩表现,同时为公司提供关键的人力资源信息,为人才管理和决策助力。

第二节 汽车广告促销策略

一、广告的概念及作用

广告是一种通过各种传播媒介向公众传递信息,影响公众对某种产品、服务或观点的认知、态度或行为的有偿的信息传播方式。在商业领域,广告主要是企业为了推广其产品或服务,通过特定的传播渠道向目标市场传递有关产品或服务信息而组织的活动,具有以下作用。

(一)介绍产品,传递信息

通过广告,企业能够将产品的功能、特点、使用方法、价格等关键信息有效地传达给目标市场。这种信息传递对新产品的市场推广尤为关键,因为它能够迅速提高产品的知名度,让消费者了解并记住该产品。即使对已经有一定知名度的产品,持续的广告传递也是必要的,它能帮助企业更新消费者对产品的认知,引导消费者了解产品的新功能或改进之处。有效的信息传递能够促进消费者对产品的深入认知,使之形成购买意向,为销售活动奠定基础。

(二)刺激消费,扩大产品销路

广告能够通过吸引或说服的方式,激发消费者的购买欲望,引导他们采取购买行动。特别是在促销活动中，发布广告能够创造紧迫感，促使消费者在有限的时间内做出购买决定，从而快速提升产品销量。此外，广告通过不断重复的信息传递和创意的呈现，能够强化消费者对产品的记忆，影响消费者的购买偏好，从而在长期上扩大产品销路。

（三）树立企业形象，维持或扩大企业产品的占有率

通过广告，企业能够传递其价值观、品牌承诺和企业文化，建立与消费者之间的情感联系。这种形象的建立是长期而深远的，能够为企业赢得消费者的信任和忠诚，从而在竞争激烈的市场中脱颖而出。广告的持续影响，能够帮助企业维持现有产品的市场地位，防止其市场份额被侵蚀。同时，良好的企业形象为新产品的推出和市场接受提供了有利条件，帮助企业更轻松地扩大产品的市场占有率。

二、汽车广告媒体及其选择策略

（一）汽车广告媒体的主要类型

1.电视广告

通过电视广告，观众可以在短时间内接收到丰富的视觉和听觉信息，这种直观的感受能有效地展示汽车的外观设计、内饰精细度、驾驶场景等方面的特点。动态的演示可以更好地表现汽车的运动性能和驾驶体验感，同时，背景音乐和旁白的辅助解说能够深化观众的情感体验，增强记忆印象。电视广告的广泛覆盖和高频次曝光也有助于迅速提升品牌知名度，塑造品牌形象。然而，由于电视广告成本较高，制作和播出需谨慎规划，以确保投资回报率。

2.印刷媒体广告

印刷媒体主要指报纸、杂志、宣传册等印刷物，具有以下优点：一是通过精美的汽车照片、详细的技术规格和产品特点介绍，印刷媒体可以为消费者提供全面的信息参考，帮助他们在购车决策过程中做出更加明智的选择。二是使用印刷物便于消费者收藏和反复查阅，有利于消费者在购买前进行多次信息比对和考量。三是印刷媒体的广告投放可以更精确地针对特定细分市场或消费者群体进行宣传，提高广告效果的针对性和转化率。尽管数字媒体的兴起对印刷

媒体广告构成了挑战，但在某些消费者群体和市场环境中，印刷媒体广告仍然是一种重要且有效的汽车营销手段。

3. 网络广告

网络广告可以通过各种形式出现，包括社交媒体广告、搜索引擎广告、横幅广告、视频广告等，它们能够无缝融入消费者的日常网上活动，精准投放给目标受众。例如，通过数据分析和用户行为追踪，汽车公司能够向潜在的车辆购买者展示定制化的广告内容。网络广告的互动性能让消费者直接从广告中获得更多信息或进行即时反馈，这提高了广告的影响力。此外，网络广告的效果是可追踪的，企业可以实时监测广告效果并根据数据进行优化，确保广告预算的有效投入。

4. 户外广告

户外广告包括广告牌、交通工具广告、霓虹灯广告等，它们在高流量的地区尤其显眼，能够有效提高品牌和产品的可见度。汽车户外广告通过大尺寸的视觉展示，能够给行人或驾驶者留下深刻印象，特别是在展示新车型或宣传促销活动时尤为有效。虽然户外广告的互动性不及网络广告，但其在建立品牌形象和提升产品知名度方面仍然发挥着关键作用。

5. 广播广告

广播通过声音传递各种信息，是一种被广为使用的听觉媒体。虽然广播广告缺乏视觉元素，但它能通过声音与受众建立强烈的情感联系，尤其适合传达品牌故事或强调汽车的特定功能和优势。广播广告的成本相对较低，可通过重复播放加强听众的记忆，提高广告的渗透率。

（二）汽车广告媒体的选择策略

选择汽车广告媒体时应考虑以下因素。

1. 产品的性质

不同类型的汽车所吸引的消费群体不同，这直接关系到应选择的广告媒体的类型以及设计广告内容的方式。高端豪华车品牌可能更倾向于选择在高端杂志或专业汽车杂志上投放广告，或是选择在金融新闻网站上进行网络广告投放，这些媒介更有可能触及其目标受众。面向年轻消费者的经济型或电动汽车品牌可能更倾向于使用社交媒体或在线视频平台进行广告宣传，以吸引喜欢高科技、追求性价比或有高度环保意识的年轻群体。

2.目标消费者的媒体习惯

了解目标消费者通常接触的媒体形式、他们的媒体消费习惯以及何时何地更可能接触到广告，对提高广告投放的有效性至关重要。年轻消费者可能会更频繁地使用互联网和社交媒体，因此针对他们投放在线广告、社交媒体广告或是与网络红人合作进行推广可能更为有效。而中老年消费者可能更多地通过传统媒体，如电视和报纸获取信息，因此选择这些媒介进行广告投放能更多地触及这部分群体。

3.传播信息类型

传播信息类型对汽车广告媒体的选择起着决定性的作用。根据广告中需要传达的信息类型和内容的复杂程度，不同的媒体选择能够发挥出不同媒体各自的优势。例如，如果目的是宣布短期内即将举行的销售活动或特别优惠信息，那么企业需要选择能够迅速传递消息并覆盖广泛受众的媒体，如电台或报纸。这些媒体可以确保信息被及时送达大量潜在顾客，促使他们在活动期间采取行动。相反，如果广告内容包含大量的技术说明或详细的产品介绍，那么在专业杂志上投放广告将更为适宜。专业杂志通常有特定的读者群，这些读者对汽车的性能、设计和技术细节更感兴趣，愿意花时间深入了解，因此用专业杂志传递复杂的技术信息可以达到更好的效果。此外，如果要针对汽车产品的特定属性或优势进行深入介绍，网站、在线论坛或社交媒体平台也是不错的选择，这些平台不仅能够呈现更丰富的内容，还可以通过互动提高用户的参与度和兴趣。

4.媒体的成本

不同媒体之间成本差异显著，选择成本效益最优的媒体可以使广告投资的回报最大化。电视广告通常成本较高，但影响力和覆盖范围较大，适合用于建立品牌形象或推广主打产品。网络广告提供了更为灵活多样的预算选项，可根据广告规模和目标受众定制预算，特别适合预算有限或需要精准定位的广告活动。印刷媒体和广播广告则根据投放的规模和频次有不同的收费标准，企业需要根据自身的财务状况和广告目标，评估不同媒体的成本效益，制订合理的广告预算。此外，考虑到广告的长期效应，企业还应评估各种媒体的投资回报率，选择既能达到当前营销目标又对未来品牌建设有益的媒体策略。

三、汽车广告策略

（一）汽车广告目标选择

首先，应对企业的营销目标、产品、定价和销售渠道策略加以综合分析，以便明确广告在整体营销组合中应完成的任务、达到的目标；其次，要对目标市场进行分析，使广告目标更加具体。广告目标的具体内容包括以下四种：一是增进沟通，需要明确沟通到什么程度；二是提高产品知名度，帮助顾客认识、理解产品；三是建立消费者的需求偏好和品牌偏好；四是促进购买，增加销售，达到一定的市场占有率和销售量。

（二）汽车广告定位策略

汽车广告定位策略主要有以下三种：

1.广告的实体定位策略

广告的实体定位策略侧重于强调汽车产品本身的独特属性和卖点，通过明确的功能定位、质量定位和价格定位吸引目标消费者。例如，沃尔沃在强调其汽车的安全性能时，不仅在广告中展示高级安全技术和测试成绩，还通过讲述用户的真实故事来强化这一点，从而在消费者心中建立起"沃尔沃即安全"的品牌形象。类似地，雷克萨斯在强调其高端精致的品质时，在广告中重点展示了其精湛的工艺、豪华的内饰和卓越的驾驶体验，以与其他品牌相区别，并在高端汽车市场中确立其地位。这种实体定位策略有利于提升品牌的市场竞争力，是塑造品牌形象的关键。

2.目标市场定位策略

目标市场定位策略着重于根据特定的市场和消费者群体的特点来调整广告内容和传播渠道，以提高广告的针对性和效果。这种策略要求品牌准确识别和理解其目标市场的特性，包括消费者的生活习惯、媒体消费行为和文化背景等。例如，针对农用车市场的广告应考虑到农民的工作时间和媒体习惯，避免在农忙时段播出，确保广告能够有效触及目标受众。同样，进入外国市场时，广告内容需要符合当地文化和价值观，以便更好地与当地消费者产生共鸣。通过精准的市场定位，企业可以更有效地利用广告预算，增强品牌在特定市场的影响力和竞争力。

3.心理定位策略

心理定位策略包括正向定位、逆向定位和是非定位三种。正向定位通过展示产品的优势和价值来吸引消费者，如强调汽车的舒适性、经济性或环保性，以塑造积极向上的品牌形象。逆向定位则通过唤起消费者对某些社会问题或状况的关注来促使消费者支持品牌，例如，强调企业的环保理念或社会责任。是非定位则通过明确区分品牌与竞争对手的差异，强调自身的独特性和优越性，有时甚至会通过对比展示来直接挑战竞争者，以在消费者心中建立明确的品牌定位。这种心理层面的定位能够深化消费者对品牌的感情和忠诚度，从而在竞争激烈的市场中占据有利地位。

（三）汽车广告创意与设计

企业应根据不同媒体的特点，设计创作广告信息的内容与形式，立意应独特、新颖，形式要生动，广告词要易于记忆，宣传要重点突出。创意团队可以使用多种视觉和听觉元素，如画面、音乐和旁白等，来增强广告的吸引力和感染力，通过创新的表现手法和故事叙述，更生动、更有感染力地传达品牌信息，激发观众的情感共鸣。此外，随着数字媒体和社交网络的兴起，汽车广告创意与设计也在越来越多地融入互动性和参与性元素，如社交媒体互动、在线视频、增强现实体验等，这些新兴形式不仅能够提高消费者的参与度和体验感，还能在更广泛的范围内传播品牌信息，扩大广告效应。

（四）汽车广告时间决策

第一，企业需要根据整体营销战略和产品生命周期来决定广告的起止时间。例如，新车型上市前的预热广告、上市初期的集中推广以及市场成熟期的持续宣传等。每个阶段的广告目标和策略都有所不同，因此需要在不同时间段实施相应的宣传活动。例如，在新车型发布前，广告应聚焦于建立期待感和兴趣，而新车型上市初期的广告则应集中资源做大范围推广，以迅速提升产品的知名度和市场接受度。

第二，选择合适的广告播出时间。黄金时间段的电视广告虽然成本较高，但能够带来更广泛的覆盖率和更高的观众注意力，适合推广新产品或进行重大活动的宣传。非黄金时间段则成本相对较低，可用于维持品牌曝光度和深化消费者印象。此外，广告的时间选择还应考虑目标消费者的媒体习惯，确保广告能够有效触达目标群体。

第三，企业还需决定是进行集中时间的广告投放还是进行时间均衡的持续推广。集中投放通常适用于新产品推出或重大促销活动的宣传，能够在短时间内产生较大影响；而均衡推广则适用于进行长期品牌建设和市场维护，能够确保品牌在消费者心目中持续存在。

（五）汽车广告预算策略

广告预算是企业制订和实施广告战略的财务基础，它能直接影响到企业能够开展的广告活动种类和规模，以及选择较高成本的广告渠道的能力。企业的广告预算大小受多种因素影响，包括产品的创新性、差异性、市场竞争力、目标市场的广度，以及竞争对手的实力等。根据这些因素，企业可以采用不同的方法来制订广告预算，确保广告活动能够有效支持其市场目标和业务的增长。汽车广告预算方法主要有以下几种：

1. 销售比例法

销售比例法是一种常用的广告预算制订方法，其核心思想是根据企业的销售额（或预计销售额）来确定广告预算。具体来说，企业会设定一个固定的百分比，将其应用于过去的销售额或预期销售额，以此计算出广告预算。这种方法的优势在于操作简单，易于理解和实施，且预算与企业的销售业绩直接挂钩，有助于保证广告投入与销售收入的相对平衡。然而，这种方法也存在局限，特别是在新产品推出或市场环境发生显著变化时，仅依靠过去的销售数据可能无法准确反映实际的广告需求。

2. 目标任务法

目标任务法要求企业明确广告活动的具体目标，然后确定实现这些目标所需完成的任务和相应的费用。这一方法从预期的市场目标出发，考虑到实现这些目标所需要的广告类型、媒介选择、创意开发等各个方面，综合评估以制订预算。目标任务法的优点在于，它能够更直接地将广告预算与企业的市场营销目标相对应，有助于确保广告投入更加有针对性和效率。不过，这种方法要求企业对市场有深入的了解，能够准确设定和分解广告目标，同时需要较强的预算编制和成本控制能力。

3. 竞争对抗法

竞争对抗法是指企业根据竞争对手的广告投入来调整自己的广告预算的方法。这种方法的出发点是维持或提高企业在市场上的竞争力，避免在广告投放上被竞争对手超越，失去对应市场份额。例如，如果主要竞争对手加大了广告投入，企业可能会相应增加自己的广告预算，以保持市场竞争力和可见度。竞争对抗法要求企业不断监控竞争对手的广告活动和市场动态，这需要企业具备一定的市场情报收集和分析能力。虽然这种方法有助于企业在竞争激烈的市场中保持活力，但也存在风险，因为广告预算的制订过分依赖竞争对手的行为，可能会导致过度投资或资源分配不当。

4. 倾力投掷法

倾力投掷法，又称作全力投入法，是一种比较激进的广告预算策略，要求企业将可用的最大资源投入广告宣传，目的是在短时间内快速提升品牌知名度、市场份额和销售额。这种方法通常适用于新品牌的推广或新产品的市场渗透，尤其是在产品生命周期的引入阶段或市场竞争异常激烈时。倾力投掷法要求企业有足够的财务实力以支撑大规模的广告活动，并对市场有深刻的理解，确信广告投入能够带来相应的市场回应。虽然这种方法可能会带来巨大的市场效应，但风险也相对较高，如果广告效果未达预期，企业可能会遭受重大的财务损失。

第三节 汽车营业推广策略

一、营业推广的概念与特点

（一）营业推广的概念

营业推广亦称销售促进，是指企业运用各种短期诱因，鼓励消费者和中间商购买、经销或代理企业产品或服务的促销活动。[1]

---

[1] 成玉莲、常兴华：《汽车营销》，北京理工大学出版社，2011，第226页。

（二）营业推广的特点

营业推广具有以下四个特点：一是目标明确。营业推广活动具有非常明确的目标，如提升短期销售、清理库存或提高产品知名度等。这些活动通常具有明确的时间限制和具体的目标指标，这些指标的设定能够使企业根据推广结果评估活动的有效性。二是时效性强。营业推广通常被设计为短期活动，以迅速刺激市场反应和销售增长。这种时效性要求企业快速部署和执行推广计划，并在活动期间密切监控市场反应和销售数据，以实现方案的即时调整和优化。三是可度量性。与长期的品牌建设活动相比，营业推广的成效更容易通过销售数据和市场反馈被直接衡量。企业可以通过对比活动前后的销售量、客流量或市场份额等数据来评估营业推广的效果。四是灵活性。营业推广活动可以根据市场状况、竞争环境和消费者需求的变化进行灵活调整。企业可以选择不同的促销工具和方法，或对活动内容即时进行改变，以适应市场变化实现推广效果最大化。此外，营业推广还可以与其他营销活动，如广告、公关或个人销售相结合，形成综合的营销策略，进一步增强市场影响力。

二、汽车营业推广的方式

（一）适用于消费者市场的方式

1. 分期付款

由于汽车价格一般比较高，普通消费者难以一次付清所有款项，因此各汽车公司都能提供分期付款服务。分期付款是指企业设置一个较低的初始定金，随后消费者在约定的时间内支付余款的付款方式。通过提供分期付款服务，汽车经销商可以降低消费者的购买门槛，使更多潜在的买家能够承担得起汽车购买的成本。但对汽车生产企业来说，分期付款占用资金较多，周转回收缓慢，企业自身承担了较高的风险，因此，人们需要制订分期付款的相关法规，明确各方的权利和责任，建立信用评估机构，推进分期付款购车的健康发展。

2. 汽车租赁销售

汽车租赁销售是指承租方向出租方定期交纳一定的租金，便可以使用汽车的汽车消费方式。在租赁期末，消费者可以选择购买汽车、更换新的租赁汽车或归还汽车。这种方式特别适合那些汽车技术知识更新快速、希望能经常体验到最新款汽车的消费者。汽车租赁销售还可以帮助经销商快速轮转库存，吸引更广泛的客户群。为了推广汽车租赁销售，经销商需要设计具有竞争力的租赁方案，提供多样化的车型选择，并使租赁流程更加简单化和透明化。

3. 汽车置换业务

汽车置换业务包括汽车以旧换新、二手汽车整新跟踪服务、二手汽车再销售等一系列业务。汽车置换业务可以加速汽车的更新改造，而且汽车置换业务投资回报很快，加速折旧及置换还可使企业在税赋方面享有更多优惠。

4. 附带赠品

附带赠品是指通过提供额外的价值来吸引消费者购买的方式。赠品可以是与汽车使用直接相关的物品，如汽车配件、保养服务券、保险优惠等，也可以是具有一定吸引力的其他类型的商品或服务。这种推广方式可以提高消费者的购买意愿，特别是对价格敏感的消费者更为有效。为了确保赠品推广策略的成功，赠品需要具有实际的使用价值，能够引起目标消费者的兴趣。同时，赠品的提供应与产品销售紧密结合，既要突出赠品的附加价值，也要避免让消费者感觉到赠品是对产品本身价值的替代。

5. 免费试车

通过免费试车，消费者可以亲自感受到汽车的驾驶性能、舒适度以及技术特点，这种亲身体验对消费者做出购买决定是非常重要的。为了使免费试车的推广效果最大化，经销商需要确保试车过程简便、愉悦，并提供专业的指导和咨询。此外，试车活动还应充分考虑消费者的时间和地点偏好，提供灵活的预约试驾机会。

（二）适用于经销商的方式

1. 价格折扣

价格折扣是指直接对经销商的购车价格进行调整，为其提供低于市场定价的价格的推广方式。这种方式可以激励经销商增加对某些汽车型号的采购量，尤其是那些在市场上相对不那么受欢迎或难以销售的车型。价格折扣还可以用来奖励经销商的某些行为，如提前付款或大批量订购，通过直接减少经销商的采购成本，提高其盈利空间，进而增强其销售动力。

2.折让

折让的主要目的是补偿经销商在产品推广上的投入。广告折让提供给那些为产品做广告宣传的经销商，而陈列折让则提供给那些需要在店面进行特别陈列以吸引消费者的经销商。这些折让可以是现金回扣、额外的折扣或其他形式的经济激励，旨在减轻经销商的推广负担，鼓励其更积极地进行市场营销和产品展示。例如，汽车生产企业可能会给经销商提供免费的宣传材料，提供特殊价格的展示或试驾车辆，或提供销售和服务培训，以增强经销商的营销能力和产品推广效果。

3.免费商品

对销售特定车型的汽车或销售额达到一定数量的经销商，企业可以额外赠送一定数量的汽车产品，也可赠送促销资金，如现金或礼品等，以支持其在当地的销售和营销活动。这种直接的物质激励有助于提高经销商的忠诚度和销售积极性，促进销售业绩的增长。

（三）适用于人员促销的方式

1.贸易展览会和集会

贸易展览会和集会为汽车制造商提供了一个向公众展示其最新产品、技术和服务的平台。通过参加这些活动，企业不仅能够直接与潜在消费者接触，还能提升品牌的行业影响力和公众知名度。例如，通过组织年度汽车展览会或在大型汽车展上展示概念车和新车型，制造商能够直观地展示其汽车的设计、技术优势和性能，吸引消费者和媒体的关注。此外，展览会还为制造商提供了与经销商、供应商和同行业者交流的机会，有助于制造商与各方建立业务联系和探索合作机会。

2.销售竞赛

通过为经销商和促销人员组织年度竞赛，企业可以激励他们努力达成更高的销售目标。企业通常可以为达成或超越销售目标的个人或团队提供奖励，如现金奖励、旅行、奖品或认证等。这种竞赛氛围不仅能够提高销售人员的积极性和参与感，还能促进团队之间健康竞争，最终帮助企业实现销售增长和市场份额的扩大。

3.纪念品广告

纪念品广告是通过向潜在客户赠送带有产品信息的小礼品来提升品牌认知度和亲和力的一种促销手段。这些赠品通常成本较低，但能够在消费者中留下深刻印象，如钥匙扣、笔、帽子或 T 恤等，上面印有汽车品牌的标识或信息。纪念品广告不仅有助于建立品牌形象，还能通过获取消费者的联系信息为后续营销活动的开展打下基础。此外，这种个性化的关注和小礼物可以增强消费者的好感，为建立长期的客户关系奠定基础。

三、汽车营业推广方案的制订

汽车营业推广方案的制订过程如图 7-3 所示。

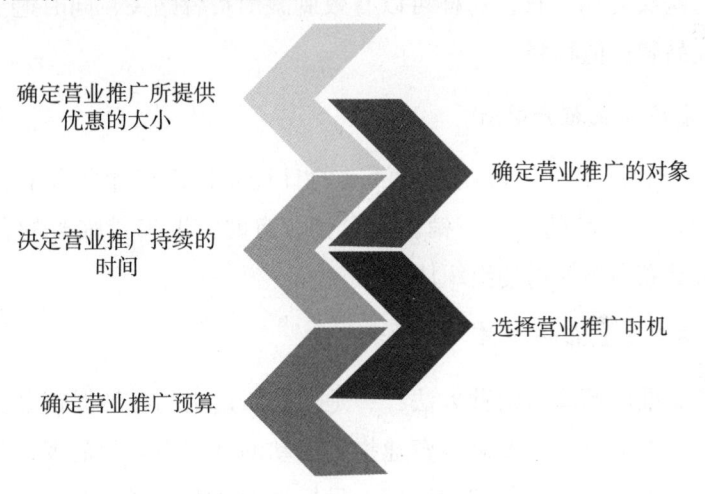

图 7-3　汽车营业推广方案的制订

（一）确定营业推广所提供优惠的大小

营业推广所提供优惠的大小直接关系着促销活动的吸引力。通常，优惠力度越大，汽车的促销效果越明显，但同时会增加成本。因此，企业需要仔细评估优惠大小与预期销售增长之间的关系，使促销投入带来的销售增长能够覆盖成本，并实现盈利。此外，优惠的设计还需考虑市场需求的弹性，即消费者对价格变化的敏感度，以及竞争对手可能的反应，以确保优惠既具吸引力又具竞争力。

（二）确定营业推广的对象

不同的消费者群体对同一促销活动的反应可能截然不同。因此，明确哪些个人或团体是促销活动的目标，可以帮助企业更有效地定位其营业推广资源的目标客户，避免资源浪费。同时，根据目标客户的特性和购买习惯来设计促销优惠，可以提高促销效果，加强企业与目标市场的联系。

（三）决定营业推广持续的时间

营业推广促销时间过短可能难以吸引足够的注意力和预期销售效果的达成，而营业推广促销时间过长则可能使消费者习惯于享受优惠，妨碍正常销售活动的展开。一般而言，企业应将营业推广促销活动的持续时间设定为目标消费者的平均购买周期时长，这样可以有效刺激消费者购买，同时避免不必要的市场混乱或品牌价值稀释。

（四）选择营业推广时机

企业应当制订出全年营业推广活动的日程安排，有计划有准备地进行推广，以配合汽车产品的生产、销售和分销。有时需要安排临时的营业推广活动，这就需要做出短期内的组织协调。

（五）确定营业推广预算

确定营业推广预算有两种方法：一是根据所选用的各种促销办法来估计它们的总费用。企业首先需要确定营业推广活动的具体内容和范围，包括预计进行的促销活动种类、预估的覆盖区域、目标消费者群体规模以及预计使用的促销工具和材料等。然后评估这些活动的具体成本，包括材料、人力、场地租赁、广告费用等，将这些成本相加得出总预算。这种方法的优点是可以根据实际规划的活动内容较为准确地确定预算，确保资金的有效分配。二是按习惯比例来确定各促销预算费用占总促销预算费用的百分比。这种方法通常会基于过往的经验或行业标准，将促销预算设置为一定比例的公司销售收入或总预算。例如，一个企业可能根据历史数据或同行业的平均水平，决定将营业推广预算定为年销售额的5%。这种方法的优点是操作简单，有助于快速决策，但可能缺乏对具体营业推广活动需求的考量，从而导致预算过高或过低，不足以支持实际的营业推广需求。

四、汽车营业推广的实施与评价

（一）汽车营业推广的实施

汽车营业推广方案被制订后，必须经过试用，再向市场投放。企业可以邀请消费者对备选的几种不同的优惠办法作出评价或打分，也可以在有限的地区范围内进行试用性测试，以测试促销工具的选用是否适当、刺激效果是否能达到最佳等。

汽车营业推广的实施包括两个阶段：销售准备阶段和销售延续阶段。

在销售准备阶段，企业需要进行一系列的准备工作，一是计划制订，明确推广活动的目标、范围、时间表和预期效果。二是设计，涉及推广材料和工具的创作，包括促销广告、宣传册、海报等，都需要与推广活动的主题和信息相一致，同时具有吸引消费者的视觉效果。三是配合广告的准备工作，包括媒体投放计划的制订和内容的协调，以及销售点的材料准备，确保各销售渠道能够配合推广活动为消费者提供统一的消费体验。四是通知现场促销人员，为个别分销网点建立分配额，并准备好赠品或包装材料，确保在活动开始时能够将之迅速投放市场。

销售延续阶段是指从推广活动实施开始到大部分目标消费者采纳优惠措施为止的这一时间段。在此期间，企业需要密切关注销售数据和库存情况，确保供应链的顺畅，并根据活动进展状况调整生产和物流计划。同时，持续的市场沟通和消费者互动非常重要，企业应通过不同渠道收集消费者反馈，评估促销优惠的吸引力和实际效果，并根据需要对活动内容进行优化。此外，为了维持消费者兴趣和经销商的销售动力，企业需要在活动中期推出额外的激励措施或进行二次宣传。销售延续阶段的目标是使推广活动的市场覆盖率和销售转化率最大化，实现企业的营业增长目标。

（二）汽车营业推广的评价

一般用以下两种方法对汽车营业推广的效果进行评价。

1. 销售数据

销售数据是评价汽车营业推广效果的直接指标。通过对比推广活动前后的销售数据，企业可以直观地了解到推广活动对销量的影响。具体而言，企业会关注在促销活动期间及之后的销售额、销售量、市场份额等关键指标的变化。还可以将销售数据细分到不同的产品型号、地区、销售渠道等，以获得更详细的分析。通过这种分析，企业可以评估哪些促销活动最为有效，哪些地区或渠道响应效果最佳，从而为未来营业推广策略的制订提供数据支持。然而，销售数据受多种因素影响，如市场环境变化、竞争对手活动、消费者购买力变动等，因此在分析销售数据时企业需要考虑这些外部因素的影响，以做出更准确的评价。

2.消费者调查

消费者调查是评价汽车营业推广效果的另一个重要方法，它从消费者的角度出发，收集关于他们对推广活动的认知、态度和行为反应的信息，进而对汽车营业推广的效果进行评价。通过问卷调查、面对面访谈、焦点小组讨论等方式，企业可以了解到消费者对促销活动的知晓率、参与度、满意度，以及这些活动是否能影响他们的购买决策。消费者反馈可以帮助企业评估促销活动的吸引力和说服力，识别促销活动的优点和不足，从而在未来的推广中做出改进。此外，通过消费者调查，企业还可以获得有关市场趋势、消费者需求和竞争环境的宝贵信息，这些信息对于制订长期的营销和推广策略至关重要。消费者调查需要专业的方案设计和执行，以确保数据的准确性和可靠性。

第四节 汽车公共关系促销策略

一、公共关系及其促销功能

公共关系促销是指社会组织运用沟通手段使自己与公众相互了解和相互适应，以争取公众的理解、支持和协作的一系列管理活动。[1]

汽车企业作为一种社会组织，也可以利用公共关系手段协调自己与社会公众的关系，为自己创造有利的营销环境。一般来说，公共关系的促销功能主要体现在以下几方面。

一是争取获得更多对企业及其产品有利的新闻报道。通过与媒体建立良好

---

[1] 吴文彩：《汽车营销》北京邮电大学出版社，2006，第269页。

的关系，汽车企业可以确保自己的正面消息和成就得到有效传播。这些新闻报道不仅可以提升企业和产品的知名度，还可以提升公众对企业的正面认知，从而为企业创造有利的市场环境。新闻报道的客观性和权威性同样有助于增强信息的可信度，为企业和产品赢得公众的信任。二是协助推广新产品。通过组织开展新产品发布会、媒体试驾活动和其他公关活动，汽车企业可以有效地吸引公众和媒体的注意力，介绍新产品的特点和优势。这些活动不仅可以直接激发顾客对新产品的兴趣，还能为新产品建立良好的市场口碑，加速产品的市场接受过程。三是协助成熟期产品的重新定位。随着市场环境和消费者需求的变化，成熟期的产品可能需要重新定位以保持市场竞争力。开展公共关系活动可以帮助企业传递这种重新定位的信息，通过故事讲述、用户见证或公益联动等方式，为成熟产品注入新的生命力，延长其生命周期。四是建立消费者对产品的兴趣。通过举办体验活动、参与展览会或发起社会活动等，汽车企业可以与消费者直接互动，让消费者近距离感受产品的魅力，从而激发他们对产品的兴趣和购买欲望。五是影响特定的目标群体。企业可以通过实施有针对性的公共关系策略来吸引和影响特定的消费者群体或利益相关者，如通过赞助针对特定人群的活动或与特定社群合作，有效地将企业信息传达给目标群体，建立良好的品牌形象。六是化解企业及其产品出现的危机。面对负面事件或公众危机的发生，实施有效的公共关系策略可以帮助企业及时与相关方沟通，透明处理问题，恢复公众信任，减轻危机对品牌和产品的负面影响。七是树立有利于表现其产品特点的企业形象。通过塑造积极、负责任和追求创新的企业形象，企业可以在公众心目中建立独特的品牌定位，为产品特点和优势的传播提供有力支持，从而促进产品的销售和品牌发展。

二、汽车公共关系促销的原则

（一）诚信原则

诚信是汽车公共关系促销中最重要的原则之一，它要求企业在所有公共交流活动中坚持真实性和透明性。诚信不仅体现在提供准确无误的产品信息和公司新闻上，还体现在面对质疑和危机时的诚实回应上。企业必须保证其对外发布的所有信息都是真实可靠的，避免夸大其词或误导公众，这有助于建立和维护公众的信任和尊重。

（二）互动原则

汽车公共关系促销应当注重与公众的互动和参与，建立双向沟通的桥梁。这意味着企业不仅需要向公众传递信息，还需要倾听公众的声音，包括消费者的反馈、意见和建议。通过社交媒体平台、客户调研、公开论坛等渠道，企业可以与消费者建立对话，理解他们的需求和期望，从而提升公共关系活动的针对性和效果。

（三）一致性原则

在公共关系促销活动中，保持信息和品牌形象的一致性至关重要。这要求企业在不同的平台和场合下传达一致的信息，避免容易混淆或互相矛盾的信息对品牌形象造成损害。一致性还意味着企业的行为与其公开宣称的价值观和承诺相符，确保公众对品牌有一个稳定且一致的认知。

（四）持续性原则

公共关系不是一次性的活动，而是一个持续的过程。成功的汽车公共关系促销需要长期的规划和持续的努力，包括举行定期的沟通活动，进行持续的品牌形象塑造和关系维护。企业应将公共关系视为长期投资，不断地通过各种渠道和活动与公众互动，及时更新和传达品牌信息，以应对市场和公众态度的变化。

三、汽车公共关系促销的策略

汽车企业公共关系促销的策略可分为三个层次，如图 7-4 所示。

公共关系活动

公共关系宣传　　　　公共关系意识

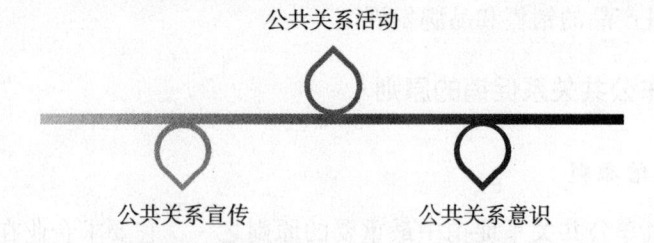

图 7-4　汽车企业公共关系促销的策略

（一）公共关系宣传

公共关系宣传主要是指利用各种传播媒介来广泛宣传企业的促销策略，目的是扩大企业的社会影响力，提高其知名度。汽车企业通过发布新闻稿、撰写专栏文章、参与电视和广播访谈、利用社交媒体等多渠道宣传，可以有效地传递企业文化、价值观和品牌故事，以及其产品的优点和特性。这种宣传不仅有助于塑造企业的正面形象，还能在消费者心中建立品牌认知，为进一步的市场推广打下坚实基础。

（二）公共关系活动

公共关系活动是指通过支持和组织各种类型的社会活动来树立企业在公众心中的形象，以获得公众好感的策略。汽车企业赞助或参与社会活动、慈善事业、教育项目、环保行动等，不仅能展现社会责任感，还能增进与公众的互动和联系。这些活动有助于建立企业与社会公众、潜在客户以及其他利益相关者之间的良好关系，通过正面的社会行动获得公众的好感和支持。例如，通过支持环保活动，汽车企业可以在公众中塑造绿色环保的品牌形象，吸引那些注重可持续发展的消费者。

（三）公共关系意识

公共关系意识层面要求企业营销人员在日常经营活动中展现出良好的公共关系意识。这包括在与客户、合作伙伴、媒体和公众交往时展现出专业、诚信和友善的企业形象，以及在处理危机事件时，表现出透明和负责任的态度。营销人员的公共关系意识对塑造企业的日常形象至关重要，能够在细节中赢得公众的信任和尊重。当公共关系意识被内化为企业文化的一部分时，企业能够在各个接触点上与公众建立正面的关系，进而积累良好的声誉。较强的公共关系意识还能促使企业将公共关系策略与其他促销手段相结合，形成协同效应，增强整体的促销效果。

四、汽车公共关系促销的实施步骤

（一）制订公共关系促销目标

公共关系促销目标的设定需要具体、明确且可衡量，这些目标不仅应与企业的总体营销目标和品牌战略相一致，还应考虑到公众的期望和企业的社会责任。例如，一个汽车企业设定的公共关系促销目标可能包括增强品牌形象、提升品牌知名度、改善顾客满意度、增强顾客忠诚度、扩大市场份额或有效管理危机。在设定目标时，企业还需考虑目标的可达成性，使每个目标都有明确的时间框架和评估标准，以便在活动后评估其成效。此外，目标的设定还应灵活适应市场和社会环境的变化，确保公共关系促销活动能够有效响应外部变化，实现预期效果。

（二）选择公共关系主题和载体

公共关系促销主题应该鲜明、有吸引力且易被公众理解，能够准确传达企业想要传递的核心信息和价值观。同时，主题应与企业的品牌形象和市场定位保持一致，能够在公众中产生共鸣。选择合适的载体也至关重要，公共关系载体可以有新闻发布会、社交媒体、博客、视频、专题活动等多种形式，需要根据目标群体的特点和媒介消费习惯来选定。针对年轻消费者的公共关系活动可更多地利用社交媒体和网络视频，而针对商务客户的活动则可更侧重于行业展会和专业杂志。通过精心选择和设计主题及载体，公共关系促销活动能够更有效地触及目标群体，传递企业想要传达的信息，建立积极的公众形象，促进企业目标的实现。

（三）实施公共关系促销计划

实施公共关系促销计划是将事前的策划方案转化为具体行动的关键步骤。这一阶段需要企业对计划的每个组成部分进行详细的安排并保证计划被有效落实，确保每项活动都能按时按质完成。在实施阶段，汽车企业需要协调内部资源，如组织营销、公关、客户服务等部门的协作，确保信息的一致性和活动的协同效应。同时，企业还需与外部合作伙伴，如媒体、广告公司、事件策划机构等，建立良好的沟通和合作关系，确保公共关系活动能够顺利推进。对突发的公关危机事件，企业需要迅速而有效地响应，通过实施适当的公关策略来控制情况，维护企业形象。

（四）评估公共关系活动的效果

如果公共关系活动在其他促销手段之前开展，可以通过如下三种方法进行评估。

1. 展露度衡量法

展露度衡量法主要通过分析公共关系报道在各种媒体上的曝光频率和持续

时间来评估其影响范围。通过监测媒体覆盖情况，企业可以量化报道的广度（如覆盖的媒体数量和类型）和深度（如报道的长度和质量）。此外，社交媒体的分享、评论和点赞等互动数据也可以作为衡量标准，为企业提供更全面的展露度信息。虽然这种方法能够提供与公共关系活动曝光程度有关的直接数据，但它无法直接反映这些活动对品牌形象或消费者行为的实际影响，需要与其他评估方法结合使用以获得更全面的评估结果。

2. 衡量公众对产品的注意、理解、态度变化

衡量公众对产品的注意、理解、态度变化可以通过前后对比调查来实现，调查内容包括消费者对产品的知晓度、对品牌信息的理解程度以及对企业或产品的态度变化。例如，通过组织研讨会、周年纪念或体育比赛等活动，企业可以增强与公众的互动，进而影响公众的认知和感知。通过问卷调查、面对面访谈或在线反馈等方式，企业可以收集数据，了解公共关系活动对目标受众的具体影响。然而，这种方法受多种因素影响，如活动本身的吸引力、参与度和外部环境因素，需要综合分析以确保评估结果的准确性。

3. 计算公共关系投资收益率

计算公共关系投资收益率（Return On Investment, ROI）是一种更为直接的评估方法，它通过比较公共关系活动前后的销售额和利润增长率来衡量活动的经济效果。这种方法可以提供量化的数据，直观反映公共关系活动对企业财务状况的影响。具体做法是计算在扣除公共关系活动成本之后，企业的额外利润或销售增长，以此来评估活动的成效。尽管 ROI 提供了有力的经济效益证明，但公共关系活动的影响往往是多方面的，不仅仅局限于短期的财务表现，品牌价值和客户忠诚度等非财务指标同样重要但难以量化。因此，将 ROI 与其他评估方法结合使用，可以更全面地评估公共关系活动的效果。

第八章 汽车营销策略的发展与创新

第一节 基于物流配送模式的汽车营销策略

随着汽车产业的发展和城市化进程的加快，汽车的物流配送已经成为一个不可或缺的环节。汽车营销作为汽车产业的重要组成部分，需要与物流配送模式相结合，以满足消费者对汽车的购买需求。本节从物流配送模式的角度出发，探讨汽车营销策略的优化方案，为汽车厂商提供可行的市场推广方案。

一、物流配送模式的概念与分类

（一）物流配送模式的概念

物流配送模式指的是在供应链管理中，从生产到最终消费者之间的物流运输和仓储环节的组合和规划模式。在汽车行业中，物流配送不仅包括运输和存储，还包括订单处理、包装、信息管理等多个环节，其目标是提高整体物流效率，降低成本，同时提升客户满意度和服务质量。

（二）物流配送模式的分类

物流配送模式主要包括以下两种：

1.直营物流

直营物流是指汽车厂商直接负责汽车物流配送，涉及生产、储存和配送全过程。采用这种模式，可以更好地掌控物流环节，迅速地对市场变化做出响应，满足客户需求。此外，直营物流还可以通过优化运输路线、改进仓储策略和加强信息管理等方式，进一步提升物流效率。然而，这种模式也要求汽车厂商在建立和维护物流体系上投入大量资本，包括仓库、运输车队、物流信息系统等软硬件设施的建设和维护,这无疑增加了企业的经营成本。此外,自主管理整个物流体系需要高水平的管理能力和技术支持,对厂商的组织结构和管理水平提出了更高要求。

2.经销商物流

经销商物流是指汽车厂商将物流配送的职权下放给经销商,实现物流过程的外包。该模式的主要优势在于能够利用经销商在当地的资源和更了解市场的优势,使物流配送更加灵活和高效。经销商通常对自己所在区域的市场环境有深入的认识,能够根据当地市场的具体需求进行快速调整,提高客户满意度。同时,这种模式能为汽车厂商减轻建立和维护庞大物流系统的财务和管理负担。委托经销商处理物流配送意味着汽车厂商需要与经销商建立起密切的合作关系,并有效协调沟通以确保物流服务的质量。这种依赖可能导致企业控制力的下降,如果经销商出现服务质量问题或管理不善,就可能损害到汽车品牌的形象和客户满意度。因此,虽然经销商物流减轻了厂商的负担,但同时要求厂商在选择和管理经销商方面投入更多的精力,确保双方合作的成功。

随着信息技术的发展,目前出现了无人配送、智能配送等新型物流配送模式。这些模式利用自动化和信息技术,提高了物流效率,降低了人力成本,同时能提高配送的准确性和可靠性,为汽车营销带来了新的机遇。例如,无人驾驶车辆和无人机配送能够在某些特定场景下,如城市拥堵状况下的配送或偏远地区配送,提供更有效率的配送方案。

二、物流配送模式对汽车营销的影响

(一)提高了销售效率和客户满意度

随着物流网络的优化,汽车可以被更迅速地送至消费者手上,这对企业快速反应市场变化十分有利。特别是在线购车模式的兴起让消费者无需前往远离的经销商,就能选购到心仪的汽车,大大节省了他们的时间和精力。此外,物流配送的高效率也意味着新车型和技术的更新迭代能被更快地推向市场,缩短了产品的更新周期,满足了消费者对新技术和新设计的追求。这种快速响应和交付能力不仅提升了客户的购车体验,还增强了客户对品牌的好感和忠诚度,从而促进销量的增长和市场份额的扩大。

（二）扩大了销售网络和市场覆盖范围

通过高效的物流配送系统，汽车厂商能够将车辆运输到更多的地区，包括那些传统销售渠道难以触及的偏远地区。这种地理上的扩展提高了消费者的购车便利性，为他们提供了更多选择和比较的机会。同时，线上销售渠道的融合进一步拓宽了销售网络，使消费者不离家门也能选购全国乃至全球的汽车产品，这种便捷性和选择性的提高有助于吸引到更广泛的客户群，增加销售机会。

（三）提升了售后服务的质量和效率

在传统的汽车营销模式中，提供售后服务的空间往往被局限于特定的服务中心或 4S 店，这在某种程度上降低了服务的及时性和便利性，尤其是对居住在偏远地区的消费者而言。随着物流配送模式的发展，厂商可以通过更加广泛和高效的物流网络，将售后服务延伸到更多的地区，触及更多消费者。消费者无论身在何处，都能更快地获得维修服务、零部件更换等售后支持，这极大地提高了服务的响应速度和到达率。此外，物流配送模式还能够使厂商更有效地管理零部件的库存和分配，确保关键零部件的快速供应，减少车辆维修和保养的等待时间。同时，随着物流信息技术的发展，厂商可以实现对售后服务流程的实时监控和管理，优化服务流程，提升服务质量。这些改进不仅提升了消费者对品牌的满意度和忠诚度，还促进了品牌口碑的传播，为汽车品牌建立了良好的服务形象，有助于维护和增强企业的市场竞争力。

（四）降低了汽车营销成本

物流配送模式使厂商可以更加精确地预测市场需求，优化生产和库存管理，减少过剩库存并降低库存积压的风险。同时，通过集中化的物流中心管理和运输路线的优化，厂商能够减少物流环节产生的冗余成本，如运输成本、仓储成本和管理成本，实现成本的整体降低。成本的降低为汽车厂商提供了更大的价格策略灵活性，使其能够通过更具竞争力的价格吸引消费者，增加市场份额。同时，节省下来的成本可以被再次投资于产品研发、市场推广或服务质量的提升上，从而进一步增强企业的竞争力和市场吸引力。此外，成本的降低还有助于提高企业的盈利能力，为企业的长期战略发展和投资提供更稳健的财务基础。

三、基于物流配送模式的汽车营销策略

(一) 构建多元化物流配送模式

汽车行业的市场环境十分多变,消费者需求各异,而构建多元化物流配送模式可以有效响应这种变化性和多样性。企业可以从以下几方面入手:

1. 分析市场需求与细分物流策略

企业需要进行深入的市场分析,了解不同地区和客户群体的具体需求,如目标市场的物流配送要求、客户对配送速度和质量的期望,以及地理和环境因素等。基于这些分析,企业可以细化其物流配送策略,为不同的市场和产品类型设计最合适的物流模式。例如,紧急或高价值的汽车配送,可以采用快速直运的物流服务;而标准或非紧急的配送,可以选择成本更低的批量运输解决方案。这种策略的细分可以帮助企业更精准地满足市场需求,同时优化物流成本结构和效率。

2. 整合内部资源与外部合作

构建多元化的物流配送模式还需要企业整合内部资源和寻求外部合作。内部资源的整合涉及优化企业内部的物流管理流程、提升物流设施的效能,以及加强物流人员的技能提升培训等。外部合作则意味着企业需要与不同的物流服务供应商建立合作关系,如第三方物流公司、专业的运输服务商或地方性的配送网络机构。通过建立广泛的合作伙伴网络,企业不仅可以利用各方的专长和资源来优化自己的物流配送服务,还可以提高物流系统的灵活性和适应性,以应对市场变化和应急情况的发生。

3. 利用技术创新提升物流效率

在构建多元化物流配送模式的过程中,技术的应用是不可或缺的。企业应积极采用最新的物流管理技术和信息系统,如物联网(IoT)、大数据分析、云计算和人工智能等,以实现物流过程的透明化、自动化和智能化。这些技术可以帮助企业实时追踪物流状态,预测和处理物流中的问题,优化路线和库存管理,从而提高整体的物流配送效率和响应速度。同时,技术创新还可以帮助企业收集和分析大量的物流数据,为进一步优化物流策略和提升客户服务质量提供支持。

(二)线上销售与线下体验相结合

第一,搭建线上销售平台。汽车厂商需要搭建一个功能全面、用户友好的线上销售平台,不仅是展示汽车产品和配置的网站,还可以是一个能提供全方位服务和交互体验的电子商务平台。在这个平台上,消费者可以轻松获取各种车型的详细信息,包括价格、配置、性能指标以及用户评价。同时,通过查看高质量的图片和视频,以及利用虚拟现实(VR)或增强现实(AR)技术,消费者可以在线上获得接近操作实车的观感体验。此外,平台还应提供便捷的在线咨询服务,如实时聊天或视频咨询,以解答消费者的疑问并提供个性化的购车建议。

第二,优化线下体验中心的布局和管理。虽然线上平台可以提供丰富的信息和一定程度的操作体验,但对许多消费者而言,亲自试驾和感受汽车仍是做出购买决定的重要因素。因此,汽车厂商应在各主要销售地区设立线下体验中心或展示厅,用于车辆展示并为顾客提供试驾服务。体验中心的设计和运营应注重创造一个舒适和专业的环境,让消费者能够在没有购买压力的情况下,全面了解汽车的各方面特点。销售人员和顾问在这里的角色更多是提供信息和解答疑问,而非简单的推销。

第三,汽车厂商在内部管理和外部服务上实现高度协同。例如,消费者在线上预约试驾后,相关信息应实时传递到线下体验中心,使消费者到店后就能获得即时和个性化的服务。同样,消费者在体验中心的反馈和需求应反馈到线上平台,以便厂商持续优化产品和服务。此外,汽车厂商应通过收集和分析线上线下的客户数据,深入理解消费者行为和偏好,从而提供更加个性化的产品和服务。

(三)建立合作伙伴关系

在当今国际化和网络化的市场环境中,汽车厂商需要与各种合作伙伴建立紧密且互惠的合作关系,包括零部件供应商、物流服务提供商、技术开发伙伴、销售渠道合作伙伴等,以形成一个协同高效的汽车营销和物流体系。

一是与零部件供应商建立稳定的合作关系。通过长期合作,汽车厂商可以获得更稳定的零部件供应,减少生产中断的风险,并可能获得成本优势。此外,紧密的合作关系还能帮助企业快速响应市场变化,实现零部件的快速迭代和升级，从而提升产品的市场竞争力。二是与物流服务提供商建立合作关系。合作伙伴可以根据汽车厂商的具体需求提供定制化的物流解决方案，帮助厂商降低物流成本，提高物流效率和服务质量。通过与物流伙伴的协同，厂商可以更好地实现全球市场的有效覆盖，加快产品的市场响应速度，提升客户满意度。三是引入技术合作伙伴。在技术迭代速度加快的今天，与科研机构、高校或其他技术企业的合作，可以加快新技术的研发和应用，推动智能汽车、新能源汽车等领域的创新进程。技术合作还可以提高产品的差异化程度，满足消费者的个性化需求，增强产品的市场吸引力。四是加强销售和与市场合作伙伴的合作，拓展销售网络，增加市场渗透率。通过与当地经销商、代理商及电商平台的合作，汽车厂商可以利用合作伙伴的地理和市场优势，快速进入新市场，扩大销售范围。同时，合作伙伴的市场信息反馈能帮助厂商更准确地把握市场动态，制订有效的市场策略。

第二节　低碳经济下汽车营销渠道的创新探索

本节以某汽车企业为例，分析低碳经济下汽车公司营销渠道的创新策略。

一、某汽车企业营销渠道低碳优化设计的必要性

随着经济的飞速发展和规模巨大的消费市场的开发，我国已成为世界产销量第一的国家。庞大的汽车市场催生出大批汽车经销商。国内经销商数量众多，其中大部分为单店经营，整体上呈现出"小、散、乱"的特点，在商家投入巨大人力物力的同时，汽车市场竞争进入竞争白热化阶段，这一过程在优胜劣汰的同时，使巨大的资源付诸东流，而且单店盈利能力持续下降。

为取得竞争优势，一些经销商从经营单一品牌逐渐向多品牌经营发展，以期形成规模化、集团化效应。为了在竞争中取得优势，各汽车经销集团对渠道的研究和变革也势在必行，"渠道为王"的营销战略在经销集团中非常盛行。一方面，国内车市产销快速增长，另一方面，国家也在不断加强减少碳排放的控制力度，汽车行业近年来也遭受着高碳经济发展问题的困扰，汽车碳排放总量增长越加明显。本书所研究的某汽车企业经销着十几个汽车品牌，近年来也

在不断建设新 4S 店,以期在全球发展低碳经济的趋势下,选择合理的渠道网络,充分发挥渠道的优势,获取更大收益。

二、深圳某汽车企业发展历程及经营现状

某汽车企业是一家融合"整车销售、汽车配件、汽车维修和信息反馈"四位于一体的大型汽车服务商,公司拥有十几个汽车品牌在深圳地区的代理和特约经销权。汽车经营业务遍布珠江三角洲及香港等地。企业下辖 5 个事业群。

三、某汽车企业营销渠道模式分析

(一)汽车营销渠道和低碳营销渠道概念

传统汽车营销需要建立层级严密的销售渠道,把大量的人力、物力、财力作为建设渠道的代价,这样的高投入、高消耗方式是典型的"高碳经济",而低碳经济的理念则是引导汽车经销商构建低成本、低消耗和高效益的"低碳营销渠道",不断优化渠道网络设计,减少产品在营销渠道的流转和储运成本,整合渠道内部资源,提高渠道网络的运营管理效率,真正实现降低渠道成本,减少渠道建设中的资源浪费。

(二)某汽车企业营销渠道模式分析

某汽车企业经销渠道有着比较明显的特点:区域性发展、单店经营能力强悍、企业家族式发展。

(1)区域性发展。某汽车企业在深圳市场的占有率高较高,但经营区域局限于深圳地区。

(2)单店经营能力强悍。某汽车企业有强悍的单店经营能力,但渠道网络的实际管理存在很多不完善的地方。各事业群内有些偏弱的品牌经销店发展迟缓,一店养一店现象较为明显。因此业务新利润点的增长存在局限性。

(3)家族企业和品牌间的内耗。在家族式经营模式下,各事业群是相对独立的,在利益面前,不同品牌互相之间的竞争和经营相同品牌的交错竞争,无法体现集团经营管理带来的资源整合和成本控制优势。

四、某汽车企业营销渠道的低碳化设计和可行性分析

（一）某汽车企业营销渠道低碳优化目标和原则

某汽车企业对营销渠道低碳优化设计所期望达成的目标是，在低碳理念的指导下，从合理规划渠道网络、业务创新、信息化管理等路径上寻求渠道变革，通过不断地优化渠道的设计，做到合理选择渠道网络，减少库存、资金的积压，降低管理成本，寻找新的利润增长点。

某汽车企业在选择营销渠道网络时，需要参考一些设计原则作为指引，提高渠道网络设计和管理的效率，并且必须遵循低碳发展、效率优先、发挥优势、渠道覆盖率适度、信息化等原则。

（二）某汽车企业营销渠道低碳优化设计的影响因素

一般来说，影响该汽车企业营销渠道低碳优化设计的维度主要有企业特性、品牌特性选择、区域市场的选择、竞争环境等。

（三）某汽车企业营销渠道低碳优化的方案设计

传统汽车营销是典型的高投入、高消耗的"高碳经济"，而低碳经济则要求汽车经销商构建低成本、低消耗和低污染的"低碳营销渠道"。缩减渠道建设和管理成本、提高经营管理效率。因此，某汽车企业在拓展新渠道时，可以从合理规划渠道网络，进行业务创新、信息化管理等角度进行变革，以应对汽车市场的变化，促进该汽车企业发展。

1. 合理规划渠道网络

一个优秀的渠道往往能够起到事半功倍的效果。合理规划渠道网需要考虑以下几方面：首先，开拓新渠道网络的方式；其次，经营模式的选择；再次，投入成本；最后，经销店周边的市场环境。

（1）开拓新渠道网络的方式。笔者通过调查发现，某汽车企业主要是通过自建的方式建立新的经销网络的。国内大型汽车集团在发展中则往往通过资金积累或者上市融资的方式来获取开拓新网络所需要的巨额资金，并用它来激发新渠道网络的速度效应。该汽车企业可以选择兼并收购的方式扩大规模。

（2）建立汽车园区。该汽车企业可以选择汽车园区经营模式，通过把各个经销商开设的二级网点集中在同一个汽车园内，同时把销售业务和售后业务

分割开来，实现独立管理和运营。这样的园区具有比较明显的优点：能减少初期投资；能进行维修服务集中管理，提高满意度；能建立起良好的经销商品牌形象。

2. 业务创新

国内各大经销商业务增长方面的难题，可以用开发独立汽车售后市场的方式解决。与此同时，经营高端品牌能带来高额利润。

（1）开发独立汽车售后市场。独立汽车售后市场有两个优点：一是国内有巨大的汽车保有量，开发独立汽车售后市场可充分挖掘国内的消费潜力。二是能充分发挥并利用汽车售后市场的潜力。

某汽车企业建立独立汽车售后市场的特色如下：经销商往往会根据经销店的客户资源情况和竞争对手的分布特点，划分服务区域，建立售后服务网络。这一方面避免了客户流失到竞争对手处，有助于保持更好的客户回头率，另一方面则能起到抢夺竞争对手的客户资源，并建立起企业售后服务的企业品牌的作用。同时，在配件采购方面售后市场是和集团相统一的。也就是说，售后市场的建设以品牌经销 4S 店为主体，并围绕这个主体，弥补 4S 店的欠缺，通过开设连锁维修店或者维修形象店的方式不断扩大维修服务和品牌服务区域，从而全面覆盖深圳市场的售后市场。

（2）经营高端品牌。经营高端品牌投资回报率较高，较高的投资回报率也很好地体现了低碳经济的发展理念。

3. 信息化管理

（1）面对集团旗下众多经销店分散独立的问题的解决办法。某汽车企业旗下有很多经销店，每个经销店"各自为政"，独立采购，独立结算。这导致，一方面该汽车企业各个经销店的采购需求比较分散，另一方面各个经销店对各自的物料管理程度互不相同，致使集团无法及时清楚掌握各个经销店的实际存货情况。为此，该汽车企业可以尝试运用以下系统流程对经销店进行信息化管理，充分利用信息资源，提高效率，如图 8-2 所示。

汽车营销策略的多元化探索

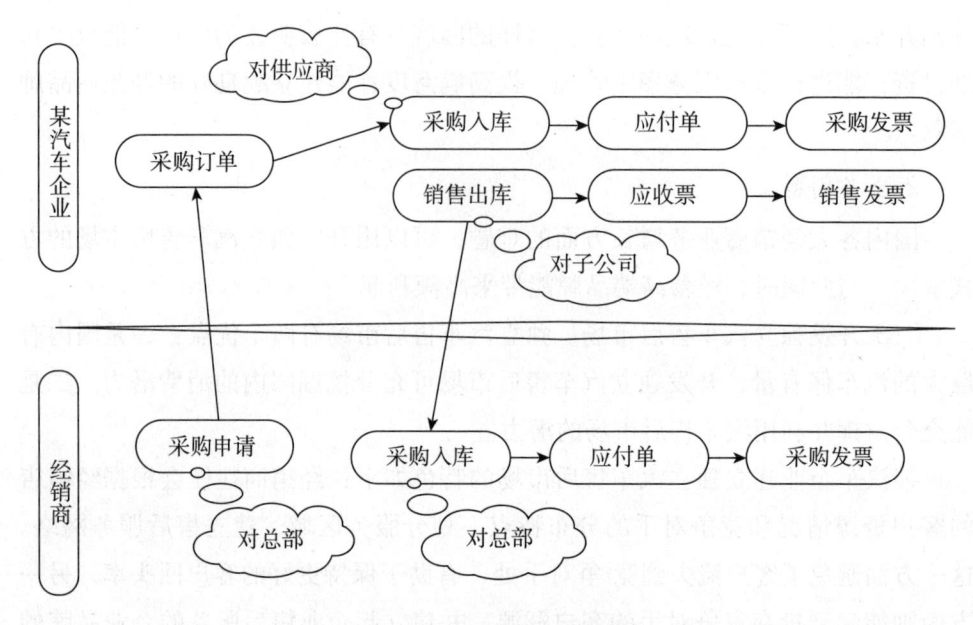

图 8-2 系统应用示意图

应用这一系统的好处在于，该汽车企业在应用这一系统后，可以采用统一编码相同物料，从而能够查询到各种货物在每个经销店的分布情况，也可以调拨物料，弥补缺失，在整体上达到降低库存水平的目的。

（2）建立汽车统一维修服务管理系统。使用维修业务管理系统可以提高服务流程的规范性，监控维修过程的质量，把关配件的使用和回收。这些措施的实施主要是为了解决集团内部售后维修所存在的以下问题：

①经过调查发现，集团内部的经销店在提供消费者维修服务时的流程是极其不规范的，厂家进行暗访监督活动能很好地发现经销店内部服务存在的漏洞。

②维修人员的工作态度和工作质量问题，需要通过安装监控设施和信息管理系统来解决，使从接待开始到维修结束的全过程，都能实现真实监控。

③解决配件问题，主要存在的问题是售后员工私用配件，造成公司财产被私吞。

（3）构建汽车统一的客户关系管理系统。建立汽车统一的客户信息管理系统的措施如下：首先，建立一体化的客户营销体系，各个事业群建立相对独立的客户决策分析平台，而某汽车企业对会员实行统一管理；其次，采取会员分级管理的办法，不断改善和规范会员服务拓展的方式。最后，合理分配关于每一个可能买车的客户和已经买车的客户的信息资源。

（四）某汽车企业销渠方案的可行性分析

评估主要从三个方面来进行：第一，渠道经济效益的评估。这种评估主要需考虑渠道中销售额与成本的关系。第二，渠道控制力的评估。通过设定有针对性的考核标准，评估经销网络的执行力和客户的满意度，还可以以消费者的反映情况来考察和监督渠道网络的控制力。第三，渠道适应性的评估。某汽车企业营销渠道是否能够长久发展，关键在于该渠道网络能否适应市场的变化。这可以从以下三方面评估：是否能够完善并创新现有的营销渠道管理水平，能否通过渠道提升汽车集团的品牌形象，渠道能否独立提高自身综合素质。

第三节 基于个性化消费的汽车定制式营销

随着社会的发展，汽车用户的消费观念发生了很大变化，日趋成熟的消费心理使他们对时尚和品位有了进一步的追求，并在选择汽车时越来越倾向于依据自身的独特个性，寻求与自身特征相匹配的车型。用户需求多样化和个性化已是一种普遍的趋势。同时，经济全球化推动了世界各国汽车市场的开放进程，世界汽车市场逐渐形成一种大融合的趋势，汽车品牌进入国际市场将变得越来越容易。这也意味着，汽车市场将越来越广阔。随着市场的扩大，汽车的需求量也将增加。因此，面对越来越大的需求和变化越来越多的市场，大规模生产服务模式已经无法适应现代市场竞争，无法满足新时期用户对汽车的需求。正是在这样的背景下，汽车定制化营销服务模式应运而生。

一、汽车定制用户的特征

市场占有率是决定企业战略命运的关键，因此用户的购买行为永远是汽车生产企业需要高度关注的问题。定制化产品的主要消费者将是单个用户，他们的个性化需求是推动汽车定制服务发展的主要动力。在产品服务定制化方面，能否满足他们的要求，将决定今后汽车定制服务的发展趋势和道路。因此，汽车定制服务的市场营销工作不仅是企业生存和发展的关键，还是衡量产品定制化服务能否适应市场变化的重要标准。因此，企业需要对汽车用户的个性化消费特征进行分析，进而采取相应的对策，以加快汽车定制服务的发展速度，同时在市场竞争中获得优势。这类服务的目标用户一般具有以下特征：

（1）关注自我实现。用户追求汽车与自我特征的吻合，并希望所选购的汽车能够更好地体现个性。

（2）追求产品独特功能。很多定制的服务需求并非仅是为了满足个人的个性化消费诉求，也有很多是为了满足用户的特殊用途。

（3）追求目标价值多元化。个性化消费促使汽车定制服务产生，其主要表现形式是个人随着社会和自我的进步，成为价值主体，因此不同用户的多种需要就催生出了多元化的价值取向。

（4）随机性需求。用户的个性化需求导致市场需求有了不确定性，因此，汽车定制服务所针对的目标用户的需求具有很大的随机性。

二、汽车定制式营销的内涵及特征

（一）汽车定制式营销的内涵

汽车定制式营销是指汽车企业在大规模生产的基础上，将每一位消费者都视为一个单独的细分市场，根据每一个人的特殊需求来安排营销组合策略，以满足每一位消费者的特定需求。

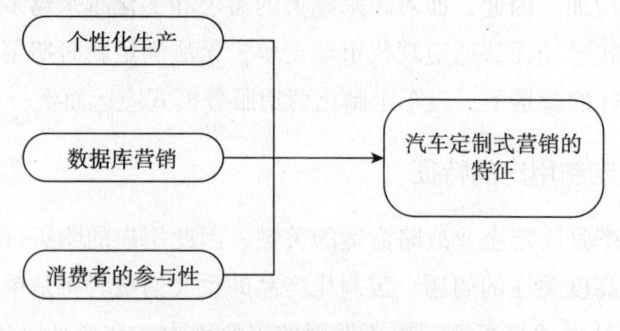

（二）汽车定制式营销的特征

汽车定制式营销的特征，如图 8-3 所示。

图 8-3 汽车定制式营销的特征

1. 个性化生产

定制式营销虽仍然以大规模生产为基础，但强调个性化生产。企业根据不同的消费者的需求特点，设计各种不同的产品来更好地满足消费者日益个性化的需求。个性化生产具有以下优势。

（1）成本优势。个性化生产是按订单生产，可以减少汽车企业的库存，从而降低成本。

（2）价格优势。个性化的产品使客户的需求得到满足，对客户来说价值更高，因此个性化产品就有可能具有溢价。

（3）销售优势。个性化生产能够充分考虑统一市场之外边缘客户的需求，从而增加销售量，扩大市场份额。

（4）竞争优势。个性化产品的差异性，使其在某一层面上面临着很少的竞争对手，具有价格优势。

（5）市场优势。因为定制式营销是在满足客户需求的前提下定制某些产品，所以个性化生产的产品和提供的服务能够完全满足客户偏好。由于定制的产品能够更好地满足市场需求，因此个性化产品能更好地提高市场份额。

（6）敏捷优势。定制使企业适应需求变化难以预测的市场成为可能。柔性的产品生产和服务提供模式能够快速地生产和提供消费者需要的产品和服务，采用个性化生产模式的汽车企业能够很快地生产出适应环境变化的新产品。

2. 数据库营销

在汽车定制式营销中，企业通常能把消费者数据库当作营销工具。消费者数据库不仅包含了消费者的基本信息，如性别、年龄、职业和收入等，还包括消费者的购买历史、偏好设置、行为模式以及品牌忠诚度等更为细致的数据。这样的信息汇总为企业提供了一幅细致的消费者画像，能帮助营销团队更好地理解消费者的需求和期望。当建立消费者数据库之后，企业可以通过数据分析来识别不同消费者群体的特定需求和偏好，这对定制化营销策略的制订至关重要。例如，通过分析数据库中的信息，企业可以发现某一特定年龄段或收入层次的消费者可能更倾向于购买高性能或者环保型的汽车。基于这样的洞察，企业可以更精确地定位目标市场，设计出更符合这些消费者需求的产品和服务，甚至在产品设计之初就考虑到这些需求，从而更好地捕捉市场机会。此外，企业还可以利用数据库中的信息来进行风险管理和预测市场趋势。通过追踪消费者的购买行为和偏好变化，企业可以预测未来的市场需求，调整生产计划和库存，优化资源配置。同时，通过对消费者反馈的系统分析，企业可以及时发现产品或服务中潜在的问题，并迅速采取措施进行改进，从而提高消费者满意度和品牌忠诚度。

3. 消费者的参与性

在汽车定制式营销中，消费者参与性较高，为了确保消费者的满意度，企业必然会鼓励消费者积极参与和合作。消费者参与性能赋予消费者更大的主导权，他们不仅能决定汽车的外观颜色、内饰风格和技术配置，还能在一定程度上影响产品的最终设计和功能。汽车企业通过建立有效的沟通渠道，如在线配置工具、客户反馈机制和面对面的咨询服务，使消费者的意见和需求能够被充分听取和考虑到。这样的参与过程增加了消费者对购买产品的认同感和满意度，同时提升了他们对品牌的忠诚度。更重要的是，通过消费者的直接参与，企业可以收集到有针对性的市场数据和用户反馈，为产品的改进和创新提供指导，使产品能够不断适应市场变化，满足消费者期望。同时，消费者参与还有助于形成口碑传播，新客户通过现有客户的正面体验和推荐更容易建立对品牌的信任。这能促进企业的长期发展和品牌建设。

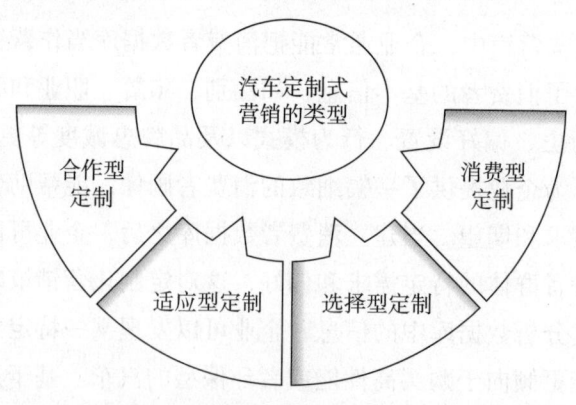

三、汽车定制式营销的类型

汽车定制式营销的类型有以下几种，如图 8-4 所示。

图 8-4 汽车定制式营销的类型

（一）合作型定制

当产品的结构比较复杂、可供选择的零部件式样比较繁多时，消费者一般难以权衡，不知道何种产品组合适合自己的需要，在这种情况下消费者可以采取合作型定制方式。这种定制方式允许企业与消费者建立直接的沟通桥梁，通过专业团队向消费者解释各种配置选项的具体优势和潜在用途，帮助他们做出明智的选择。例如，汽车企业可以提供一对一的定制咨询服务，让消费者了解不同引擎配置、内饰材料或高科技配件的功能，从而根据自己的生活方式、驾驶习惯或经济条件选择最合适的汽车配置。在这个过程中，企业不仅传递了产品知识，增加了消费者对品牌的认知度，还通过满足消费者的个性化需求提升了消费者的满意度和忠诚度。合作型定制不仅能快速将消费者的定制化需求转化为实际产品，还能在市场上建立企业的品牌形象和差异化竞争优势。

（二）适应型定制

适应型定制是针对那些产品结构本身比较复杂而消费者参与度相对较低的情形而产生的，能让消费者在购买后根据自己的需求对产品进行个性化调整。这种定制类型意味着产品设计上需要具有一定的灵活性和模块化特性，以便消费者在原有产品的基础上进行更换或某些部件的升级。例如，汽车厂商可以设计一款内部结构和外部附件容易更换的车型，从而方便消费者根据新的技术进步情况或个人喜好对汽车部件进行更新或调整，如更换更先进的娱乐系统、改装车身套件或升级安全系统。适应型定制使产品能在整个使用周期内保持较高的适应性和持久性，满足了消费者对产品持续升级和个性化调整的需求。通过提供这样的定制服务，企业不仅能满足消费者对产品持久性和适应性的期待，还能在一定程度上延长产品的生命周期，提升消费者的整体满意度和品牌忠诚度。

（三）选择型定制

选择型定制允许消费者在一定范围内根据个人喜好选择不同的车辆配置。这种定制方式通常适用于那些产品结构较简单、用途明确的车型，消费者可以在颜色、内饰、轮毂样式或者附加功能等方面进行个性化选择。由于消费者在这个过程中参与度很高，因此他们通常对最终购买的产品更加满意。例如，汽车厂商可能会提供一个在线配置工具，让消费者在选购车辆时，可以在多个颜色、轮毂设计、内部装饰材料选项中进行选择，以确保所购车辆完全符合他们的个人品位和生活方式要求。这种定制方式不仅增加了产品的吸引力，还提高了消费者对品牌的忠诚度，因为消费者在购买过程中的积极参与会使他们感觉更被重视，所以能与消费者建立起更强烈的品牌联系。

（四）消费型定制

消费型定制适合那些参与度较低的消费者，这类消费者通常不愿意花费太多时间进行深入的产品定制或参与调查研究。在这种定制模式下，企业通过市场调查或分析消费者的购买历史来理解他们的偏好和需求，然后据此设计和推出一系列预定制的产品或服务。这种方法虽然降低了消费者直接参与的程度，但通过精确地分析消费数据和市场趋势来预测消费者的偏好，企业仍能提供满足消费者期望的产品。例如，如果一家汽车公司通过市场分析发现消费者对环保车型有较高兴趣，它可能会推出一系列绿色环保的预定制车型，以迎合这一市场趋势。虽然消费者在定制的过程中比较被动，但这种策略可以通过满足未明确表达的需求来吸引更广泛的消费者群体，从而提高市场份额和消费频次。

四、汽车定制式营销服务的发展策略

（一）基于定制式营销服务的品牌建设

汽车定制服务的核心在于定制化和多样化，而产品的多样化会导致产品生命周期的缩短。在这种情况下，企业形象可能会因产品的迅速更新而不够鲜明，因此树立企业品牌形象显得尤为重要。品牌和人一样都有个性，每一种车都或多或少蕴含着某种精神或者思想，如前卫、稳重、含蓄等等。品牌要能体现汽车的真实个性，而用户选择的依据就是汽车的真实个性能否与自我特征相契合。时至今日，世界知名汽车企业通过长期的发展，已经成功地将形象在消费者心中建立了起来，如日本车的实用、经济，美国车的舒适、动力强劲，德国车的精致、耐用，形成了独特的汽车文化。国内很多汽车企业就忽视了汽车文化的建设，而导致消费者在选择汽车的时候，并没有产生文化的认同。我国的民族汽车工业在实施定制化生产服务中，首先，要基于用户的认知，认可用户的价值观，以用户为重，并通过与客户的沟通交流，改进自身的生产服务观念，从而树立良好的企业形象。其次，要加强服务的配套建设，尤其企业信息化建设,提高信息的接收和反馈能力,让企业能够及时获知用户在购买和驾驶后的感受,使企业有针对性地做出产品改进的措施。

(二)基于定制式营销服务的产品设计方法

汽车工业的特殊性决定了定制化生产服务模式不是无限的自由选择,而是要以保证车辆的完整性和安全性为基础的。因此,汽车工业的定制化生产服务模式应当是利用数量众多的标准件组合来开展的,而消费者不同的需要则通过对标准件的不同组合方式来实现。模块化就是在汽车产品的制造过程中,把汽车零部件及总成组合成系统模块,然后总装厂将模块以不同的组合规则制造出多种新产品。大众汽车公司要求零部件企业按其汽车部件的九个模块组织生产和供应,总装厂只需将多个模块按照用户要求组装。因此,合理设计产品服务不仅可以降低生产成本,还能够通过更有效的组合标准件方式,更好地满足用户的个性化需求,提高企业的竞争力。

(三)基于产品服务定制的生产制造方法

产品的多变性、市场的不确定性是定制生产服务模式的主要特征。考虑到我国汽车工业的现状,大规模生产服务模式很可能需要与定制化生产服务模式共存较长的一段时间。因此,实施产品服务定制化,既要更新设备,引进先进的柔性生产制造设备,提高企业生产柔性,充分利用现代信息技术,加速企业快速响应机制的建设,也要对现有的设备加以改造,对企业管理模式进行革新,从而提高企业产品服务的生产效率。

(四)基于定制式营销服务的供应链管理

在定制式营销服务模式中,汽车企业需要数以万计的标准零部件,这些零部件如果全部由企业承担生产任务,将会降低企业的生产服务效率,增加企业成本,从而严重制约企业的生存和发展。成熟的企业集群,都是由零部件企业以及其他相关联的产业围绕一个或多个汽车总装厂集聚而形成的。我国民族汽车工业要实现产品定制化和服务式生产,应当积极引导相关的配套企业集聚,建立完善的企业集群。具体做法如下。总装厂迁移,吸引零部件企业聚集;围绕总装厂建立零部件企业,将零部件企业建立在或迁往总装厂所在区域,为总装厂建设配套设施。

加强汽车企业基于定制式营销服务的供应链管理。在企业定制式营销服务模式下，供应链管理发挥着巨大作用。它不仅会强化企业与企业之间的合作关系，还能降低企业的交易和管理成本。此外，保持与供应商良好合作关系，增进双方交流和沟通，也能帮助企业在改进产品质量、加快产品开发、实现产品快速响应等方面获得巨大优势。从汽车工业的发展趋势来看，定制化必将成为汽车制造商的一种重要生产服务方式。因此，加强供应链管理，不仅能提高定制化的比重，增进汽车制造企业与供应商之间的合作，还是联合供应商的重要环节，汽车制造企业与供应商通过合同的形式，互相提供零部件或产品相关的技术。合资项目可以充分结合各方的优势和长处，获得双赢的协同效应。

（五）利用互联网技术，支持定制化生产

当前，定制式生产服务模式与大规模生产服务方式仍然并存。因为定制需要在消费者提出需求的前提下才能开始生产，所以在时间上，先于需求的大规模生产拥有更多优势。所以，产品定制化企业要在全面竞争中取得领先优势，就必须尽可能地缩短向用户提供产品和服务的时间。在这方面，如今正处于高速发展的互联网可以为定制化服务企业提供了良好的信息条件。我国汽车业要实现定制化生产，应当投资于信息传输系统，加快企业的响应效率，提高与用户交流的速度。因此，我国汽车企业应充分利用互联网，开展电子商务，以促进定制生产服务的发展。网络经济和电子商务降低了定制的成本，这是定制化走近更多用户的一个重要原因。

互联网技术的应用，也真正实现了汽车制造商与用户之间的零距离接触。使单纯的买卖关系更新为可互动的合作关系，让双方结成创造价值的利益共同体，实现汽车制造企业与用户双生共赢机制。同时，在网络技术加强汽车企业与用户沟通的前提下，企业能够在促销方式上整合营销观念，借助与消费者沟通的便利，将强压式宣传转化为柔性宣传，调动用户在沟通中的主动性，让用户参与企业的宣传。[1]

用户的个性化需求能够借助网络经济和电子商务中为企业所了解，而企业也能够通过网络上的交流和沟通，正确引导用户进行个性化定制。

---

[1] 武少玲：《海尔集团的整合营销传播策略及其启示》，《商场现代化》2005年第10期。

第四节　基于中国文化因素的汽车营销策略

一、影响中国汽车营销的主要文化因素

（一）文化营销的主要策略

文化营销，就是将文化作为营销手段，以适应外部文化环境的要求，并塑造市场营销特色，从而顺利地开展市场营销活动的营销策略，简单地说，就是在运用营销策略时加入文化因素。按照由低到高的顺序，可将文化营销的内容划分为三个层次，即产品文化营销（需要树立产品的文化特色）、品牌文化营销（以塑造品牌为核心，强化品牌的文化特色）和企业文化营销（通过塑造独特的企业文化的方式强化企业的营销特色）。其中，企业文化营销是最高层次的文化营销。[①]

（二）中国文化因素的特征

目前中国正处于文化过渡时期，当下中国文化的来源主要有两部分：一是中国传统文化，二是东渐的西方文化。本节主要探讨的是中华优秀传统文化的影响。

1. 儒家思想

中国传统文化属于东方文化流派，自古以来以中国为中心向四周辐射，它的核心思想是儒家文化，以人与人的关系为核心，注重礼仪，讲求仁爱，美化社会制度，这符合现代营销的以人为本原则。儒家思想已成为影响中国世代思想和价值观的根基，包含内容广泛，主要有以人为本、和为贵、实用、仁者爱人、礼治、中庸、信义、天人合一、修身养性、社会责任感、系统思维、人文主义精神、面子观念、正统思想等方面。

[①] 武少玲、王江华、王楠：《基于中国文化因素的汽车营销策略研究》转引自华人学者营销协会《中国市场营销国际学术会议论文》中国市场营销国际学术年会，2017，第1193-1203页。

2.小农思想

由于封建社会的长期发展和封建社会生产力的底下，古代中国社会中还流行着一种广泛影响中国人思想的小农意识。小农意识的受众不仅有生产单一、经营规模狭小的农民，还有不够宽裕的小市民。这些人是中国社会人口的主力军。小农思想与儒家思想通常相吻合，讲求自律、纲常，也有务实、讲求实用的思维方式。分析小农思想，有利于与中国人的文化观、消费观相契合。

3.五行人伦

在中国文化中，不是社会造就了家庭，而是家庭组成了社会。中国传统文化中最重要的一个概念就是祖宗，中国人只认祖宗不认上帝，以家庭为本由内向外推，并产生了齐家、治国、平天下的思想，土地、家庭、伦理构成了中国传统文化的基础。

二、融入中国文化因素的汽车营销策略分析

在实施中国文化因素与汽车产品策略相结合的文化营销方案的过程中，文化会直接体现在营销的产品之中。

（一）中国文化因素与汽车产品策略

1.产品造型中的文化因素设计

汽车产品的设计及造型，是民族的性格载体，应当集中体现一个国家的民族性格及文化背景。中国车更应该在产品中突出"中国元素"，在消费者心中形成鲜明的品牌差异化形象。据调研，中国长城、春节、龙是最受推崇的中国元素三甲，汉字、黄河、长江、儒家思想、天安门、唐诗、故宫则依次进入前10名。另外，紫禁城、敦煌、布达拉宫、苏州园林、丝绸面料、唐装、旗袍、中山装、国画、脸谱、京剧、印章、黄山、珠穆朗玛峰、熊猫、白鳍豚、观音、如来佛、龙、麒麟等，都是极具特色的中国文化元素。除了上述外观元素，意识形态中讲究的对立统一、中庸和谐的儒家思想，讲究无为而为的道家思想等，都可以被运用到设计中。在汽车造型设计中，要坚持"以人为本""以自然为本"，了解和把握人与物的关系，使设计达到"物我合一"的境界，使所设计的汽车造型更人性化、个性化，实现汽车与人的需求的完美结合。设计师设计汽车各部件的造型符号，以完成汽车的设计表达。消费者在使用汽车产

品时，可以领略中华民族独有的内在和外在特质，享受民族文化符号带来的文化氛围。

在整体造型中渲染文化思想。整体的造型能够体现出的文化思想有很多，如中庸思想（线条和谐）、天人合一思想（强调绿色环保）、以人为本思想（人性化设计）等。奇瑞自主开发的瑞麒2在外形上运用了仿生学和航空学原理，在驾驶舱顶上形成一个凸起的穹顶，让瑞麒2既有白鲸的优雅和罗汉鱼的美丽，又有战斗机般的时尚外形，驾驶舱也因此变得更加宽敞。瑞麒2的车身线条设计遵循了简约车身理念，符合现代的审美观。从前保险杠一直延伸到后保险杠的车身腰线，是全车线条的最大亮点。它完整地勾勒出了车身轮廓，犹如一道飞舞的彩带，灵动飘逸。

2.色彩的搭配

色彩也是汽车产品造型中的重要因素，色彩在汽车产品中的运用，也需要注入文化的因素。设计师在配制汽车色彩符号方案中，如果融入中国传统色彩符号元素，势必会给消费者带来更丰富的视觉享受。如水墨色、红色等刺激中国人视觉的颜色，如能合理地搭配相应的汽车外形，就可以起到相得益彰的效果，除了满足基本的实用功能外，设计有中国元素的色彩搭配更是一种塑造消费文化的过程，消费者能在此过程中享受到汽车色彩视觉文化符号带来的精神愉悦感。

例如，QQ秉承着圆弧设计的理念，用"微笑的前脸"配以8款靓丽车身颜色和黑、白、灰三种流行颜色内饰选择，再加上可塑性极强的设计预留空间，有效地塑造了QQ3"多姿多彩"的车型形象。

（二）中国文化因素与品牌策略

品牌是文化营销策略中非常重要的部分，品牌的实质就是文化。因为品牌的持久经营，必须具有特色，没有文化特色，不足以区分品牌之间的差异。品牌的建设就是文化的建设。

1.汽车品牌的个性化

汽车品牌有无竞争力，并不仅仅取决于技术物理差异，更重要的是，品牌是否具有丰富的个性文化内涵。擅长用文化策略武装品牌个性是汽车企业创造品牌优势的关键。在品牌中加入有民族文化内涵的元素，能够增加品牌的价值。

国内企业可以尝试在品牌个性化的方向上发展。大部分国内汽车企业没有外国企业的经济实力和技术，但可以运用中国文化中的儒家思想、小农思想的经济实用性原则，在经济适用的基础上，打造天人合一理念的产品，将和谐、吉祥的思想注入品牌，并倡导绿色文化，提倡节能。例如，比亚迪逐渐树立起了新能源领域的品牌形象，同时具有时尚复古风格的多款英伦汽车一如既往地走"家庭车"路线。对汽车企业来说，汽车产品品牌建设至关重要，汽车品牌是企业和消费者之间沟通的桥梁，从消费者来看，选择就是在表达一种品牌主张，所以不同的汽车品牌应具有不同的个性。

部分大型的有实力的汽车企业，可以尝试向高端品牌文化冲击，如一汽、东风、上汽等，可以推出属于自己的高端品牌。高端品牌的树立是需要大量资金来维护的，企业应不断地宣传品牌的高价格特性，使消费者耳濡目染。这里可以在品牌中注入独一无二、品级尊贵的文化内涵，限制汽车的发行量，禁止二手转让，绝不降价，用中国龙等极具中国文化内涵的文化理念定义品牌，突出汽车品牌的义利合一理念，宣传品牌中蕴含的儒家思想，以表现出品牌大气的中国气质。同时企业可以拍摄广告，并将品质卓越等理念植入品牌文化。

2. 中国文化因素与汽车品牌定位

汽车企业品牌定位可以借助企业独特的文化、技术特色、生产地点、历史传统，逐步建立起一种组织联想，并通过舆论、广告、促销等营销手段，打动消费者。品牌一旦定位，就当长期坚守，不能轻易更改。

我国汽车品牌在定位时主要应注意目标受众的特点，汽车产品投放市场时必须定位好品牌所在市场。如果是高端汽车，就要体现出汽车的优异品质，也可在产品中运用黄色、龙等特殊文化元素对品牌定位加以渲染，并注意维护这一文化定位，满足目标受众的心理需求。如果是中低端市场，产品应着重突出中国人的实用主义思想，宣传经济耐用的特点。企业应避免产品跨级到其他等级市场的发生，否则会降低汽车产品在消费者心中的文化价值。奇瑞通过网络术语QQ，用自由、年轻、时尚、新生活、网络等内涵定位品牌，并通过举办QQ文化节，着力塑造和推广年轻活力的生活形态，还首次在国内提出了汽车品牌族群文化概念。准确的品牌定位形成了一个具有独特品牌特质的强大的QQ族群，使QQ的知名度迅速提升。

品牌定位的根本是以人为本，提倡健康的价值观念，引导大众对科学、文化的追求，满足公众对公益文化事业和科普教育的需求。汽车购买属于复杂型购买行为，汽车产业也是对安全指数要求很高的产业，企业定位产品品牌，都要有为顾客利益着想和负责任的态度。

3. 中国文化因素与汽车品牌标志

车标的设计要秉承全面兼顾、客户至上、实事求是、不断创新、风格简约的原则，要考虑品牌设计的立标图形、品牌名称、颜色等。成熟的汽车品牌从标志开始就极富深刻的文化含义，并容易被辨认出来。

中国汽车企业设计汽车品牌标志，应当找到符合本公司文化宗旨的中国元素，以加深消费者的感官认识。玉玺、和氏璧、中国结等一系列象征着财富、平安的符号都可以加以利用，甚至一些历史发明、历史人物也可以作为品牌标志的代表，如奚仲造车、毕生造纸等，都可以形成品牌标志，以代表品牌科技领先和历史悠久的特点。

品牌的名称与标识的结合应达到浑然天成的效果。品牌的命名应尽量使用一些不常见但能代表文化特色的字，在表达了汽车的属性同时，反映中国文化的博大精深。例如，美国通用公司为了打开中国市场，将汉字融入商品品牌的设计之中，自1999年起，上海通用陆续推出麒麟、鲲鹏、君威等汽车品牌。汉字汽车品牌使中国消费者更有亲切感，而这些品牌本身又体现了通用汽车华贵大气的特点，做到了两国汽车文化的完美融合。

（三）中国文化因素与汽车价格策略

在汽车营销中价格策略有很多，合适的价格设置能迅速而精准地引起消费者的购买欲望。

1. 价格与小农思想

我国最为庞大的消费者群是普通民众，大部分国人购买行为受小农思想影响。小农思想讲求实际利益，注重可见的利益，在定价上要多揣摩消费者心理。

心理定价策略要符合小农思想，就要在汽车产品中直接降低一切可能降低的成本，绝对让利于消费者，在价格上确实低于同行汽车，才能让消费者感受到诚意，让贫穷的人也会因价格实惠而产生购车的冲动。整数定价，会让消费者产生诚信的品牌印象，感觉到一分价钱一分货，并感受到汽车的经济实惠。

也可采用尾数定价方法,将整数砍掉几十、几百、几千块,刺激消费者消费。在这两种方法的基础上,企业可以对汽车品牌推出的车型分级定价,尽管本厂生产的汽车属于低端型,质量差别不大,但将几个品牌用阶梯价格摆放在一起,能让消费者感受到产品的实惠。旗云和QQ贡献了奇瑞将近70%的销量,正是因为其3~5万的超低价区间,以及多等级的定价策略,并因此而奠定了奇瑞汽车的品牌市场。

受小农思想影响最大的价格策略还要属折扣定价。大幅度的现金折扣可以吸引大批群众的围观与购买热情,但过多的折扣次数也会导致消费者观望,错过大量的商机,因此不宜多用。

2. 价格与中庸思想

中国文化讲求中庸,注重实用、个性化,崇尚节俭,因此,赊销和提前付款的诱惑在汽车价格过高时,是无法打开销路的,汽车信贷在中国无法得到长足发展。

中国人有着系统思维方法,注重功能和结构,由于系统思维方法和讲求实用的理念,在部分稍有经济实力的购买者眼里,折扣价格的吸引力就无法与高性价比相提并论了。因此,针对这些消费者,企业要在低价格的基础上突出天人合一的绿色思想,既要突出价廉,更要突出物美,强调汽车的整体布局和谐,同时给予消费者适当的回扣,这是突出价廉的有效方式。例如,上海大众用便捷的售后服务、价平质优的纯正配件,使帕萨特的维护费用在国产中高级轿车中达到最低,用户耗费时间最短,真正实现了"高兴而来,满意而归"。很明显,上海大众抓住了消费者的需求心理:高质量、低价位、短时间。

3. 价格与修身养性思想

儒家思想注重人伦,强调修身养性和社会责任感,兼有齐家治国平天下的思想。因此,中国人对自我的成功普遍有着强烈的追求。为了体现成功人士的思想抱负,满足消费者的成就感,汽车企业应使用略微偏高的定价方式。需要注意的是,在中国思想中,成功人士更多是不断地超越了自己,达到了新的高度。因此,价格策略不仅要考虑到不同级别的成功人士所能承受的价格,还要在每个级别中坚持采用高价竞争策略,使品牌价格高于同行,满足消费者的心理需求。

4. 价格与儒家正统思想

受儒家正统文化和等级制度的影响，品牌在定价上严禁越级，应当符合所定位的档次，不应当推出高于或低于品牌定位的价格。尤其在高消费者人群中，当高端品牌推出低价格的车系时，会折损品牌的形象，同样，长期低价格定价的品牌推出高价格的豪华车，消费者不会信任和接受。

（四）中国文化因素与汽车促销策略

促销是传播企业文化、建立企业形象的有效途径。

1. 文化因素与广告促销

广告本身就是一种文化，能够快速地传递产品信息，树立企业形象，是最有利的促销方式。在广告中宣传企业文化、产品特色，能够为消费者树立对企业的认知。

提到广告促销就必须提到中国特有的微博文化。微博通过各种文化、艺术、体育、政要名人的加入，增加了其本身的权威性和使用者的兴趣。中国人在儒家思想的影响下，更倾向于相信权威，而微博的大面积转发，必定会向消费者释放一种购买信号。因此，发布官方微博，以及利用名人转发效应的汽车广告，也能够引起消费者的购买兴趣。

广告还能嵌入真人秀和综艺节目中。目前中国人生活节奏加快，压力也在增加，部分人收看综艺节目以及真人秀来放松心情，并且，这类节目的收视率超过了新闻和电视剧。因此在当红节目，如非诚勿扰、职场选秀中加入产品广告，能加深消费者的印象。类似地，赞助拍摄短片，在电影中植入广告，都可以加深消费者的认知。例如，雪佛兰赞助拍摄的筷子兄弟《老男孩》，不仅勾起了中国年轻一代的感怀，还把雪佛兰科鲁兹的形象引入了人们的视野之中。而电影《变形金刚》中的雪佛兰，更是将汽车文化传播到了世界各地。

广告中也可宣传爱国主义精神，激发中国人爱国心理，引发消费者对国产品牌的认同。

2. 文化因素与露天活动

中国人喜欢凑热闹、围观，在露天场合搭台，举行有奖竞猜、趣味活动，也可以调动群众的参与热情，起到促销作用。

3. 文化因素与事件营销

事件营销也是促销策略的好手段，借事造势，激发认同，可以事半功倍。

4. 文化因素与人员推销

人员推销是汽车企业营销必须经历的过程，人员推销可以直接与顾客建立感情联系，也方便传播企业的文化价值观以及汽车产品的文化特色，具有很强的灵活性，且成本较少。

目前能够讲述企业文化的专业汽车销售人员并不多，企业并不能保证营销人员的可控制性，如果营销人员精神面貌不佳，责任心不足，不能够一视同仁地对待每一位消费者，势必会影响到企业的文化内涵建设。这需要企业投入大量精力培养员工，建立考核与激励机制。

（五）中国文化因素与汽车渠道策略

目前国内成型且模式较成功的渠道主要是汽车4S店、汽车城、汽车直营店、集约交易市场等有形市场，而经销商多采用代理制，汽车超市以及互联网等无形市场目前在中国还没有太大的发展。

中国人受儒家正统思想影响，认为有品质的商品应当具有专门的营销点。消费者对有形市场更加放心，并且在购车活动中首选这些有头有脸的门面店。开设汽车品牌专营店符合中国人的传统心理，也是中国汽车市场不可动摇的主流销售渠道。因此作为20世纪90年代兴起的4S店营销模式，至今长盛不衰。品牌专营如果有实力，可以尽可能地扩大面积，增加产品种类，营造良好的消费环境，并针对不同地区的地区特点，进行人性化的规划布局与设计，给消费者更大的视觉冲击。

礼制与和谐思想要求营销渠道的服务必须周到、协调、全面。目前4S店的四位一体服务虽然较为周到，但如果能够继续增加扩展服务，让顾客从产生购车欲望到汽车报废的全部过程都能享受到经销商的全面周到的服务，并感受到服务的诚恳态度，就能使服务内容更为全面。讲求信义是树立品牌的最好手段。中国人注重面子，也知恩图报，如果在服务中被充分尊重，消费者必然会自觉地为企业宣传口碑。

注重实用和经济实惠是购买汽车的重要因素，营销人员应积极鼓励消费者亲身坐乘，抚摸材质，观看宣传片，鼓励消费者试乘试驾等都能够让消费者满意，并使其感觉到自己免费享受到了企业的服务，这样才能为下面的成功营销做好准备。

近年来，电子网络交易平台的正规化和法治化，势必可以降低汽车的价格，也可以提高销售量和购买汽车的便捷性。这种新渠道模式如果能够解决产品质量和售后服务保证问题，网络交易必将在中国市场掀起销售热潮。

（六）汽车企业内部文化营销

文化的本质是人，注重人的发展，才是文化建设的根本。企业的营销理念应把以人为本列为首位，并将顾客至上的文化理念同样运用在公司内部，形成员工至上的理念，达到内外合一的目标。企业能否更好地满足顾客需求，最终取决于员工的努力。中国人讲求表里如一，也懂得知恩图报，内外营销理念一致的企业，收获的不仅仅是员工的爱戴，更能获得无数消费者对品牌的认可与信任。

把握企业内部营销，要充分运用中国文化因素和哲学思想。有些中国商人在公众眼里被认为是儒商，就是文化思想运用得当的结果，企业必须找到这种独具一格的文化特色，内外结合，长期奉行，并使用合理的激励手段，提高员工的文化意识。

参考文献

[1] 赵秀芳. 当代汽车营销模式的综合研究 [M]. 北京: 中国财政经济出版社, 2019.

[2] 肖俊涛. 汽车营销政策与法规研究 [M]. 北京: 知识产权出版社, 2011.

[3] 王国安, 徐旭升, 冉启兰, 等. 汽车营销实务 [M]. 重庆: 重庆大学出版社, 2020.

[4] 戚叔林. 汽车服务营销 [M]. 重庆: 重庆大学出版社, 2011.

[5] 庄继德. 汽车渠道与经销商管理 [M]. 北京: 机械工业出版社, 2019.

[6] 姚层林, 等. 汽车营销与汽车后市场服务 [M]. 武汉: 湖北教育出版社, 2012.

[7] 娄洁. 汽车整车及配件营销 [M]. 武汉: 武汉理工大学出版社, 2008.

[8] 宋润生, 肖刚, 潘浩. 汽车营销基础与实务 [M]. 广州: 华南理工大学出版社, 2006.

[9] 刘学明. 汽车市场调查与预测 [M]. 重庆: 重庆大学出版社, 2017.

[10] 武少玲, 潘林. 十堰市汽车产业发展对策 [J]. 经济导刊, 2009（7/8）: 39-40.

[11] 武少玲. 海尔集团的整合营销传播策略及其启示 [J]. 商场现代化, 2005（10）: 34-35.

[12] 李允强, 武少玲. 重卡企业大客户价值管理流程的优化探索: 以福田戴姆勒大客户价值管理为例 [J]. 投资与创业, 2023, 34（6）: 109-112.

[13] 刘玉. 新媒体环境下新能源汽车营销策略研究 [J]. 时代汽车, 2024（3）: 156-158.

[14] 陈文君. 新能源汽车营销策略分析: 以比亚迪为例 [J]. 商展经济, 2024（3）: 47-53.

[15] 陈立凡. 比亚迪电动汽车营销现状调查及营销策略分析 [J]. 现代商业, 2024（1）: 11-14.

[16] 印长副, 沈慧玥. 小鹏汽车营销策略及优化研究 [J]. 现代商业, 2024（1）: 39-42.

[17] 张钦裕. 新媒体环境下汽车营销模式研究 [J]. 内燃机与配件，2024（1）：116-118.

[18] 谢哲伟. 双碳目标背景下新能源汽车市场营销策略创新研究 [J]. 时代汽车，2024（1）：177-179.

[19] 钱浩. "双碳"背景下新能源汽车品牌营销策略探析 [J]. 商展经济，2023（23）：68-71.

[20] 王卉婷. 环保节能背景下新能源汽车市场营销策略 [J]. 时代汽车，2023（23）：175-177.

[21] 王斌. 基于客户需求的汽车营销策略创新措施探析 [J]. 时代汽车，2023（23）：187-189.

[22] 郝学坤. 大数据背景下汽车市场服务营销的特点及营销策略研究 [J]. 商场现代化，2023（22）：31-33.

[23] 孟璐. 集客营销在汽车销售行业中的应用探索 [J]. 北方经贸，2023（11）：57-59.

[24] 柳阳. 基于物流配送模式的汽车营销策略 [J]. 汽车测试报告，2023（20）：158-160.

[25] 郭云婷. 基于7P理念的汽车服务公司营销策略研究 [J]. 时代汽车，2023（19）：154-156.

[26] 谢哲伟. 新能源汽车数字化营销策略研究 [J]. 时代汽车，2023（19）：178-180.

[27] 王晨爽. 媒体整合背景下新能源汽车市场营销策略研究 [J]. 时代汽车，2023（19）：181-183.

[28] 张翊. 基于4R理论的新能源汽车营销策略研究 [J]. 现代营销（下旬刊），2023（8）：42-44.

[29] 张珩. 互联网时代汽车智慧营销策略 [J]. 现代企业文化，2023（21）：45-48.

[30] 周子唯. 绿色低碳背景下新能源汽车营销策略分析 [J]. 汽车测试报告，2023（13）：158-160.

[31] 张亮，李宇. 4C理论视角下新能源汽车营销策略探讨 [J]. 武汉商学院学报，2023，37（3）：37-41.

[32] 宋微. 经济新常态下品牌汽车市场营销管理策略 [J]. 现代商业，2023（11）：15-18.

[33] 方哲. 基于线上线下融合的东莞新能源汽车产业营销策略浅析 [J]. 营销界，2023（10）：71-73.

[34] 陈艳，周易，黄源慧. 基于SWOT分析法的国产新能源汽车市场分析及营销对策[J]. 现代营销（下旬刊），2023（3）：42-45.

[35] 于倩，施浩，于沐含，等. 汽车市场营销环境分析[J]. 汽车维修技师，2021（12）：117.

[36] 李晓. 营销环境对汽车企业的影响分析[J]. 中国市场，2014（1）：53-54.

[37] 徐缓. 汽车企业应注重营销环境分析[J]. 黑龙江科技信息，2011（4）：104.

[38] 张薇薇. 新能源汽车市场中体验式营销策略调研[J]. 黑龙江科学，2022，13（14）：149-151.

[39] 范晓青. 市场调查在汽车营销中的地位以及作用刍议[J]. 商讯，2021（6）：156-157.

[40] 卞双强. 汽车新产品开发阶段质量控制的策略研究[J]. 汽车实用技术，2020，45（20）：221-223.

[41] 管波，丁啊青，吴方正，等. 汽车公司产品变更优化策略研究[J]. 机械制造，2020，58（6）：8-10.

[42] 张国方，许文硕，宋景芬. 以客户需求为导向的汽车大规模定制策略研究[J]. 中国经贸导刊（中），2020（6）：113-116.

[43] 冯磊东，顾孟迪. 基于质量相对偏好的产品创新策略及环保激励政策[J]. 企业经济，2020（2）：40-50.

[44] 崔吉男. 2023年国内新能源汽车价格竞争策略分析[J]. 汽车工业研究，2023（4）：28-35.

[45] 何江. "互联网+"背景下汽车营销管理模式探讨[J]. 南方农机，2020，51（18）：58-59.

[46] 程哲，刘迎春. 网络经济时代下汽车促销方式研究[J]. 营销界，2020（5）：47-48.

[47] 张玲. 基于4C营销理论的新能源汽车营销发展研究[J]. 湖北农机化，2019（17）：14.

[48] 钟觅. 广告语的促销作用：以中英汽车广告为例[J]. 现代商贸工业，2017（20）：66-67.

[49] 姜艳，李学军. 基于SWOT分析的奇瑞汽车营销策略[J]. 商，2016（4）：103，102.

[50] 汪海红. 试论价格促销对汽车营销的作用与影响[J]. 农机使用与维修，2014（4）：72-73.

[51] 廖卫红，周少华．基于网络直复营销的我国汽车促销形式探讨［J］．商场现代化，2006（16）：174-175．

[52] 陈友新，陈哲．汽车促销与广告宣传艺术的泛化发展［J］．十堰职业技术学院学报，2002（4）：20-25．

[53] 肖爱民，李光明，曹镇杭．奇瑞汽车公司营销渠道策略研究［J］．时代汽车，2022（14）：188-190．

[54] 王海霞，左小德，王金．共享背景下汽车厂商渠道选择研究［J］．工业技术经济，2019，38（3）：19-27．

[55] 余文丽．国产汽车销售渠道及营销管理分析［J］．现代营销（经营版），2019（1）：95．

[56] 叶全胜．汽车营销渠道策略研究：以广汽丰田为例［J］．南方农机，2018，49（9）：198-199．

[57] 刘珍兰．我国汽车分销渠道发展趋势分析［J］．中国商论，2017（15）：184-185．

[58] 王秀丽，肖俊涛．新常态下我国汽车分销渠道的整合［J］．改革与战略，2015，31（9）：175-178．

[59] 罗震宇．产品全生命周期视角下新能源汽车的绿色设计研究［J］．丝网印刷，2023（19）：106-108．

[60] 区润桦，曾奕聪，常春．建立汽车制造全生命周期生态环境管理体制［J］．环境经济，2020（24）：61-65．

[61] 郑建菲．汽车大规模个性化定制的智能制造新模式研究［J］．中国集体经济，2018（16）：152-154．

[62] 郭超．比亚迪新能源汽车在大庆市的营销策略研究［D］．大庆：东北石油大学，2023．

[63] 梁雪顺．蚌埠XL汽车4S店体验营销策略改进研究［D］．蚌埠：安徽财经大学，2022．

[64] 张城．比亚迪汽车公司汉新能源车营销策略研究［D］．延安：延边大学，2022．

[65] 张黎伟．ZMD汽车公司数字营销体系建设策略及实施保障研究［D］．长春：吉林大学，2022．

[66] 李杨．小鹏汽车科技有限公司P5车型市场营销策略研究［D］．长春：吉林大学，2022．

[67] 石晓宇．一汽-大众公司奥迪A4L南部区汽车市场营销策略研究［D］．长春：吉林大学，2022．

[68] 王昊. 大众汽车和东风日产汽车的体育营销策略的对比分析 [D]. 天津：天津体育学院，2021.

[69] 翁烨. 营销 4.0 时代 WL 新能源汽车的新营销策略 [D]. 上海：上海外国语大学，2019.

[70] 李勇. 基于 6P 理论的名爵新能源汽车营销策略优化研究 [D]. 株洲：湖南工业大学，2019.

[71] WU S L, WANG J H, ZHOU J W. Analysis of Operation Mode of Automobile Implantation Marketing[C]//University of Wollongong in Dubai, Harbin Institute of Technology. Proceedings of International Conference on Management Science & Engineering: 22th. Harbin: Harbin Institute of Technology Press, 2015: 513-516.

[72] WU S L, WANG J H, WANG N. Research on Automobile Marketing Tactics on the Basis of Chinese Cultural Factors[C]//Sichuan University, China Marketing International Conference. Proceedings of China Marketing International Conference 2017: CMIC2017. Hong Kong: China Marketing International Conference, 2017：1193-1203.

[73] 武少玲，肖迢，姚丽萍. 基于能力培养的汽车市场调研分析课程设计创新与实践 [C]//Scientific Research Publishing, Capital University of Economics and Business, Hohai University.Proceedings of the 2011 International Conference on Education Science and Management Engineering：Part 5. Valencia：Scientific Research Publishing, 2011：328-331.

[74] Shaoling Wu，Jianghua Wang.Research on the Development of Shiyan New Energy Automotive Industry[C]//China University of Geosciences, Alfred University. Proceedings of The Wuhan International Conference on E-Business. Wuhan：China University of Geosciences Press, 2011：366-371.

[75] 武少玲. 商务礼仪"教学做"一体化教学模式的探索与实践 [J]. 大家，2011（5）：214.